Julia Maria Mönig

Vom »oikos« zum Cyberspace

Edition Moderne Postmoderne

Julia Maria Mönig (Dr. phil.) forscht an der Hochschule der Medien Stuttgart zu ethischen Fragen des autonomen Fahrens. Nach ihrer Promotion in Philosophie an der Universität Passau untersuchte sie an der Vrijen Universiteit Brussel Luxusaspekte des Privaten. Ihre Forschungsschwerpunkte sind Hannah Arendt, Privatheitsforschung, Technikethik, Exilforschung, Bildungs- und Erziehungsphilosophie sowie politische Philosophie.

Julia Maria Mönig

Vom »oikos« zum Cyberspace

Das Private in der politischen Philosophie Hannah Arendts

[transcript]

Die Publikation wurde gefördert durch einen Druckkosten-Zuschuss der FONTE Stiftung zur Förderung des geisteswissenschaftlichen Nachwuchses.

Dissertation Passau, 2015

Bibliografische Information der Deutschen Nationalbibliothek
Die Deutsche Nationalbibliothek verzeichnet diese Publikation in der Deutschen Nationalbibliografie; detaillierte bibliografische Daten sind im Internet über http://dnb.d-nb.de abrufbar.

transcript Verlag | Hermannstraße 26 | D-33602 Bielefeld | live@transcript-verlag.de

Umschlaggestaltung: Kordula Röckenhaus, Bielefeld
Satz: Tobias Winchen
Druck: docupoint GmbH, Magdeburg
Print-ISBN 978-3-8376-4005-2
PDF-ISBN 978-3-8394-4005-6

Gedruckt auf alterungsbeständigem Papier mit chlorfrei gebleichtem Zellstoff.
Besuchen Sie uns im Internet: *http://www.transcript-verlag.de*
Bitte fordern Sie unser Gesamtverzeichnis und andere Broschüren an unter: *info@transcript-verlag.de*

Inhalt

1 Einleitung

Die Frage danach, was Privatheit denn nun sei, erinnert an Augustinus' Versuch, die Zeit zu bestimmen: „Was also ist die Zeit? Wenn niemand mich danach fragt, weiß ich es; wenn ich es einem Fragenden erklären will, weiß ich es nicht“ (Augustinus 2009, S. 25). Um Privatheit scheint es ähnlich bestellt zu sein: Sowohl im wissenschaftlichen als auch im alltäglichen Kontext scheinen Menschen zu wissen, was Privatheit ist. Betrachtet man jedoch die Definitionsversuche näher, lässt sich feststellen, dass das Private zumeist ex negativo als Gegenstück zur Öffentlichkeit bestimmt wird, als etwas, das vor einer Öffentlichkeit geschützt werden muss. Abgesehen davon, dass, um Spinoza frei zu zitieren, jede Bestimmung eine Negation ist, macht diese Begriffserklärung dennoch stutzig. Besitzt das Private keine Eigenschaften, die es als eigenständiges Phänomen kennzeichnen? Und warum ist es schutzbedürftig und schützenswert?

In dieser Arbeit zeige ich, dass das Private eigenständig neben dem Öffentlichen steht und nicht nur seine Negation umfasst. Hierzu untersuche ich das Werk Hannah Arendts (1906-1975). Arendt selbst hat das Private in einer Hinsicht als die „andere Seite des Öffentlichen“ (Arendt 2003c, *Vita activa. Oder vom tätigen Leben*, im Folgenden zit. als ‚VA‘, S. 79) benannt. In ihrem Werk finden sich jedoch weitere Thematisierungen, Formulierungen und Bestimmungen des Privaten, wie ich herausarbeiten werde.

Arendts politische Schriften sind geprägt vom Versuch zu verstehen, wie während der Zeit des Nationalsozialismus in Europa geschehen konnte, „was nie hätte geschehen dürfen“, d. i. ihrer Meinung nach die industrielle Fabrikation von Leichen in den Konzentrationslagern, die jeder militärischen Notwendigkeit widersprochen habe (Arendt 1996, *Ich will verstehen. Selbstauskünfte zu Leben und Werk*, im Folgenden zit. als ‚IwV', 61f.). Darüber hinaus war sie bemüht, eine Lösung zu finden, was wir tun können, damit es nie wieder geschieht. Ihre philosophische Vorgehensweise war es hierzu, Begriffe voneinander abzugrenzen. Ein Begriffspaar, das ihr Werk durchzieht, und sie dabei teilweise bereits vor dem Zweiten Weltkrieg beschäftigt hat (vgl. Arendt 2008, *Rahel Varnhagen. Lebensgeschichte einer deutschen Jüdin aus der Romantik*, im Folgenden zit. als ‚RV'), ist Öffentlichkeit und Privatheit. In ihrem Verständnis der Genese des Totalitarismus (Arendt 2006b, *Elemente und Ursprünge totaler Herrschaft. Antisemitismus, Imperialismus, totale Herrschaft*, im Folgenden zit. als ‚EUtH') gelangte Arendt zu der Diagnose, dass in totalitären Staaten die Öffentlichkeit als Voraussetzung politischen Handelns, als Erscheinungsraum menschlicher, agonaler Auseinandersetzung zerstört wurde. Zusätzlich wurde in dieser „schlechthin neuen" Regierungsform die Zerstörung des Privaten versucht. Dies überbot das, was zuvor aus Herrschaftsformen wie Despotie und Tyrannis bekannt war. Mit der Zerstörung des Privaten wurde nicht nur ein privater Raum vernichtet, der Schutz bietet, sondern es wurde versucht, die menschliche Einzigartigkeit und Spontaneität abzuschaffen.

Als Beispiel für einen Raum zum freien politischen Handeln betrachtet Arendt die antike griechische Polis. Voraussetzung für dieses ist jedoch, laut Arendt, ein geschützter Raum, in den das „helle Licht der Öffentlichkeit" nicht hineindringen kann, da jenes die Tätigkeiten und Dinge, die „natürlicherweise" in diesen Bereich gehören, sonst zerstören würde. Bedeutet dies, dass sie als einen vor dem Zugriff der Öffentlichkeit geschützten Bereich den griechischen ‚oikos' als Vorbild versteht? Dies lässt sich bezweifeln, da Arendt den repressiven Charakter dieses Bereichs betont und explizit schreibt, dass das, was wir heute unter „privat" verstehen, nichts mit dem antiken Haushalt zu tun habe (vgl. VA, S. 48). Die Frage nach dem Schutz des Privaten ist für Arendt eine *vor*politische Frage. Vorpolitisch seien die Gesetze, die das Innere des Bereiches schützen müssten, dessen „Geheimnis" die Öffentlichkeit nichts angehe.

Noch immer oder schon wieder Hannah Arendt?

Arendts auf den ersten Blick unsystematische Vorgehensweise ist umstritten und einige ihrer Ansichten irritieren nicht nur heutige Leserinnen und Leser. Zum einen aufgrund methodischer Schwierigkeiten. Zum anderen weil ihr inhaltlich „Polis-Nostalgie" vorgeworfen wurde. Ihre scheinbar unstrukturierte Methode ist jedoch Teil der Leistung und Arbeit Arendts und ergibt sich aus dem Versuch, das Geschehene, den Totalitarismus, nicht bewahren, sondern zerstören zu wollen (Schulze Wessel 2006, S. 41).

Im Folgenden sei an einigen Beispielen verdeutlicht, was an Hannah Arendts Publikationen kritisiert wurde. In ihrem Werk *Elemente und Ursprünge totaler Herrschaft* wurde die Gefahr des Revisionismus' aufgrund der vermeintlichen Gleichsetzung von Nationalsozialismus und Stalinismus gesehen. Der auf Karl Jaspers zurückgehende Begriff der „Banalität des Bösen" in ihrem Bericht vom Prozess um Adolf Eichmann (Arendt 2006a, *Eichmann in Jerusalem. Ein Bericht von der Banalität des Bösen*, im Folgenden zit. als ‚EiJ') wurde als eine Verharmlosung seiner Taten und seiner Mitwirkung am Holocaust interpretiert. Dies war von Arendt jedoch nicht intendiert. Vielmehr wollte sie sich von der Idee des radikal Bösen, die sie noch in *Elemente und Ursprünge totaler Herrschaft* beschrieben hatte (EUtH, S. 941f.), abgrenzen. Das Böse sei ein Oberflächenphänomen. Tatsächlich hat Arendt Eichmann unterschätzt (z.B. EiJ, S. 131f.). Ihre Aussagen zur Mitschuld der Judenräte an der Judenvernichtung (EiJ, 209ff.), die laut Arendt jedoch durch den Staatsanwalt geäußert wurden, wurden hart angegriffen (vgl. z.B. Krummacher 1964). Sie verwische gar die begriffliche „Unterscheidung von Täter und Opfer" (Elbe 2015, S. 449). Weitere, immer noch in der Literatur diskutierte Probleme sind ihre zum Teil bestreitbaren Quellen, Argumente und Schlussfolgerungen (vgl. z.B. ihre Argumentation im Aufsatz „Little Rock",

Arendt 1986a). Als Belege greift sie etwa auf Gedichte zurück, die sie allerdings als „nichtakademische Zeugnisse" bezeichnet (Arendt 2006d, *Vom Leben des Geistes. Das Denken, Das Wollen*, im Folgenden zit. als ‚LdG', S. 413), und deren Auswahl sie damit begründet, dass es die Art von Dichtern sei, „merkwürdig antizipierend und verdichtend" Tatbestände in einer Formel zusammenzufassen (Arendt 1994b, S. 76), oder auch auf Bibelzitate, wie dem Verweis auf Jesu Fähigkeit zu verzeihen (VA, S. 304ff.). Auch wenn nach der „Zeitenwende 1989/92" *Hannah Arendt weitergedacht* werden könne (Fritze 2008, S. 14), wird eine Art Rechtfertigung mit der Beschäftigung Arendts deutlich an Buchtiteln wie in der Reihe *Wie weiter mit ... ?* (Jaeggi 2008), *Why Arendt matters* (Young-Bruehl 2006) und *Warum Hannah Arendt?* (Weingarten 2000). Laut Seyla Benhabib müsste „[j]ede Argumentation, mit der wir für Arendts bleibende Relevanz eintreten" eine „vertretbare Rekonstruktion ihrer stark umstrittenen Unterscheidungen zwischen dem Gesellschaftlichen und dem Politischen, dem Öffentlichen und dem Privaten anbieten" (Benhabib 1998, S. 220). Dies werde ich in der vorliegenden Arbeit innerhalb der Entwicklung meiner Argumentation versuchen zu leisten, ohne dabei eine „Arendt-Apologie" liefern zu wollen, da die hier genannten und weitere Schwierigkeiten bei der Rezeption Arendts nicht außer Acht gelassen werden können und dürfen.

Arendt stellte in ihren Schriften Fragen, die ihre „Generation während des Erwachsenenlebens unausweichlich begleitet" hätten. Zu diesen Fragen, die sich für die Nachfahren der Generation der Täterinnen und Täter immer noch stellen, zählen die folgenden: „Was war geschehen? Warum war es geschehen? Wie konnte es geschehen?" (EUtH, S. 630) und auf der persönlichen Ebene die Frage „Was hast du zwischen 1933 und 1945 gemacht?" (Arendt 1976b, S. 8). Vielleicht seien, so Arendt bereits 1951, die nachfolgenden Generationen in der Lage, diese Fragen „*sine ira et studio*" (EUtH, 630, Hervorhebung im Orig.) zu stellen. Auch können Arendts Geschichtsbegriff zufolge in der Retrospektive die (Lebens-)Geschichte(n) der Menschen der Mitte des 20. Jahrhunderts erzählt werden, da die meisten Betroffenen bereits verstorben sind, ihr Handeln somit beendet ist (vgl. VA, S. 240). Das Interesse der jüngeren Generationen an Arendts Werk und Philosophie und somit an diesen Fragen lässt sich auch an den in den vergangenen Jahren erschienenen Doktorarbeiten belegen (vgl. z.B.: Dries 2012; Matzner 2013; Salzberger 2016; Schröter 2014).

Zum Forschungsstand

Dabei hat nicht nur Hannah Arendt „Konjunktur", wie Christian Dries eine „Beziehungsskizze" über Günther Anders und Hannah Arendt einleitet (Dries 2011, S. 71), sondern auch das Thema „Privatheit" und die Beschäftigung mit ihm. Die aktuellen politischen Ereignisse, wie beispielsweise die Überwachung von Bürgerinnen und Bürgern durch Geheimdienste, der digitale Wandel, an dessen Anfang wir gerade erst stehen, und die damit verbundenen ständigen technischen Weiterentwicklungen – so etwa derzeit das Internet der Dinge – fordern wissenschaftliche Untersuchungen geradezu heraus. Im Alltag haben wir uns dabei in vielen Punkten schon daran gewöhnt, eingeschränkte Privatheit zu haben, z.B. bei sog. Sicherheitskontrollen an Flughäfen. Das Private ist dabei kein neuer Untersuchungsgegenstand und wurde in den vergangenen Jahrhunderten aus verschiedenen Perspektiven betrachtet. Philosophiegeschichtlich kann die aristotelische Unterscheidung zwischen Polis und oikos als eine erste Differenzierung zwischen einem öffentlichen und einem privaten Bereich gedeutet werden. Seit der Neuzeit spielt die Frage nach dem, was „privat" ist und sein sollte eine Rolle in Staatstheorien, wenn auch zum Teil avant la lettre. In der Regel wird von einem vor dem Eingriff des Staates schützenswerten Gut ausgegangen. Aktuell wird die Erforschung des Privaten wissenschaftlich in verschiedenen Disziplinen aufgegriffen. So haben in den vergangenen Jahren Zeitschriften dem Thema ganze (Sonder-)Ausgaben gewidmet, beispielsweise das Magazin *Science* dem „End of Privacy" (Enserink und Chin 2015), *der blaue reiter* „Verborgene[n] Wirklichkeiten" (*der blaue reiter* 2015) oder das *Journal of Social Philosophy* „Technology and New Challenges for Privacy" (Francis 2014). Des Weiteren werden Forschungsprojekte finanziert, wie das DFG-Graduiertenkolleg 1681 „Privatheit. Formen, Funktionen, Transformationen", in dessen Rahmen diese Arbeit geschrieben wurde, und seine Fortsetzung unter dem Titel „Privatheit und Digitalisierung" (http://www.privatheit.uni-passau.de/), Konferenzen werden abgehalten, z.B. zu „Privatheit und Demokratie" im September 2016 in Frankfurt am Main (https://strukturwandeldesprivaten.wordpress.com/veranstaltungen-konferenzen/), organisiert vom von der Volkswagen-Stiftung geförderten Forschungsprojekt „Strukturwandel des Privaten" sowie die Anfang 2017 bereits zum zehnten Mal veranstaltete „Computers, Privacy and Data Protection" Conference (http://www.cpdpconferences.org/). Das BMBF hat einen Förderschwerpunkt zum Thema „Selbstdatenschutz" eingerichtet, als dessen Auftakt 2014 das interdisziplinäre „Forum Privatheit und selbstbestimmtes Leben in der digitalen Welt" (https://www.forum-privatheit.de) gestartet wurde. Als politische Antworten auf die aktuellen Entwicklungen trat 2016 die EU-Datenschutz-Grundverordnung in Kraft (Europäische Union 2016b), die bis 2018 implementiert werden soll. Außerdem wurde ein Vorschlag für die *Verordnung über Privatsphäre und elektronische Kommunikation* (Europäische Union 2017) veröffentlicht, die die ePrivacy-Richtlinie 2002/58/EC ersetzen wird.

Neben diesen aktuellen Geschehnissen spielt Hannah Arendts Privatheitsverständnis für diverse Wissenschaftlerinnen und Wissenschaftler eine Rolle. Der Forschungsstand zu Arendts Privatheitsbegriff lässt sich insofern wie folgt systematisieren:

1. (Privatheits-)Forscherinnen und -forscher, die jedoch zumeist – verständlicherweise – nur *Vita activa* (VA) heranziehen (vgl. z.B. Gavison 1992; Regan 1995; Seubert 2010).

2. Arendt-Forscherinnen und -forscher, die das Private und das Öffentliche gemeinsam untersuchen (vgl. z.B. Jacobitti 1991; W. Heller 1993; Mazères 2005). Im *Arendt-Handbuch* (Heuer u. a. 2011) wird Arendts Privatheitsbegriff unter „Begriffe und Kon-

zepte" ebenfalls mit „Öffentlichkeit/Privatheit" (Thürmer-Rohr 2011) angeführt.

3. Feministische Forscherinnen, wobei einige Arendts Privatheitsbegriff ablehnen (vgl. die Aufstellung von Dietz 1995, S. 20–29), während sich eine zunehmende Anzahl Arendts Privatheitsbegriff zuwendet (vgl. dazu prominent Benhabib 1998).

Die von mir vorgenommene Aufteilung lässt Überschneidungen zu. So untersuchen z.B. Beate Rössler oder Jean Bethke Elshtain Arendt sowohl als Privatheitsforscherinnen als auch unter feministischen Gesichtspunkten.

Außerdem gibt es Ausnahmen von dieser Einteilung, so etwa Hans-Peter Krüger (Krüger 2007), der auf der Suche nach der „Condition humaine des Abendlandes" relevante Einsichten in Arendts Privatheitsbegriff liefert, indem er – auch – dessen zeitliche Komponente betont und sich dabei auf *Elemente und Ursprünge totaler Herrschaft* (EUtH) bezieht. Beate Rössler zieht weitere Schriften Arendts neben *Vita activa* hinzu (Rössler 2001). Einige wenige Autorinnen und Autoren haben bereits explizit das Private bei Arendt untersucht, jedoch vornehmlich in Aufsätzen. Hierzu zählen Herb, Morgenstern u. a., die ebenfalls feststellen, dass die Betrachtung unvollständig bleibt, wenn nur *Vita activa* betrachtet wird (Herb, Morgenstern u. a. 2011, 285 (FN11), 287), weshalb sie das *Denktagebuch* hinzuziehen (vgl. auch Herb 2001). Ivana Perica arbeitet in ihrer Monographie das „Unvernehmen" zwischen Hannah Arendt und Jacques Rancière heraus, allerdings zählt auch sie zur zweiten hier genannten Kategorie, da sie die *Die privat-öffentliche Achse des Politischen* untersucht.

Zusätzlich zur Dichotomie öffentlich/privat unterscheidet Arendt zwischen dem Gesellschaftlichen und dem Intimen. So betonen Benn und Gaus, dass Arendt von drei Bereichen spräche, dem Politischen, dem Gesellschaftlichen und dem Privaten (Benn und Gaus 1983, S. 18; vgl. auch z.B. Arendt 2003b, S. 211), wobei die Gesellschaft laut Arendt ein „Zwischenreich" darstellt. Diese Einteilung entspricht auch der Feststellung Edna Brockes für Arendts gesamte Analysen und Beobachtungen, dass sie dem „Jewish principle of multiplicity, the principle of both/and" folge, das dem „Western principle of either/or" entgegenstünde (Brocke 2008, S. 520).

Neben diesen Ausnahmen blieb in Arendts Werk die Frage nach dem Privaten „weitgehend unbeachtet" (Herb 2001, S. 59). Das Interesse der Forschung habe sich vorrangig auf Arendts Vorstellung von Öffentlichkeit bezogen (Herb 2001, S. 59; relevante Abweichungen hiervon seien u. a. Benhabib 1995; Pitkin 1981). Allerdings müsse, wer sich auf „die Spurensuche nach dem privaten Leben" begebe, sich „zwangsläufig am Öffentlichen orientieren" (Herb 2001, S. 59).

Auch ich werde zunächst Arendts Verständnis der anderen Seite des Privaten beleuchten, bevor ich weitere Aspekte ihres Privatheitsbegriffs herausarbeite. Arendts eigene Vorgehensweise war diejenige, Unterscheidungen treffen zu wollen, um Dinge, Umstände und Phänomene zu verstehen (vgl. IwV, S. 113f.). Ihre Begriffsdefinitionen sind oft in Verbindung mit den jeweiligen Gegenstücken entstanden. Es handelt sich dabei nicht nur um Dualismen wie z. B „Macht und Gewalt", sondern, wie aus dem o.g. Zitat Edna Brockes hervorgeht, oft auch um Triaden wie „Arbeiten – Herstellen – Handeln", oder „Denken – Wollen – Urteilen". Für die wissenschaftliche Debatte bedeutet dies allerdings nicht, dass nicht einzelne dieser Begriffe isoliert betrachtet werden können und auch sollten, um ihre Spezifika herauszuarbeiten. Deswegen konzentriere ich mich auf die Frage nach dem Privaten und gehe dabei wie im Folgenden beschrieben vor.

Vorgehensweise

Ziel meiner Auseinandersetzung mit Arendt ist es, anhand ihrer Erkenntnisse aufzuzeigen, warum wir Privatheit schützen sollten. Als Material verwende ich Arendts veröffentlichte Schriften, da mittlerweile aufgrund des anhaltenden Interesses an ihrer Philosophie ihr Werk bis auf einzelne Korrespondenzen, Vorlesungen, Entwürfe etc. publiziert ist. An Stellen, an denen (auto-)biographische Zeugnisse Arendts Positionen verdeutlichen können, nehme ich dieses „private“ Material als Quelle hinzu, da teilweise gerade anhand ihrer Briefe deutlich wird, was Privatheit für sie bedeutete. Arendts Erfahrungen als Exilantin, Vertriebene und Staatenlose flossen direkt in ihre Forschung ein. Die Suche nach engen Bezugspersonen, und damit verbunden nach einem Heimatgefühl, ist beispielsweise ein wiederkehrendes Motiv in ihrem Briefwechsel mit ihrem zweiten Mann Heinrich Blücher. Dennoch sollen biographische Zeugnisse hier nur eine geringe Rolle spielen, da Arendts Werk ausreichend Thesen und Argumente bereithält, es hier um ihre politische Theorie geht, und um ihrem Wunsch zu folgen, das Private im Privaten zu halten und nicht an das helle „Licht des Öffentlichen“ (VA, S. 77) zu zerren, in dem es zerstört werden könnte. Der Titel dieser Arbeit spiegelt die Breite des Projekts, Arendts Privatheitsbegriff auf die Gegenwart zu beziehen, wider. Dabei unterscheidet sich der in den 1990er Jahren definierte „Cyberspace“ vom Web 2.0 des 21. Jahrhunderts, auf das ich mich in dieser Arbeit beziehe (Münker 2009, 66ff.). Außerdem verwendete Hannah Arendt selber den Begriff „Haushalt“ und nicht „oikos“ (vgl. unten 2.2).

Neben den deutschsprachigen Ausgaben von Arendts Werken ziehe ich, um meine Argumentation zu stärken, teilweise die englischsprachige Fassung heran, da Arendt ihre eigenen Übersetzungen vom Englischen ins Deutsche so angefertigt haben soll, dass sie gezielt das jeweilige Publikum ansprachen (Heuer u. a. 2011, 12ff.). Sie setzte bei der bundesrepublikanischen Nachkriegsbevölkerung anderes Wissen voraus, als bei ihren US-amerikanischen Leserinnen und Lesern. *Vita activa* (VA) unterscheidet sich deshalb zum Beispiel stellenweise stark vom zuerst publizierten Buch *The Human Condition* (Arendt 1998b, *The Human Condition*, im Folgenden zit. als ‚THC‘), es kann sogar von zwei eigenständigen Texten gesprochen werden (Heuer u. a. 2011, S. 63). Einige Schriften wurden allerdings von anderen Personen oder erst nach Arendts Tod ins Deutsche übersetzt (z.B. LdG). Wie in den englischsprachigen Arendt-Ausgaben sowie einem Großteil der Arendt-Forschung üblich, werde ich, außer in direkten Zitaten, griechische Wörter in lateinischer Transliteration ohne diakritische Zeichen verwenden.

Auch wenn eine enge Beziehung und Wechselwirkung zwischen dem Öffentlichen und dem Privaten besteht, geht Arendts Privatheitsbegriff darüber hinaus, bloß eine Hälfte einer Dichotomie zu sein. Während Arendt in ihrer historischen Analyse der Antike diese Dualität untersucht, betont sie, dass seit der Neuzeit neben die Öffentlichkeit und das Private die Gesellschaft getreten sei. Die These, dass Arendt unter Privatheit mehr versteht, als die Kehrseite des Öffentlichen, wird in drei Kapiteln dargelegt. Es geht dabei darum, vor dem Hintergrund der Frage, weshalb der Schutz des Privaten einen hohen Stellenwert in freiheitlich-demokratischen politischen Systemen einnehmen sollte, seinen Wert zu formulieren.

In Kapitel 2 referiere ich Definitionsversuche des Privaten, um aufzuzeigen, worum es überhaupt geht, wenn wir von Privatheit sprechen. Um herauszuarbeiten, was Arendt selbst nicht systematisch aufgezeigt hat, nämlich wie weit ihr Verständnis des Privaten wirklich geht, greife ich im dritten Kapitel auf eine Einteilung in „Dimensionen" des Privaten zurück, die von verschiedenen Wissenschaftlerinnen und Wissenschaftlern vorgenommen wurde. Im vierten Kapitel meiner Arbeit behandle ich aktuelle Phänomene, deren Schwierigkeiten ich mithilfe von Arendts Thesen beleuchte.

Kapitel 2 beginnt mit einer Rekonstruktion von Privatheitsthematisierungen aus der Philosophie und anderen Disziplinen (2.1). In einem nächsten Schritt (2.2) zeige ich auf, dass Hannah Arendt selbst sich ebenfalls schwer tat, „das Private" zu definieren; ihre Versuche blieben metaphorisch und sie argumentierte mit Synonymen und Abgrenzungen. Dieser Teil befasst sich mit dem Privaten als eigentlichem Gegenteil zum Öffentlichen. Eine Zusammenstellung von Begriffen aus dem Wortfeld „privat" verdeutlicht, wie sehr die Frage nach dem Privaten Arendt beschäftigt hat, und, dass es nicht nur thematisiert wird, wenn das Wort auch genannt wird (2.2.1).

Im folgenden Kapitel 3 wende ich Begriffe aus der Privatheitsforschung auf Arendts Werk an, um die Breite von Arendts Privatheitsverständnis weiter herauszustellen und zu betonen, dass ihr Begriff des Privaten kein rein lokaler ist. Belege für die proprietäre (3.1), die lokale (3.2), die informationelle (3.3) und die dezisionale (3.4) Dimension des Privaten in der Philosophie Hannah Arendts werden herausgearbeitet. Besonders bemerkenswert ist die Facette des Privaten, die Arendt in Freundschaften, Liebe und Familie sah. Da Arendt davon ausgeht, dass die Wahl derjenigen, in deren Gesellschaft wir uns befinden wollen, etwas über unser Urteilsvermögen aussagt, thematisiere ich diese Art des „Zuhauses“ unter dem Stichwort der dezisionalen Privatheit (3.4). Der temporale Aspekt des Privaten (3.5), der alle Dimensionen betrifft, wurde bisher gerade in der geisteswissenschaftlichen Forschung nicht genügend hervorgehoben, was ich mit dieser Arbeit versuche zu ändern.

In Kapitel 4 thematisiere ich den Wert des Privaten und führe Beispiele aus heutigen Privatheitsdiskursen an, anhand derer wir im Arendt'schen Sinne über die jeweilige Situation urteilen können. In Arendts Werk wird deutlich, dass der Schutz des Privaten sowohl einen Wert für das Individuum, als auch für die Gemeinschaft (4.1) hat. Dies sehen wir beispielsweise an ihrer Forderung Kinder vor der Welt, aber auch die Welt vor den „Neuankömmlingen“ schützen zu wollen (4.1.1). Arendts Kritik an der ‚progressive education‘, dass Kinder nicht sich selbst überlassen bleiben sollen, wird durch das aktuelle Beispiel Cybermobbing als weiterhin relevant erkennbar (4.1.2). In einem nächsten Schritt geht es um die Frage, was passiert, wenn das Private nicht geschützt wird in einer Massengesellschaft, in der von den vereinzelten Individuen kein Handeln mehr erwartet wird, sondern nur noch konformes Verhalten (4.2). Das Beispiel des schlimmsten Falls, der Zerstörung der Person im Konzentrationslager, zeigt dabei, dass das Private geschützt werden muss, da hier, so Arendt, die Spontaneität und Fähigkeit von Menschen,etwas Neues zu beginnen, vernichtet wurde, und sie objektiviert und sogar zu „Reaktionsbündeln“ reduziert wurden (4.2.1). Die Strategie der totalitären Herrschaft, Menschen dadurch zu eliminieren, dass sie in völlige Vergessenheit geraten, stelle ich dem in der aktuellen Datenschutzdebatte diskutierten „Recht auf Vergessenwerden" gegenüber (4.2.1). Ein aktuelles Beispiel, bei dem unser Verhalten ausgewertet wird und bei dem davon ausgegangen wird, dass wir uns jeweils verhalten wie zuvor und insofern Einfluss auf unser künftiges Verhalten genommen werden könne, ist „behavioral advertising" (4.2.2). In einem letzten Schritt untersuche ich den Zusammenhang zwischen Privatheit, Freiheit und Sicherheit für Arendt (4.3). Hiermit hängen die Fragen zusammen, wer unsere Privatheit bedroht und inwiefern wir darüber informiert sind (4.3.1). Arendts Forderung nach einem Recht, Rechte zu haben, scheint eine neue Aktualität zuzukommen, wenn territoriales Recht nicht mehr den Eigenschaften des Internets gerecht wird (4.3.1). Ich schließe meine Argumentation mit dem Beispiel von Geheimdiensten und ihrer Rolle in totalitären und freiheitlich-demokratischen Systemen (4.3.2).

Insgesamt soll es in dieser Arbeit darum gehen, aufzuzeigen, dass wir für aktuelle Diskussionen um den Schutz des Privaten Hinweise, Argumente und Beispiele in Arendts Schriften finden. Beispiele aus der heutigen Zeit sollen dabei zusätzlich in einem Arendt'schen Sinne als Grundlage für unser Urteilen dienen. Beurteilt werden soll und kann u. a. die Frage, was wir als privat erachten, oder als privat erachten sollten, da wir uns dank unserer freiheitlich-demokratischen Grundordnung unter Umständen nicht immer bewusst sind, was die Bedrohung des Privaten tatsächlich im schlimmsten Falle bedeuten kann.

2 Definitionen und Diskurse: Was ist Privatheit?

Eine Definition ist eine Begriffsbestimmung. Ohne hier näher auf die Eigenschaften des Wortes „Begriff" einzugehen, stelle ich fest, dass „Privatheit" schwierig zu bestimmen ist.[1] Dies lässt sich u.a. auch

---

1 | Semantisch könnten wir uns zur Begriffsklärung des Wortes „privat" oder „Privatheit" beispielsweise dem *Duden* zuwenden. Noch im Jahr 2001 verzeichnete dieser offensichtlich das Wort „Privat*heit*" nicht (vgl. Rössler 2001, S. 16), die aktuelle 26. Auflage definiert es mittlerweile allerdings als „das Privatsein". Offensichtlich gab es für diesen Neologismus Bedarf, da das bisher – und beispielsweise in der Psychologie weiterhin (vgl. z.B. Trepte 2012) – gebräuchliche Wort „Privatsphäre" auf eine räumliche Komponente verweist. Ivana Perica betont, dass in der politischen Theorie anstelle von Privatsphäre und Öffentlichkeit nunmehr die Adjektive ‚privat' und ‚öffentlich' verwendet würden, wobei diese Adjektivierung eine Präzisierung herbeiführen würden, die es ermögliche „politische Prozesse viel dynamischer zu denken" (Perica 2016, S. 321). Arendt selbst verwendete den Begriff „Privat*heit*" demzufolge nicht, vgl. auch Kapitel 2.2 zu räumlichen Metaphern, vgl. jedoch die von Ursula Ludz vorgenommene Übersetzung einer Vorlesung zu Kants Philosophie (Arendt 1998a, *Das Urteilen. Texte zu Kants politischer Philosophie*, im Folgenden zit. als ‚DU', S. 94). Juristisch finden wir Hinweise auf das Recht auf Privatheit z.B. in der „Allgemeinen Erklärung der Menschenrechte", in der „Grundrechtecharta der Europäischen Union" und im „Grundgesetz der Bundesrepublik Deutschland", wobei hier u.a. die Rede von „Privatsphäre" oder „privatem Leben" ist. Das deutsche Bundesverfassungsgericht spricht von einem „Kernbereich der privaten Lebensführung" (BVerfGE, *109, 279*), teilweise ist das Gericht von der

am Plural im Titel des Sammelbandes *Privacies* (Rössler 2004) ablesen. Dabei ist das englische Wort „privacy", allerdings nicht deckungsgleich mit allen Bedeutungen des deutschen Wortes „Privatheit" (vgl. auch Lewinski 2014, S. 37f.).[2] Etymologisch stammt das Wort von lateinisch ,privare' mit der Bedeutung „berauben" (z.B. jmd. des Lebens), „befreien" (z.B. jmd. von einem Übel), wobei die Herkunft eines Begriffs nur ein Hinweis darauf sein kann, wofür er heute steht.[3]

Sphärentheorie abgekehrt (Papier 2012, S. 76). Das Gericht formulierte 1983 das „Recht auf informationelle Selbstbestimmung", vgl. hierzu auch Kapitel 4. Geschichtswissenschaftlich finden wir den Begriff „privat" nicht als eigenen Eintrag in *Geschichtliche Grundbegriffe: Historisches Lexikon zur politisch-sozialen Sprache in Deutschland*, Informationen finden sich allerdings etwa unter dem Stichwort „Freiheit" (Bleicken u. a. 1975) und „Öffentlichkeit" (Hölscher 1978). Zur semantischen Bedeutung während der Aufklärung kann die *Encyclopédie* D'Alemberts und Diderots konsultiert werden sowie für das 19. Jahrhundert das *Deutsche Wörterbuch* von Jacob und Wilhelm Grimm. Für eine philosophische Begriffsbestimmung mag uns im *Historischen Wörterbuch der Philosophie* der Eintrag „Öffentlich/privat" (Hofmann 2007) weiterhelfen, das *Handbuch der Politischen Philosophie und Sozialphilosophie*, in dem explizit ein Eintrag dem Privaten gewidmet ist (Rössler 2008) sowie *The Stanford Encyclopedia of Philosophy*, u.a. durch den Eintrag „Privacy" (DeCew 2012). Arendt-spezifisch ist das *Arendt-Handbuch* aufschlussreich (Heuer u. a. 2011), darin u.a. der Artikel „Öffentlichkeit/Privatheit" (Thürmer-Rohr 2011).

2 | Vgl. hierzu auch die Verwendung „private*ness*", respektive „public*ness*", um über mehr reden zu können, als die enge Bedeutung von „privacy" nahelegt, das oftmals nur auf den Zugang und die Verbreitung von Informationen beschränkt sei (Benn und Gaus 1983, S. 3; vgl. zur Ambiguität des Begriffs auch z.B. Moore 2008).

3 | Vgl. den Hinweis von John Stuart Mill hinsichtlich der Bedeutung von „justice" (Mill 2007, S. 43; vgl. auch Benn und Gaus 1983, S. 4). Die Bedeutung „jemanden *von einem Übel* befreien" spielt dabei schon auf eine positive Bedeu-

Die im Folgenden untersuchten Thematisierungen des Privaten haben nicht alle explizit versucht, zu definieren, was das Private ist (vgl. auch Rössler 2001, S. 16),[4] haben aber verschiedene Forderungen über den Schutz eines privaten Bereichs, privater Informationen, privater Entscheidungen oder privaten Eigentums geäußert. Im Wesentlichen ist ihnen gemein, dass etwas vor dem Zugriff durch andere geschützt werden soll bzw. anderen der Zugang zu etwas verweigert werden soll. Eine Person sollte die Kontrolle darüber haben, wer wann in welchem Maße Zugang zu oder Zugriff auf ein Objekt hat und haben sollte, das ihr gehört oder über das sie verfügen kann. Ein betroffenes Objekt kann dabei beispielsweise – wie oben angesprochen – ein Ort sein, es kann sich aber auch um Informationen über jemanden handeln. Außerdem sollte sie darüber bestimmen können, was wann mit ihr und ihrem Körper geschieht. Individuen benötigen einen vor Zugriffen geschützten – metaphorischen und wörtlichen – Raum, da normativ davon ausgegangen wird, dass es einen Ort geben sollte, an dem sie sie selbst sein können. An diesem sollen sie bestimmen können, wann sie an ihm allein sind, wer etwas über sie erfahren soll und darf und welche Entscheidungen sie treffen. Diese Selbstbestimmung steht in einem Kontrast zu und wird abgegrenzt von dem, was außerhalb des Raumes geschieht, einer Öffentlichkeit, der Gesellschaft, den „Anderen". Deren Anwesenheit kann eine Person sich nicht unbedingt aussuchen, da Menschen aufgrund ihrer sozialen, also z.B. geschäftlichen, beruflichen und sons-

tung des Privaten an, vgl. hierzu auch Kapitel 2.2 und Kapitel 3, wobei Arendt sich anscheinend nur auf die Definition von „berauben" bezieht (VA, S. 48).

4 | Teilweise wurde jedoch bewusst auf eine Begriffsdefinition verzichtet und nur für den jeweiligen Rahmen betont, was gemeint ist. In manchen Fällen könne es sogar kontraproduktiv sein, wenn geglaubt würde, dass eine Definition von „privacy" dem systematischen Herangehen an „critical challenges" vorausgehen müsse, so Nissenbaum (vgl. Nissenbaum 2010, S. 2). Gerade um über die Funktion und den Wert des Privaten nachdenken zu können (Kapitel 4), muss zuvor geklärt werden, was es eigentlich ist (vgl. u.a. Rössler 2001, S. 16).

tigen Beziehungen mit anderen Menschen zu tun haben. Hierbei beziehe ich mich auf liberal-demokratische Gesellschaften, in denen alle mündigen Menschen selbst über ihr Leben bestimmen können und in denen auch (noch) nicht mündigen Menschen im Rahmen ihrer Fähigkeiten Mitbestimmung über ihr eigenes Leben ermöglicht wird.[5] Dabei wird angenommen, dass das Entscheiden-Können über das Private, das Eigene, Grundvoraussetzung für die Teilhabe an demokratischen Entscheidungen und Prozessen ist, da sich ein freiheitlich-demokratischer Staat aus autonomen Individuen zusammensetzt, die ohne Zwang zu ihren jeweiligen Positionen gelangen.

In diesem Kapitel werde ich zunächst einen kurzen historischen Überblick von Aristoteles bis zur Gegenwart darüber geben, inwiefern das Private in der Vergangenheit im philosophischen Diskurs und darüber hinaus verhandelt wurde (vgl. Kapitel 2.1.1). Dann werde ich aufzeigen, dass die Ursache, es zu behandeln, in den meisten Fällen eine subjektiv wahrgenommene „Bedrohungslage" war: Individuen fühlten sich durch den Staat, die Gesellschaft oder durch technische Neuerungen in ihrer Privatheit oder Freiheit eingeschränkt (vgl. Kapitel 2.1.2). Mit dem Ziel, den bis hierher aufgespannten Privatheitsdiskurs klarer

---

5 | Es soll nicht bestritten werden, dass es Privates oder Privatsphäre auch in anderen politischen Systemen geben kann. Vgl. hierzu auch Hannah Arendts Unterscheidung zwischen tyrannischer und totalitärer Herrschaft, die sich darin äußert, dass im Gegensatz zur Tyrannis im Totalitarismus nicht nur versucht wurde die Öffentlichkeit, sondern auch das Privatleben der Bürgerinnen und Bürger zu zerstören (vgl. Kapitel 3.3.1). Aktuelle Forschungen zum „Privaten im Nationalsozialismus" verfolgen die These, dass es sehr wohl Privates in der NS-Zeit gab. Vgl. das Forschungsprojekt des Instituts für Zeitgeschichte in München, welches das Ziel verfolgt, „die wissenschaftlich bislang weitgehend unbeachtete soziale Praxis des Aufeinandertreffens von ‚privat' und ‚öffentlich' im NS-Regime" als Forschungsthema zu etablieren und hierzu z.B. anhand einer Studie Privatheit im „Getto" untersucht (http://www.ifz-muenchen.de/aktuelles/themen/das-private-im-nationalsozialismus/ , abgerufen am 15.1.2015).

darzustellen, erläutere ich in der Literatur vorgenommene Systematisierungen der verschiedenen Definitionsversuche (vgl. Kapitel 2.1.3). Es folgt eine Darstellung von ausgewählten feministischen Diskursen, die entscheidend zur Debatte und zum heutigen Privatheitsverständnis beigetragen haben (vgl. Kapitel 2.1.4). An ihnen werden wichtige Aspekte deutlich, wie z.B. der Umstand, dass in einem patriarchalischen System das Haus als privater, vor – staatlichem – Zugriff geschützter Raum auch dazu führen kann, dass Gewalttaten ungesehen und ungestraft in ihm verübt werden können, sofern es keine entsprechenden Gesetze gibt, die dies verhindern.

Unabhängig von dieser auf einen räumlichen Bereich abzielenden Kritik, forderte die Frauenbewegung (Handlungs- und Entscheidungs-) Freiheit für alle Menschen. Das Private wird in diesem Sinne verstanden als Garant für Autonomie und damit auch die Unversehrtheit der Menschenwürde. Deshalb ist es schützenswert (vgl. auch Kapitel 4). Dennoch bleibt das Private unter Umständen auch (ein) repressiv(er Ort). Die Darlegung der feministischen Kritik erfolgt bereits mit Blick auf Hannah Arendts Auseinandersetzung mit dem Privaten. Durch diese Ausführungen und Unterscheidungen werden außerdem bereits die Dimensionen deutlich, die mir in Kapitel 3 dazu dienen werden, Arendts Thematisierungen des Privaten weiter zu untersuchen. Anhand der verschieden gelagerten Thematisierungen und Definitionen werde ich Arendts Unterscheidung zwischen Polis und Haushalt betrachten, da Arendts Privatheitsbegriff in der Forschung häufig nur als – notwendiges – Gegenteil zu ihrem Öffentlichkeitsbegriff verstanden wurde. Hierzu untersuche ich Synonyme und Metaphern, die Arendt verwendet hat, um zu beschreiben, was ‚privat' und ‚öffentlich' ausmacht, bzw. sein sollte.

Die Untersuchung von Privatheitsdefinitionen zeigt, dass reine Begriffsbestimmungen nicht weiterführen. Die Bedrohungslage des Privaten bereitet Sorgen,[6] und hilft dadurch zu verstehen, was das Private ist. Die Analyse der auf das Werk Hannah Arendts angewendeten Dimensionen in Kapitel 3 sowie des Werts und der Funktion des Privaten in Verbindung mit dem Herausstellen der Aktualität Hannah Arendts anhand von Beispielen in Kapitel 4 umfassen weiterhin den Versuch, das Private zu begreifen.

2.1 Bestimmungsversuche des Privaten

Die wissenschaftliche Auseinandersetzung mit einem Thema setzt in der Regel voraus, dass klar ist, worüber ich spreche, oder im Laufe des Nachdenkens Klarheit über das erlange, was ich herausarbeiten will. In der Philosophie ist es dabei nicht unüblich in Aporien zu gelangen, doch sollte gerade eine philosophische Arbeit die Bedeutung der zentralen verwendeten Begriffe klären. Eine mögliche Herangehensweise ist hierbei die historische Entwicklung des jeweiligen Begriffs. Ich stelle hierzu dar, was andere Philosophinnen und Philosophen bereits zu diesem Begriff geäußert haben und verweise auf einige zentrale Thesen anderer Disziplinen. Da kulturübergreifend nicht alle Kulturen Konzepte dessen, was wir heute unter ‚privat' und ‚öffentlich' verstehen besitzen, wenn es auch ähnliche Konstrukte beispielsweise in Bezug auf Zugangsregeln geben mag (vgl. Benn und Gaus 1983, S. 7ff.; vgl. je-

6 | Nicht oder zumindest wenig besorgt sind dabei allerdings z.B. Unternehmen, die Profit mit Daten machen, Politikerinnen und Politiker, die der Meinung sind, dass beispielsweise Daten zur Steigerung der Sicherheit „auf Vorrat" gespeichert werden müssten, oder auch Vertreterinnen und Vertreter der sogenannten Post-Privacy-Bewegung, die überwiegend Vorteile in einer „gläsernen" Gesellschaft sehen (C. Heller 2011; Seemann 2012). Auch in den Anfängen der Bundesrepublik herrschte eher „Technikgläubigkeit" statt „Staatsskepsis", obwohl die Shoa in ihrem Ausmaß mitunter erst durch die Datenmacht des Staates möglich wurde (Lewinski 2012, S. 28, vgl. hierzu auch Kapitel 4).

doch Rössler 2008, S. 1024), beschränke ich mich im folgenden auf den abendländischen Kulturkreis.[7]

2.1.1 Historische Diskurse

Als eine frühe Form einer Unterscheidung zwischen dem Privaten und dem Öffentlichen wird häufig die aristotelische Trennung zwischen ‚polis' und ‚oikos' in seiner Schrift *Politik* (vgl. Aristoteles 2009, 1253b ff., 1259b ff.) angesehen (vgl. Rössler 2008, S. 1024), was jedoch auch umstritten ist (vgl. Swanson 1992). So weist Sourvinou-Inwood darauf hin, dass die Unterscheidung zwischen öffentlich und privat nicht ausreichend sei, um die Rolle der Frau im klassischen Athen zu beschreiben. Blieb sie sowohl in der Polis als auch im oikos dem Mann untergeordnet, so war sie doch im Bereich der öffentlichen Religion – nicht jedoch in Bezug auf Kulthandlungen im oikos – dem Mann gleichgestellt. Die Frau habe im Kult gar als „eigenständige Person" handeln dürfen (Sourvinou-Inwood 1995, S. 113).[8] Der eigentliche Beginn der

---

7 | Die Autoren der *Geschichte des privaten Lebens* „Vom römischen Imperium" bis zu „Gegenwart" in Abgrenzung zur Theorieentwicklung (vgl. Ariès und Duby 1989) betonen, dass sie aufgrund der Fülle des Materials mehr Fragen als Antworten und eher ein „Forschungsprogramm" statt einer Bilanz vorlegen könnten (Ariès, Duby und Veyne 1989, S. 7; vgl. kritisch z.B. Kumar 1997). Außerdem lassen sich in verschiedenen Dokumenten und Traditionen Ursprünge von Forderungen nach Privatheit in ihren unterschiedlichen Dimensionen finden, vgl. etwa die ärztliche Verschwiegenheitserklärung im Eid des Hippokrates ca. 400 v. Chr. als frühe Form des Schutzes medizinischer Daten (Lewinski 2012, S. 24). Hannah Arendt selbst bezog sich ebenfalls auf die abendländische Tradition und ging davon aus, dass im Mittelalter aufgrund der Vorherrschaft der Kirche keine Trennung zwischen öffentlich und privat getroffen wurde (vgl. hierzu u.a. VA, S. 68f., 74f. vgl. auch Elshtain 1981, 56ff.).

8 | Für einen prägnanten historischen Überblick vgl. Rössler, die unter Bezug auf Pateman, Benn und Gaus und Geuss feststellt, dass die „Geschichte der sehr

philosophischen Thematisierung des Privaten wird jedoch laut Literaturlage in den liberalen Theorien der Neuzeit gesehen (vgl. z.B. Rössler 2001). In der Ausarbeitung von Staatsphilosophien ging es auch darum, wie der Einzelne, der die Gemeinschaft benötigt, dem Staat Souveränität übertragen kann, aber seine individuellen Freiheitsrechte als einen Bereich wahren kann, auf den der Staat keinen Zugriff hat; modern gesprochen also um das Abwehrrecht des Bürgers gegenüber dem Staat. Hierzu zählen als Erstes Hobbes' Ausführungen zu Religions- bzw. Meinungsfreiheit (vgl. Hobbes 2008, Kap. 42, 46). Beate Rössler zufolge ist Hobbes ein „Vor-Liberaler“ (Rössler 2001, S. 66). Die „Geschichte der liberalen Privatheit“ würde sich unterschiedlich darstellen, je nachdem, wo begonnen würde: „bei Hobbes und den Erfahrungen der Religionskriege, bei Locke mit Eigentum und Freiheit, bei Mill mit der privaten Freiheit von sozialer Kontrolle [...] “ (Rössler 2001, S. 15).[9]

Bei Rousseau, den Arendt als einen der „Entdecker der Intimität“ bezeichnet (vgl. Kapitel 2.2.1), wird die Geschlechtertrennung konsti-

---

unterschiedlichen Theorien und Konzeptualisierungen des Privaten“ bisher nur unzureichend aufgearbeitet worden sei (Rössler 2008, S. 1025; zum Thema Öffentlichkeit und Privatheit in der Antike vgl. u.a. auch Saxonhouse 1983; Rosenzweig 2010; und Elshtain 1981, Kap. 1).

Zur Zeit zwischen der Antike und der Neuzeit vgl. Elshtain (Elshtain 1981) undBenn und Gaus (Benn und Gaus 1983). Benn und Gaus erläutern die Unterscheidung zwischen öffentlich und privat sowie die sich mit ihr überschneidende Unterteilung zwischen „temporal“ (vgl. auch Kapitel 3.5) und „spiritual“ – nicht nur – für das Mittelalter und die Reformation. In Augustinus' Termini etwa habe die Unterscheidung zwischen der „worldly city“ und der „City of God“ bestanden (Benn und Gaus 1983, S. 19).

9 | Rössler stellt die doppelte Bedeutung des liberalen Privatheitsbegriffs anhand von Locke, Mill und Rawls dar, verweist jedoch darauf, dass ähnliche Argumentationsstrukturen auch bei Hobbes, Kant und Rousseau aufgezeigt werden können (Rössler 2001, S. 66).

tutiv für die Republik, er restituiere' die aristotelische Trennung zwischen dem natürlichen, privaten und dem öffentlichen, politischen Leben, „entlang des Geschlechtsunterschiedes" (Kuster 2002, S. 164). Dem Mann kommt eine Funktion im Staat zu, der Frau jedoch nur die Bestimmung, dem Mann und somit gleichzeitig der Republik zu dienen (Rousseau 2001; vgl. Kuster 2005; Herb 2001; Herb, Morgenstern u. a. 2011). Dass wir mit der Arbeit unseres Körpers und dem Werk unserer Hände[10] vormals Gemeinsames, den Boden, zu unserem Eigentum machen, führte John Locke aus; jeder habe das Eigentum an seiner eigenen Person (Locke 2007, §27). Mit der Formulierung dieser Staatsmodelle ging eine neue Festschreibung von Geschlechterrollen einher, der Frau wurde – mehr oder weniger explizit – die „naturgegebene" Rolle im Haushalt zugeschrieben, dem Mann kamen öffentliche, politische Funktionen zu (Rössler 2001, 55ff.).[11]

John Stuart Mill kritisierte explizit einen zentralistisch organisierten Staat und lehnte Einmischung in die Freiheit des Einzelnen durch die Gesellschaft und die Regierung ab. Der einzige Grund aus dem heraus Zwang gegen ein Mitglied einer „zivilisierten Gesellschaft" ausgeübt werden dürfe, sei derjenige, „Schädigung anderer zu verhüten" (Mill 2009, S. 34f.). Mill forderte also Meinungsfreiheit und Freiheit der selbstbestimmten Lebensgestaltung (vgl. Gräfrath 2009, S. 341).

---

10 | Diese Unterscheidung zwischen Arbeit und Werk ist, wie ich zeigen werde, für Arendt von Bedeutung.

11 | Die Geschlechtertrennung an sich ist zwar älter, eindeutig etwa die o.g. Stellen bei Aristoteles, jedoch ist sich die feministische Forschung einig, dass die Neuzeit ein Bild zementiert hat, demzufolge die Frau nicht mehr als schwächere Variante des Mannes, sondern als eine Art Mensch zweiter Klasse (vgl. u.a. Kuster 2002, S. 163) gelte. Die Bürgerrechte der Aufklärung kamen zunächst nur freien weißen Männern zu, obwohl bereits damals ‚égalité' proklamiert wurde, ist bis heute weder Gleichheit in Bezug auf Geschlecht, noch hinsichtlich der Ethnie erreicht (vgl. u.a. Schößler 2008, S. 23f.).

Avant la lettre fände sich bei Kant (Kant 1977, 1992)[12] und Constant (Constant 1819) „die Unterscheidung zwischen individuellen, privaten Freiheitsdimensionen, dem (privaten) Streben nach Glückseligkeit [...] und dem öffentlichen Bereich der Gesetze und Politik" (Rössler 2008, S. 1024). Hegel versuche in den *Grundlinien der Philosophie der Rechts* (§§181-187) „einen Gegensatz zwischen den sozialen Dimensionen des Privaten und des Öffentlichen miteinander zu versöhnen", so Rössler, während Marx[13] „die Unterscheidung im Kommunismus ganz aufgehoben" sähe (Rössler 2008, S. 1024).

Die interdisziplinäre Privatheitsforschung betrachtet einen Ende des 19. Jahrhunderts erschienenen juristischen Aufsatz von Samuel D. Warren und Louis Brandeis als erste Formulierung eines Rechts auf informationelle Privatheit. Warren und Brandeis leiten aus der US-amerikanischen Verfassung ein „right to be let alone" ab (Warren und Brandeis 1984, S. 76; vgl. auch Arendt 1977, „Public Rights and Private Interests. In Response to Charles Frankel", im Folgenden zit. als ‚PRPI', S. 106), das im konkreten Fall nach heutigen Erkenntnissen die Verbreitung privater Informationen in der Boulevardpresse verhindern sollte (vgl. Gajda 2007). Dieses „right to privacy" oder auch „right of privacy" (Warren und Brandeis 1984, passim) gilt als „Geburtsurkunde für den modernen Datenschutz" (Weichert 2011).[14] Der soziologische Diskurs wurde u.a. von Georg Simmel und später von Norbert Elias ge-

12 | Vgl. in *Die Metaphysik der Sitten* (1795): u.a. AB 52, A 154, 155f., B 154f., in *Über den Gemeinspruch: Das mag in der Theorie richtig sein, taugt aber nicht für die Praxis / Zum ewigen Frieden. Ein philosophischer Entwurf* (1793): II. insbes. A 235f.

13 | Zu Marx vgl. auch Arendts Ausführungen über Enteignung, s. Kapitel 3.1, vgl. auch Kamenka (Kamenka 1983). Auch Kant und Constant werden von Arendt berücksichtigt.

14 | Warren und Brandeis beziehen sich auf ein Gesetz von 1868, dass in Frankreich in Kraft sei, und Berichterstattung über Privatleben durch die Presse unter Strafe stelle (Warren und Brandeis 1984, S. 86).

führt, der ein Zeitgenosse Arendts war. Sein Werk *Über den Prozeß der Zivilisation* erschien jedoch bereits 1939, vor dem Holocaust und somit vor den einschneidenden Erlebnissen, die Arendts politische Schriften motivierten. In der zweiten Hälfte des 20. Jahrhundert wurde die Unterscheidung zwischen dem Privaten und dem Öffentlichen ausgehend von den Erfahrungen mit und Analysen der totalitären Systeme neu überdacht. Viel diskutiert ist auch Jürgen Habermas' *Strukturwandel der Öffentlichkeit*, der sich u.a. auf Hannah Arendt bezieht (z.B. Habermas 1990, S. 76). Elias, Habermas und Sennett werden von Rössler gemeinsam unter normativen Theorien des Öffentlichen betrachtet, die das Private als „residuale Kategorie" nicht näher differenzieren würden (Rössler 2008, S. 1025).[15]

Gesellschaftliche Strömungen, die die bestehende Ordnung hinterfragten, waren die Frauenbewegung der zweiten Generation (Rössler 2008, S. 1025) sowie die 1968er Bewegung (Lewinski 2012, S. 28). Für den Überwachungsdiskurs, der aktuell neben der Privatheitsforschung in den „surveillance studies" geführt wird, ist Michel Foucault ein zentraler Autor (Lyon 2015, S. 69), viel zitiert ist dabei seine Untersuchung des Bentham'schen Panoptikums von 1975 (vgl Foucault 2010, Kap. III.3).[16]

Insgesamt, so stellt Alan Westin fest, seien sog. westliche Privatheitsvorstellungen von zwei großen konkurrierenden Traditionen be-

---

15 | Sennett habe „viele Aspekte von Arendts Analyse für den historischen Wandel in Metropolen vom Ende des 18. Jahrhunderts bis zur Mitte des 20. Jahrhunderts bestätigt", bemerkt Hans-Peter Krüger. Als Quelle übersetzt er den deutschen Titel *Verfall und Ende des öffentlichen Lebens* zurück, dessen Untertitel die „Tyrannei der Intimität" betont, die eigentlich – im Plural – nur die Überschrift der „Conclusion" ist. Das Original trägt den Titel: *The Fall of Public Man* (Sennett 2002; Krüger 2007, S. 618).

16 | In seinen biopolitischen Überlegungen zum Lager hat Foucault sich offensichtlich trotz Gemeinsamkeiten nicht auf Arendt bezogen (Agamben 2002, S. 13f.).

einflusst worden: erstens einer Tradition, die auf Phänomene wie den demokratischen griechischen Stadtstaat, den englischen Protestantismus und das common-law-System sowie den amerikanischen Konstitutionalismus und Eigentumskonzepte zurückgehe. Zweitens diejenige Tradition, die in Verbindung gebracht werden könne mit Sparta, dem Imperium Romanum, der Kirche im Mittelalter und dem europäischen Nationalstaat.[17] In der ersteren gäbe es den Trend, die „surveillance powers" von Regierungs-, religiösen und wirtschaftlichen Autoritäten im Interesse von Privatheit (privacy) für Individuen, Familien und bestimmte soziale Gruppen in jeder Gesellschaft zu begrenzen. Die mit dieser konkurrierende Tradition mäße diesen Autoritäten sehr breite Überwachungsbefugnisse bei. Die „griechische" Tradition führe somit dazu, dass die sozio-politische Balance in jeder Gesellschaft die Optionen von Individuen und Gruppen erweitere, substantielle Möglichkeiten des Privaten zu genießen, während die „römische" Tradition ein restriktives Szenario schüfe und ihrer Bürgerschaft ein dem entgegengesetztes Wertesystem beibrächte. In einigen Gesellschaften konkurrierten beide Traditionen. Dabei gäbe es – aus politischen Gründen – Unterschiede, welche Freiheit, welcher Grad von Privatheit in welchem Rahmen gesellschaftlichen Eliten, Bürgern oder Armen und Unfreien zukäme (vgl. Westin 1984, 70f.). Westin stellte bereits für die USA der 1970er Jahre fest, dass „[...] no society with a reputation for providing liberty in its own time failed to provide limits on the surveillance power of authorities" (Westin 1984, 70f.). Hieraus wird also bereits einer der – potentiellen – Angreifenden der Privatsphäre deutlich: der Staat.

Wie sich aus der historischen Darstellung bereits vermuten lässt, wurden Forderungen nach dem Schutz eines unantastbaren wörtlichen oder bildlichen Bereichs, die implizit oder explizit dabei thematisieren, was das Private denn nun sei, oft aus einer empfundenen Bedro-

---

17 | Arendt bezieht sich, wie ich zeigen werde, auf beide Traditionen, „bevorzugt" jedoch die Griechische (IwV, S. 106).

hung heraus formuliert. Die liberalen Theoretiker befürchteten einen zu weitreichenden Eingriff in ihre Freiheit und ihr Eigentum durch die Gesellschaft oder die Regierungsgewalt. Warren und Brandeis waren um ihre Familien besorgt. Die zweite Frauenbewegung forderte, dass es Gesetze geben müsse, die dem Staat Zugriff auf das, was als privat galt, gewähren sollten, damit Frauen – und weitere Minderheiten, wie z.B. Homosexuelle –, wie es die Verfassungen liberaler Gesellschaften vorsehen, selbstbestimmt über ihr Leben entscheiden könnten (vgl. auch Kapitel 2.1.4). Die „Bedrohung" wurde dabei in manchen Fällen durch den Staat, inklusive seiner Gesetzgebung und die patriarchale Gesellschaftsordnung ausgelöst, in anderen Fällen durch die Weiterentwicklung technischer Möglichkeiten. Bedrohungen werden als Zeitdiagnose mehr oder weniger direkt deutlich in Theorien und Thematisierungen des „Verfalls" der Öffentlichkeit und des Privaten. Die „Entgrenzung der Bereiche [...] als Pathologie spätmoderner Gesellschaften" werde dabei als „Ausgangspunkt für kulturkritische Überlegungen genommen" (Rössler 2008, S. 1025). Als weitere Akteurin, die das Private – potentiell – gefährdet, kann außerdem die heutige (Massen-)Gesellschaft genannt werden: in Form von Unternehmen, die Daten als Geschäftsmodell verwenden (vgl. Kapitel 4), sowie in der Person von Mitbürgerinnen und Mitbürgern. Aber auch einzelne Individuen können beispielsweise durch einen nachlässigen Umgang mit ihren Daten ihre eigene Privatheit oder die Privatheit anderer in Gefahr bringen. An dieser Stelle beziehe ich mich zunächst auf Privatheitsverletzungen durch technischen Fortschritt, um diesen wichtigen Aspekt zu behandeln, den Arendt selbst nur implizit bedacht hat.[18]

18 | So z.B. in Bezug auf die „technisierte Polizei" (EUtH, S. 899, vgl. auch Kapitel 3.3). Generell ist in ihrem Werk eine Art Technikskepsis zu finden, so z.B. in Bezug auf den Sputnik-Schock oder die Entwicklung der Atombombe (vgl. etwa die „Einleitenden Bemerkungen" zu VA). Eine zentrale Rolle in Hannah Arendts Philosophie spielt, wie ich ausführen werde, die Bedrohung durch die Gesellschaft und die Politik. Zu aktuellen technischen Beispielen vgl. Kapitel 4.

2.1.2 Bedrohungen durch Technik

Dass technische Neuerungen, genauer gesagt die menschlichen Möglichkeiten sie auszunutzen, in zunehmendem Maße bestehende Privatheit bedrohen können, wird nicht erst seit der Verbreitung des Internets diskutiert. Warren und Brandeis beziehen sich mit ihrer Kritik an der Veröffentlichung eines Fotos auf technische Erfindungen und Änderungen gegenüber dem vorherigem Stand: die Fotografie und den Druck sowie die Verbreitung von Druckerzeugnissen (Warren und Brandeis 1984). Etwa zeitgleich beschreibt auch beispielsweise Walter Benjamin, wie das Klingeln des ersten Telefons während seiner „Berliner Kindheit um Neunzehnhundert" – nicht nur – die häusliche Ruhe zerstörte: „Der Laut, mit dem er [der Telefonapparat] zwischen zwei und vier, wenn wieder ein Schulfreund mich zu sprechen wünschte, anschlug, war ein Alarmsignal, das nicht allein die Mittagsruhe meiner Eltern, sondern die weltgeschichtliche Epoche störte, in deren Mitte sie sich ihr ergaben." (Benjamin 1961, S. 299). Alan Westin sah es, angesichts technologischen Fortschritts, als Aufgabe der US-amerikanischen Gesellschaft in den 1970er an, an der Tradition, die Überwachung Einhalt gebietet, festzuhalten. Früher sei es Teil des sozialen Systems gewesen, diesen Zugriff durch eine Kombination aus physischen und „socio-legal restraints" zu verhindern (Westin 1984, 70f.).

In der Bundesrepublik stellt das sog. „Volkszählungsurteil" eine Zäsur in der Debatte um Datenschutz dar: 1983 formierte sich Widerstand gegen einen geplanten Makrozensus. Die Argumentation war dabei nicht an sich neu, jedoch an den damals aktuellen technischen Möglichkeiten ausgerichtet. Das Bundesverfassungsgericht berief sich u.a. darauf, dass aufgrund verbesserter Möglichkeiten des Staates, Daten elektronisch zu erheben und weiterzuverarbeiten, eine derart umfangreiche Datenerhebung durch den Staat eine bisher nicht dagewesene Verletzung der Privatsphäre, des „Kernbereichs privater Lebensführung" darstellen würde und formulierte erstmals das „Recht auf informationelle

Selbstbestimmung“ (vgl. BVerfGE, *109, 279*, BVerfGE, *65, 1* und u.a. Papier, 2012, S. 68f.). Durch die geplante Einführung des „maschinenlesbaren“ Personalausweises wurde im selben Jahr ebenfalls ein Ende der Privatheit und eine Übermacht staatlicher Kontrolle befürchtet.[19] Insofern ist die technische und technologische Entwicklung oft Anlass für neue Gesetzgebungen, wobei der – liberal-demokratische – Staat zum Teil in die paradoxe Situation gerät, dass er derjenige Akteur ist, der schützt und vor dem geschützt werden muss. Aufgrund der hohen Geschwindigkeit, mit der Technik entwickelt und auf den Markt gebracht wird, kann es geschehen, dass eine Erfindung bereits eingeführt wurde, bevor regulierende Gesetze formuliert werden konnten (vgl. auch Kapitel 4).

2.1.3 Klassifizierung bestehender Ansätze

Verschiedene Forscherinnen und Forscher haben versucht, existierende Ansätze zu klassifizieren, um diese greifbarer zu machen. So wird beispielsweise zwischen normativen und nicht-normativen, d. h. deskriptiven sowie präskriptiven Ansätzen (vgl. z.B. Nissenbaum 2010) oder zwischen normativen und „natürlichen“ bzw. „quasinatürlichen“ Ansätzen (vgl. z.B. Rössler 2001, S. 20) unterschieden. Ein normativer Ansatz beziehe sich auf moralische Verpflichtungen oder Forderungen, betont Adam Moore (Moore 2008, S. 413). Helen Nissenbaum stellt fest, dass nur wenige deskriptive Beschreibungen vorgenommen worden seien, die vollständigste und bekannteste sei dabei diejenige von Gavison (Gavison 1980). Benn und Gaus betonen darüber hinaus, dass ein normativer Ansatz durchaus auch deskriptiv oder präskriptiv sein könne (Benn und Gaus 1983, S.11f.). Dass Privatheit kein eigenes Recht, sondern nur ein Derivat anderer Rechte wie Rechte auf Leben, Freiheit

19 | Das Magazin *Der Spiegel* titelte am 08.08.1983 „Totale Überwachung. Der neue Personalausweis“ (32/1983).

und Eigentum sei, betonen „reduktionistische" Definitionen, so u.a. Judith Thomson (Thomson 1975; vgl. Moore 2008, S. 413; Rössler 2008, S. 1027). Des Weiteren gäbe es einerseits Theorien, die eine Definition über den Zugang zu privaten Bereichen und Angelegenheiten versuchten vorzunehmen (vgl. z.B. Gavison 1980; Reiman 1984) und andererseits solche, die als eine Art Kontrolle definiert seien (u.a. Fried 1968; Westin 1967).[20] Andere Ansätze hätten wiederum versucht, beides zu vereinigen (A. Allen 1999). Vielfach wird auch versucht, Privatheit über ihren Wert zu definieren. Hierbei kann differenziert werden zwischen dem Wert von Privatheit für Einzelpersonen, Beziehungen und die Gesellschaft (Nissenbaum 2010, S. 88). Nissenbaum unterscheidet bei denjenigen Ansätzen, die Privatheit bezüglich ihres Wertes ‚Autonomie' definieren, zusätzlich zwischen einem konzeptuellen (‚conceptual'), einem kausalen (‚causal') und einem kausalen, aber abweichenden Verständnis von Autonomie (Nissenbaum 2010, 81ff.).[21]

Dass, wie Spinoza feststellt, jede Determinierung, jede nähere Bestimmung eines Begriffs oder eines Gegenstandes die Verneinung von etwas bedeutet,[22] scheint auf das Private besonders zuzutreffen, wird es doch in vielen Fällen von der Öffentlichkeit her bestimmt (vgl. auch Kapitel 1). Norberto Bobbio bezeichnete beispielsweise die Beziehung zwischen ‚öffentlich' und ‚privat' als eine „great dichotomy" (Bobbio 1989). Neben der Tendenz innerhalb der liberalen Privatheitstradition, die Unterscheidung zwischen Öffentlichkeit und Privatheit als Dichotomie zu verstehen, gibt es jedoch auch Ansätze, sie kontinuierlich zu

20 | Vgl. hierzu z.B. die Unterscheidung zwischen „constraint on access" und „form of control" (Nissenbaum 2010, S. 71).

21 | Zum Wert des Privaten vgl. Kapitel 4.

22 | Spinoza formuliert dies in einem Brief an Jarig Jelles vom 2. Juni 1674 (de Spinoza 1677, S. 558; vgl. Melamed 2012): „Omnis determinatio est negatio", die „Bestimmtheit ist die Negation als affirmativ gesetzt", ist Hegels Auslegung dieses Zitats (Hegel 1986b, S. 87).

verstehen (Benn und Gaus 1983, 13ff.). Ein Beispiel hierfür ist das allerdings nur auf persönliche Informationen, nicht auf Privatheit im Allgemeinen bezogene Modell von Schwartz und Solove. Sie schlagen anhand eines Vergleichs des US- und des EU-Datenschutzrechts eine Definition von Personal Identifiable Information 2.0 vor, die Probleme vorliegender Ansätze vermeide, indem sie von einem Kontinuum ausgehen. Das eine Ende des Kontinuums bedeute, dass kein Risiko bestehe, identifiziert zu werden, während das andere Ende bedeute, dass ein Individuum vollständig identifiziert sei. Zwischen den beiden Enden bestehen drei durchlässige Bezugspunkte: nicht-identifizierbar (non-identifiable), identifizierbar (identifiable) und identifiziert (identified). Mit diesem Dreischritt wollen sie Ungenauigkeiten des US-Ansatzes, der zu reduktionistisch, und des EU-Ansatzes, der zu expansionistisch sei (Schwartz und Solove 2014, S. 3), vermeiden. Beide Ansätze gingen von einer Dualität aus. Die Autoren betonen dabei die Wahrscheinlichkeit der Identifizierbarkeit (Schwartz und Solove 2014, S. 4).[23]

---

23 | In Bezug auf EU-Recht, untersuchen sie die Datenschutzrichtlinie „Richtlinie 95/46/EG des europäischen Parlaments und des Rates vom 24. Oktober 1995 zum Schutz natürlicher Personen bei der Verarbeitung personenbezogener Daten und zum freien Datenverkehr" sowie den Entwurf für die Datenschutz-Grundverordnung der Europäischen Union. Würde keine einheitliche Definition von PII, als der basalsten Einheit von „information privacy law" gefunden, wären, so die Autoren, Mechanismen zweiter Ordnung, die Datentransfers regeln, wie etwa das „Safe Harbour"-Abkommen, zwischen der EU und den USA, in Gefahr. Diese Prozesse würden, ohne die Einigung auf eine Definition, instabil (vgl. Schwartz und Solove 2014, S. 3). Die Datenschutz-Grundverordnung (Europäische Union 2016b) trat im Mai 2016 in Kraft, das Safe-Harbour-Abkommen wurde im Oktober 2015 vom Europäischen Gerichtshof für ungültig erklärt. Letzteres wurde durch das sog. EU-U.S.-Privacy Shield ersetzt, das die EU-Kommission zunächst als angemessen erachtet hatte, was jedoch seit dem Amtsantritt von Donald Trump als fragwürdig gilt (Schaar 2017).

Ein Kontinuum wiederum kann bipolar bleiben, oder auch multipolar definiert werden (vgl. Benn und Gaus 1983, 13ff.), wobei Benn und Gaus Hannah Arendt als Beispiel für ein multipolares Modell nennen, da sie ihrer Meinung nach mit der „Gesellschaft" eine dritte Komponente hinzufügt (Benn und Gaus 1983, S. 18). Benn und Gaus finden Arendts Ansatz durchaus erhellend, jedoch nicht sinnvoll, da unsere, also die betrachtete Gesellschaft, auf dem bipolaren Konstrukt beruhe (Benn und Gaus 1983, S. 18). Ich werde im Folgenden zeigen, dass Arendt in ihrer historischen Analyse der Neuzeit sowie in ihrer Gegenwartsanalyse in der Tat von drei Sphären ausgeht, der privaten, der öffentlichen und der gesellschaftlichen, wobei es unterschiedliche Öffentlichkeiten gibt (vgl. Kapitel 2.2ff.). Außerdem werde ich zeigen, dass Arendts Privatheitsverständnis graduell ist. Sie selber vertrat die Ansicht, dass es „natürlicherweise" Gründe gibt, warum manche Dinge und Tätigkeiten in die Öffentlichkeit gehören und andere ins Private. Dabei sind ihre Thesen teilweise doch, ohne dass sie es wollte, normativ. Diese „natürliche" Verortung wurde u.a. im feministischen Diskurs verhandelt, weshalb ich im Folgenden zunächst diesen betrachten werde, um danach zu Arendt zu kommen.

2.1.4 Feministische Privatheitskritik

Eine weitere Annäherung an die Bestimmung von Privatheit lässt sich mit der feministischen Kritik daran erläutern, was seit der Aufklärung an der liberalen patriarchalen Gesellschaftsordnung zum Ausschluss von Frauen aus der Öffentlichkeit geführt hat. Dieser ging mit der Reduzierung des Betätigungsfeldes von Frauen auf den Haushalt und somit einer Beschränkung ihres Wirkens auf den Bereich des Privaten einher (vgl. z.B. Jurczyk und Oechsle 2008, S. 10). Aktivistinnen der Neuen Frauenbewegung formulierten Ende der 1960er und Anfang der 1970er Jahre die Forderung, dass angesichts von gesellschaftlicher Unterdrückung, mangelnder Möglichkeiten, autonome Lebensentscheidungen zu treffen, und häuslicher Gewalt das Persönliche als politische

Fragestellung thematisiert werden müsse, und gesetzliche Grundlagen beispielsweise für die Straffreiheit von Abtreibung oder die Bestrafung von Vergewaltigung in der Ehe geschaffen werden müssten (Nagl-Docekal 2008, S. 316). Die Forderungen wurden mit dem Slogan „Das Persönliche ist politisch" oder auch „Das Private ist politisch" (Jurczyk und Oechsle 2008, S. 10f., Nagl-Docekal 2008, S. 318) auf den Punkt gebracht.

Die feministische Theorie übte Kritik an einem Verständnis des Privaten, bei dem angenommen wird, dass die „Sphäre der Frauen" die „Sphäre von Heim und Herd" (Rössler 2003, S. 17) sei, also Frauen „gewissermaßen natürlicherweise zum Bereich des Privaten, der Natur, der Biologie, des Persönlichen et cetera gerechnet werden" (Rössler 2003, S. 17), während Männern das Privileg zukäme, „sich in der Öffentlichkeit, der Politik, der Kultur zu engagieren." (Rössler 2003, S. 17). Carole Pateman geht soweit zu sagen, dass die Dichotomie zwischen dem Privaten und dem Öffentlichen letztlich das sei, „what the feminist movement is about" (Pateman 1989, S. 118).

Laut Habermas habe die Exklusion der Frauen aus der politischen Öffentlichkeit „patriarchalischen Charakter[s]" im Gegensatz zum Ausschluss unterprivilegierter Männer, eine „strukturbildende Kraft" für ebendiese. Sie sei nicht nur „kontingenterweise von Männern beherrscht" worden, sondern „in ihrer Struktur und in ihrem Verhältnis zur Privatsphäre geschlechtsspezifisch bestimmt gewesen" (Habermas 1990, S. 19). Die Öffentlichkeit war also aufgrund der patriarchalen Tradition männlich dominiert, Frauen waren durch die ihnen zugeschriebenen Rollen und Aufgaben bis auf wenige Ausnahmen ins Private verbannt. Dabei haben sowohl der Ausschluss der Frauen gegen die Prinzipien der Aufklärung und gegen die allgemeinen Menschenrechte verstoßen, als auch die oben genannten Handlungsweisen, wie z.B. häusliche Gewalt, gegen das Grundgesetz. Erst die feministische Theorie habe darauf hingewiesen, so Beate Rössler, dass die liberalen Theoretiker den „potentiellen Widerspruch" zwischen dem Privaten als „Schutzbereich der Familie" und dem Privaten als Garant von Freiheit nicht erkannt hätten (Rössler 2008, S. 1025). Der vor staatlichem Zugriff geschützte Privatraum erwies sich dabei als problematisch für Frauen und Kinder, da Gewalt gegen sie ungestraft verübt werden konnte. Das gesellschaftliche Umdenken war ein langsamer Prozess und hat erst am Übergang zum neuen Jahrhundert Eingang in Gesetze gefunden. In der Bundesrepublik Deutschland wurde Vergewaltigung in der Ehe erst 1997 durch die Streichung des Zusatzes „außerehelichen Beischlaf" aus §177 StGB strafbar.[24] Erst im Jahr 2000 wurde außerdem durch die Gesetzesänderung von §1631 BGB einfachrechtlich klargestellt, dass Kinder ein Recht auf gewaltfreie Erziehung haben.

2.2 Arendts Verstehensversuche: Synonyme und Metaphern

Da sich, wie ich aufgezeigt habe, die Beschreibung dessen, was privat ist, als schwierig herausstellt, werden häufig Metaphern zur Umschreibung des Gemeinten verwendet. Hierbei bietet sich für das Private an, auf räumliche Bilder zurückzugreifen. Auch Hannah Arendt geht von einem „Raum des Öffentlichen" und einem „Bereich des Privaten" aus. Ihre viel zitierte Beschreibung des Haushalts (‚oikos') als Gegenstück zur Polis ist Teil ihrer historischen Analyse der Antike in *Vita activa*.[25] Hannah Arendts Privatheitsverständnis wurde dabei als „aristote-

---

24 | Von 1973 bis 1994 lautete Satz 1: „Wer eine Frau mit Gewalt oder durch Drohung mit gegenwärtiger Gefahr für Leib oder Leben zum außerehelichen Beischlaf mit ihm oder einem Dritten nötigt, wird mit Freiheitsstrafe nicht unter zwei Jahren bestraft."

25 | Dabei verwendet die Forschung das Wort ‚oikos', während Arendt selbst von ‚Haushalt' bzw. ‚household' spricht (vgl. z.B. Villa 2000, S. 9) und ‚oikos' nur in einem Zitat in einer Fußnote als Erläuterung verwendet (VA, S. 435; THC, S. 81). Das Wort ‚oikia', zu Deutsch ‚Haus', erwähnt sie bei der Erläuterung „griechischen Denkens" (THC, S. 24, 33; VA, S. 35, 43), bzw. im Plural

lisch" klassifiziert (Rössler 2008, S. 1027). Hauke Brunkhorst bemerkt jedoch, dass Arendt die Unterscheidung des Deutschen Idealismus zwischen dem Bereich der Freiheit und dem der Notwendigkeit auf die aristotelische / griechisch-antike Trennung zwischen oikos und Polis projiziere (Brunkhorst 2000, S. 186). Arendt schließe keineswegs, wie sie auch selbst glaube,

> an Aristoteles und die alteuropäische Unterscheidung von Polis und Oikos, bürgerschaftlicher/guter und despotischer/tyrannischer Herrschaft an, sondern viel mehr an den Rechtshegelianismus, das deutsche Staatsrechtsdenken und die im deutschen Bildungsbürgertum ihrer Generation ubiquitäre Rechtsstaatsideologie. (Brunkhorst 2007, S. 10)

Aufgrund der Erfahrungen mit totalen Regimen im 20. Jahrhundert will sie die Öffentlichkeit als Ort für politisches Handeln nach dem Vorbild der antiken griechischen Polis retablieren. Wie ich aufzeigen werde, bedeutet das auch, dass sie das Private als schützenswert versteht. Um dies theoretisch zu leisten, versucht sie die ‚Vita activa', das tätige Leben, angesichts der Tradition des abendländischen Denkens, innerhalb derer der ‚Vita contemplativa', dem betrachtenden Leben, höhere Bedeutung beigemessen wurde, zu rehabilitieren. Hierzu untersucht sie, was wir tun, wenn wir tätig sind, anhand von drei Grundtätigkeiten des menschlichen Lebens: Arbeiten, Herstellen und Handeln. Diese drei Tätigkeiten haben Arendts Meinung nach einen festen Ort in der Welt. Sie nimmt an, dass die Gründe für die „Lokalisierung" der Tätigkeiten natürlich gegeben seien. Ihre Sozialontologie ist somit konstitutiv für ihr eigenes System, das sie jedoch nicht als Theoriegebilde verstehen will, da ein solches wieder als Ideologie missbraucht werden könn-

---

‚oikiai' als Beleg, dass der „Grundirrtum aller Versuche den Bereich des Politischen materialistisch zu verstehen", seinen Ursprung bei Plato und Aristoteles und nicht bei Marx habe (THC, S. 183, FN 8; VA, S. 460, EN 8), vgl. auch ihre Ausführungen zur – Etymologie der – politischen Ökonomie (THC, S. 29; VA, S. 39).

te (vgl. IwV, S. 80, 111f.). Wenn den Tätigkeiten ihr Platz in der Welt zukommt, kann wieder frei politisch gehandelt werden.

Sie selbst betont, dass unsere Vorstellung des Privaten nicht mit dem antiken Ort deckungsgleich sei, da für uns das Private „eine Sphäre der Intimität" beschreibe, die „aus dem griechischen Altertum schlechterdings unbekannt" sei. In ihrer „Vielfalt und Mannigfaltigkeit" sei diese Sphäre „keiner Epoche vor der Neuzeit bekannt" gewesen (vgl. VA, S. 48), wenn sie auch in Ansätzen bis in die „spätrömische Zeit" zurückverfolgt werden könne. Das Private sei im Wesentlichen privativ und besitze nur zwei nicht-privative Merkmale (vgl. Kapitel 2.2.3).

Da Hannah Arendt das Private *auch* in Abgrenzung zum Öffentlichen definiert, werde ich im Folgenden ebenfalls ihren Öffentlichkeitsbegriff berücksichtigen, bevor ich in Kapitel 3 weitere Dimensionen ihres Privatheitsverständnisses aufzeigen werde. Beginnen werde ich mit einer Auflistung von Synonymen für das Private, die Arendt verwendet. Dabei prüfe ich, ob es sich gleichzeitig um Antonyme des Öffentlichen handelt (2.2.1), um dann zu hinterfragen, ob, wie teilweise in der Literatur angenommen, ‚öffentlich' gleichbedeutend mit ‚politisch' und ‚privat' gleichbedeutend mit ‚Haushalt und Notwendigkeit' ist, ob also Arendts historische Analyse der griechischen Antike als Handlungsanweisung und ihre Ansicht zu verstehen ist (2.2.2). Dann betrachte ich Metaphern, die Arendt für die Beschreibung des Öffentlichen und des Privaten verwendet, wobei an dieser Stelle bereits betont sein soll, dass sie selber anmerkt, dass die Sprache bei der Beschreibung des absolut Privaten versage (2.2.3). Zunächst untersuche ich hierzu die Bilder „Licht und Verborgenheit" (2.2.3) sowie die von Arendt und anderen verwendete Bühnenmetapher und dann die Idee einer „zweiten Geburt" und eines „zweiten Lebens" (2.2.4), weiterhin unter Berücksichtigung des Öffentlichen. Hier sei darauf verwiesen, dass Arendt ihre eigenen „Forschungsergebnisse" als „vorläufig" betrachtete (IwV, S. 114) und die jeweiligen Unterscheidungen vornahm, um zu „verstehen“ (IwV, S. 48).[26]

Ziel dieses Unterkapitels ist es, neben dem Öffentlichen und dem Privaten weitere zentrale Arendt'sche Termini zu erläutern, darunter ‚Geburt‘/‚Natalität‘, ‚Gesellschaft‘, ‚Haushalt‘, ‚das Politische‘, um diese in Kapitel 3 voraussetzen zu können und so weitere Verwendungen des Begriffs des Privaten in Arendts Werk aufzudecken.

2.2.1 Synonyme für Privatheit – Antonyme für Öffentlichkeit?

Was die Bestimmung des Privaten erschwert und die Schwierigkeit, es zu begreifen und zu beschreiben verdeutlicht, ist der Umstand, dass das Wortfeld „privat“ verschiedene benachbarte Ausdrücke umfasst, die vermeintlich oder tatsächlich etwas Ähnliches ausdrücken (vgl. auch Benn und Gaus 1983, 3ff.; Rössler 2008, 1023f.). Um diesem Umstand gerecht zu werden, wird in der Privatheitsliteratur u.a.von verschiedenen Dimensionen des Privaten gesprochen, die ich in Kapitel 3 auf Arendts Schriften anwenden werde. Obwohl Hannah Arendt ein starkes Interesse daran hatte, Begriffe gegeneinander abzugrenzen (wie z.B. Arbeiten, Herstellen und Handeln), gibt es auch in ihrem Werk Wörter, die Ähnliches bedeuten. Außerdem hat sich die Bedeutung mancher Begriffe, wie es dem wissenschaftlichen Denken und Arbeiten inhärent ist, mit der Zeit im Verlaufe des Werkes weiterentwickelt. In Arendts Schriften finden sich u.a. die folgenden Begriffe, die Überschneidungen mit der Bedeutung des Wortes ‚privat‘ haben, wie Arendt es versteht:[27]

26 | Dass Arendt dies heraushebt ist interessant, da beide Aspekte per definitionem wissenschaftlich sind.

27 | Die Belege sind beispielhaft und somit ohne Anspruch auf Vollständigkeit ausgewählt.

Begriff	Beispiel (Fundstelle/n)
	Explizite Abgrenzungen zu ‚politisch', Verneinungen
antipolitisch	prinzipiell antipolitische Gefühle (Arendt 1963, *Über die Revolution*, im Folgenden zit. als ‚ÜR', S. 404; vgl. außerdem EUtH, S. 973, 978; VA, S. 67)
apolitisch	es ist apolitisch, weltlos, „wenn man [...] Liebe an den Verhandlungstisch bringt" (IwV, S. 65)
Apolitisierung	des Menschen (Arendt 2002, *Denktagebuch. 1950 bis 1973*, im Folgenden zit. als ‚DT', S. 426)
apolitia	ist die „Abwendung von der Polis", die „Indifferenz gegen Politik" (Arendt 2007b, *Was ist Politik? Fragmente aus dem Nachlaß*, im Folgenden zit. als ‚WiP', S. 57, 59, zu Arendts Lebzeiten unveröffentlicht)
A-politie	Staatenlosigkeit ursprünglich bei den Griechen (DT, S. 420), auch: Apolitie (DT, S. 424)
Heimatlose, Heimatlosigkeit	ständiges Anwachsen der Heimtlosigkeit (EUtH, S. 942; Arendt 2004, *Vor Antisemitismus ist man nur noch auf dem Monde sicher. Beiträge für die deutsch-jüdische Emigrantenzeitung ‚Aufbau' 1941–1945*, im Folgenden zit. als ‚AM', S. 25; Arendt 1986c, *Zur Zeit. Politische Essays*, im Folgenden zit. als ‚ZZ', S. 43)
nicht-politisch	Zusammenleben (VA, S. 67), Anmerkung JMM: ‚antipolitisch' scheint seine Steigerung zu sein; Beziehungen zum Anderen, Handeln (Arendt 2007a, *Über das Böse. Eine Vorlesung zu Fragen der Ethik*, im Folgenden zit. als ‚ÜdB', S. 102)

Begriff	Beispiel (Fundstelle/n)
noch nicht politisch	bloßes Organisiertsein (VA, S. 23)
Nicht-Welt	ohne menschliche Existenz wären Dinge eine Nicht-Welt (VA, S. 19)
präpolitisch	Autorität (Arendt 1994d), Art des Menschenumgangs (VA, S. 37), Zwang, politische Ordnungsbegriffe (VA, S. 42), Autoritätsverlust in den präpolitischen Bereichen von Familie und Erziehung (Arendt 1994d, *Die Krise in der Erziehung*, im Folgenden zit. als ‚KdE', S. 271), Naturzustand als „präpolitischer" Zeitraum (ÜR, S. 20)
Ökonomie	politische (VA, S. 39; ÜR, S. 77)
transpolitisch	wir sind geneigt zu glauben, der Frieden stamme aus einem solchen Bereich (WiP, S. 133)
unpolitisch	im eigentlichen Wortsinne (VA, S. 42), Einführung einer unpolitischen Ordnung (VA, S. 281)
	Weitere Eigenschaften
allein	der Eine, der allein anfängt und die Vielen, die gemeinsam vollbringen, der Stärkste scheint am mächtigsten allein zu sein (Trugschluss) (VA, S. 236), sein heißt immer, zu existieren ohne seinesgleichen (EUtH, S. 972)
Anonymität	Handeln, das in ihr verbleibt ist sinnlos (VA, S. 222)
antisozial	Verlassenheit und logisch-ideologisches Deduzieren sind eine derartige Situation (EUtH, S. 978)
Einsamkeit der Philosophen	dem Philosophen leisten immer seine Gedanken Gesellschaft (VA, S. 93)

Begriff	Beispiel (Fundstelle/n)
Geheimnis, geheim	des Anfangs und des Endes sterblichen Lebens (VA, S. 77; IwV, S. 68; Arendt 2012c, S. 8; DU, S. 30)
Isolation, Isolierung, Isoliertheit	Handeln in ihr nicht möglich (VA, S. 234), Der Herrscher und Befehlshaber bleibt allein und isoliert von den anderen (VA, S. 236), „to be isolated ist to be deprived of the capacity to act“ (THC, S. 188), charakteristisch für Konzentrationslager, unter totalitären Regimes perfektioniert (Arendt 1989, S. 23)
mysteriös	was sich in der Öffentlichkeit abspielte hatte nichts Geheimes oder Mysteriöses an sich (Arendt 2012c, S. 8)
privat-gesellschaftlich	-es Leben, zerstört durch Terror im Totalitarismus (EUtH, 974f.)
subjektiv	alle anderen Sinne außer dem Gemeinsinn sind von sich aus rein subjektiv und privat (VA, S. 359)
verborgen / Verborgenheit	nicht-privatives Merkmal des Privaten (VA, S. 86)
Weltlosigkeit	kann zu politischem Phänomen werden (EUtH, S. 679; VA, S. 68, 310)
weltzerstörend	Liebe ist (VA, 309f.)
„Tätigkeiten“, Ereignisse, Sphären	
Arbeit	(VA, passim)
Eigentum, Privateigentum	(VA, passim)
Erziehung	zu totaler Herrschaft (EUtH, S. 936; IwV, S. 166; KdE)
Familie	in der Antike gebildet von Frauen und Sklaven (VA, S. 88)

Begriff	Beispiel (Fundstelle/n)
Flüchtigkeit	ist im Privaten „zu Hause“ (VA, S. 89f.)
Geburt	Natalität, biologisch (VA, S. 18)
Gewalt	Gegenteil zu politisch sein, in Polis leben (VA, S. 37; ÜR, S. 144f.)
Haushalt	(VA, S. 37, passim)
Intimität	Intimität der Freundschaft (Privatbereich der Familie) (VA, S. 267), intimes Verhältnis zwischen Geschichten und ihrem Veranlasser (VA, S. 227), Rebellion gegen Gesellschaft (VA, S. 88)
(Lebens-)Notwendigkeit(en)	durchherrschte alle Tätigkeiten, die in den Bereich des Haushalts fielen (VA, S. 40f., 86; ÜR, S. 145f.); historische (ÜR, S. 73f., 127)
Liebe	als Nächstenliebe (VA, S. 67), (VA, 309f. Arendt 2012c, „Laudatio auf Karl Jaspers“, im Folgenden zit. als ‚LKJ‘, S. 98)
Scham	Gegensatz zu Ehre (VA, S. 89f.)
Zwang	Gegenteil zu politisch sein, in Polis leben (VA, S. 37)
	Abstrakta und Bilder
Dunkelheit	des Privaten (ÜR, S. 159), des menschlichen Herzens (ÜR, S. 122)
Einsiedler	in der Wüste (VA, S. 33), hermit (THC, S. 22)
Heimat	„eine wirkliche Heimat für sterbliche Menschen“ (VA, S. 212), „die Welt bietet Menschen eine Heimat in dem Maße, in dem sie menschliches Leben überdauert, ihm widersteht und als objektiv-gegenständlich gegenübertritt“ (VA, S. 16) die Welt dient den Sterblichen für eine begrenzte Zeit als Heimat (KdE, S. 273)

Begriff	Beispiel (Fundstelle/n)
Meer	der Notwendigkeit (ÜR, S. 354)
passion (engl.)	as opposed to action (LKJ, S. 90), wer handelt erduldet, erleidet immer zugleich auch (VA, S. 298)
Wüste	Oasen in der Wüste (ÜR, S. 354; EUtH, S. 978)
	Superlative
Religion	die privateste aller Angelegenheiten (ÜdB, S. 30)
Schmerz	die privateste aller Erfahrungen (VA, S. 63)

Die Tabelle zeigt die Abgrenzungen und Überschneidungen verschiedener Begriffe bei Arendts Versuch, das Private zu verstehen. Dabei wird, wie bereits in Kapitel 2.1 angedeutet, veranschaulicht, wie breit die Bedeutungsspanne dessen ist, was als ‚privat' bezeichnet wird, zumal bei einigen der Ausdrücke der Zusammenhang mit Privatheit auf den ersten Blick nicht erkennbar ist. An der Zusammenstellung dieser Aspekte wird deutlich, dass das Private, wie ich in dieser Arbeit belege, für Arendt nicht nur repressiv ist (VA, S. 89f., vgl. Kapitel 2.2.3 und 3). Im Folgenden werde ich einige, für Arendt zentrale Wörter kommentieren.

Die Formulierung, dass Liebe nicht nur weltlos, sondern sogar weltzerstörend, nicht nur apolitisch, sondern sogar antipolitisch sei, verweist, wie die Superlative der Arendt'schen Definitionen von Religion und Schmerz, auf eine Steigerung und auf das Private und den Zustand der Privatisierung als graduelles Phänomen. Politik und Welt werden durch Liebe zerstört. In diesem Fall ist dies jedoch nicht negativ (vgl. auch Kapitel 3.4.2), im Gegensatz zu anderen Fällen, wie z.B. der von Exilantinnen und Exilanten erfahrenen Weltlosigkeit (vgl. Kapitel 3.2.2).

Arendt unterscheidet explizit zwischen Privatheit und Intimität. Die „Intimität" ist ihrer Meinung nach eine Erfindung der Neuzeit als Ersatz für den Bereich des Privaten, dessen Verlust nach der Geburt der Gesellschaft, d. h. als vormals private Angelegenheiten öffentlich wurden, entdeckt wurde. Ein konkretes Beispiel für etwas Privates, das öffentlich wurde, ist für Arendt die politische Ökonomie, deren Bezeichnung allein für antikes Denken eine contradictio in adiecto dargestellt hätte (VA, S. 39). Der „erste bewußte Entdecker und gewissermaßen Theoretiker des Intimen" sei Jean-Jacques Rousseau gewesen (VA, S. 49). Arendt stellt dem Begriff Öffentlichkeit außerdem die Begriffe „geheim" und „mysteriös" gegenüber (Arendt 2012c, S. 8). Wie sie herausgearbeitet hat, spielen Geheimnisse für das Umsetzen totaler Ideologien und des Einsetzen dieser Systeme eine große Rolle.

Ein seltsames Antonym zur Öffentlichkeit, das Arendt im Vergleich zwischen dem tätigen und dem betrachtenden Leben ausmacht, ist die „Wüste". Sie zitiert Hugo von Sankt Viktor, nennt jedoch seinen Namen nicht explizit, da sie sagt, dass sie ihn „beinahe beliebig" herausgegriffen habe, da die Vorstellung, dass die Betrachtung der „höchste Bewusstseinszustand" sei, so alt sei, wie die abendländische Philosophie (LdG, S. 16). Das tätige Leben sei mühselig („laborious") und spiele sich in der Öffentlichkeit ab, während „das betrachtende dagegen die reine Ruhe" sei, die sich in der „Wüste", im Original „desert", (z.B. Arendt 1978, *The Life of the Mind*, im Folgenden zit. als ‚LoM', S. 6), abspiele (LdG, S. 16). Die Praxis des Totalitarismus verglichen mit der Praxis der Tyrannis erscheine, als „sei das Mittel gefunden worden, die Wüste selbst in Bewegung zu setzen, den Sandsturm loszulassen", damit dieser sich auf „alle Teile der bewohnten Erde" legen möge (z.B. EUtH, S. 978; vgl. auch Benhabib 1995, S. 100f.; King 2013, S. 39). Arendt benutzt das Bild der Wüste auch im wörtlichen Sinn, um ihr Pluralitätsverständnis zu verdeutlichen. Noch nicht einmal ein Einsiedler in der Wüste sei völlig von allen abgeschnitten, auch über ihn gibt es Informationen, Menschen haben ihn gezeugt, eine Frau hat ihn geboren, und es gibt die Erinnerung an ihn, bevor er beschlossen hat, allein zu leben. Laut Arendt gäbe es „kein menschliches Leben, [...] das nicht, sofern es etwas tut, in einer Welt lebt, die direkt oder indirekt von der

Anwesenheit anderer Menschen“ (VA, S. 33) zeuge. Arendt verweist hier mit „sofern es etwas tut“, auf das Thema ihres gesamten Buches, das tätige Leben. Aber auch im Denken sind die anderen Menschen nicht völlig abwesend (vgl. unten und Kapitel 3.4.2 und 3.5). Sie konkretisiert, dass alle „menschlichen Tätigkeiten“ dadurch bedingt seien, dass Menschen zusammenleben, aber nur das Handeln sei „nicht einmal vorstellbar“, also nicht einmal durch Denken repräsentierbar, außerhalb der Menschengesellschaft (VA, S. 33), da die Grundbedingung des Handelns die Pluralität sei. Neben dem Vergleich mit einer Wüste verwendet Arendt für die Beschreibung des totalen Terrors die Metapher eines „eisernen Bandes“ (EUtH, S. 955). Die „konstitutionelle Regierungsform“ beschreibe Arendt, so Seyla Benhabib, hingegen mit einem Raum, „in dem das Gesetz wie Zäune zwischen den Gebäuden“ stehe. Somit gebrauche Arendt allein für die Beschreibung des Totalitarismus kein „topographisches“ Bild (Benhabib 1995, S. 100f.).

Interessant sind zudem die Übersetzungen verschiedener Begriffe, so wird beispielsweise „loneliness“ mit Isoliertheit und Verlassenheit übersetzt (u.a. Arendt 1958a, *The Origins of Totalitarianism*, im Folgenden zit. als ‚OT‘, S. 465ff.; EUtH, S. 976f.; ÜdB, S. 81ff.)[28] Arendt grenzt das Alleine-Sein strikt gegen politisches Handeln ab: „Wahres politisches Handeln“ zeige sich als Akt einer Gruppe, der man beitrete oder eben nicht. Bei allem, was immer ein Mensch alleine tue, sei er oder sie kein „wirklich politisch Handelnder, sondern [...] ein Anarchist“ (IwV, S. 83). Aber offensichtlich ist es gar nicht so einfach, alleine zu sein, da sie in Bezug auf das Denken einen, wie sie selbst zugibt „merkwürdigen“ Satz zitiert, den Cicero Cato zuschreibe:

---

28 | Vgl. zu Arendts eigenen Übersetzungen auch Kapitel 1. Arendts philosophische Sorge um „loneliness“ werfe im Allgemeinen ein nicht unbeträchtliches Licht auf „American loneliness“, sei letztlich jedoch nicht dasselbe (King 2013, S. 36).

[...] numquam se plus agere quam nihil cum ageret, numquam minus solum esse quam cum solus esset, was übersetzt etwa heißt: ‚Niemals ist man tätiger, als wenn man dem äußeren Anschein nach nichts tut, niemals ist man weniger allein, als wenn man in der Einsamkeit mit sich allein ist.' (VA, S. 415)[29]

Diese auf den ersten Blick scheinbar widersprüchliche Feststellung, mit der sie ihre Überlegungen zur *Vita activa* beendet und zum „Denken" überleitet und ihre Ausführungen *Vom Leben des Geistes* beginnt, wird von Arendt verwendet, um ihre Zweifel daran auszudrücken, dass ‚praxis' nicht einfach das sei, was der Mensch tue, im Gegensatz zu dem, was er denke.[30] Sie stellt das Zitat in der Einleitung zu „Das Denken" (LdG) in den Zusammenhang ihres Vorhabens. Wenn wir annähmen, dass Cato Recht hätte, lägen folgende Fragen auf der Hand: „Was ‚tun' wir, wenn wir nur denken? Wo sind wir, die wir gewöhnlich stets von Menschen umgeben sind, wenn wir mit niemandem als uns selbst zusammen sind?" (LdG, S. 18).[31]

29 | Die deutsche Übersetzung in *Vom Leben des Geistes* weicht leicht von der hier zitierten ab: „Nie ist der Mensch tätiger, als wenn er nichts tut, und nie ist er weniger allein, als wenn er für sich allein ist." (LdG, S. 17). Ich halte mich jedoch an diejenige aus *Vita activa*, da Arendt deren deutsche Fassung auf Grundlage einer „Rohübersetzung" selber geschrieben hat (vgl. IwV, S. 293). Die englische Übersetzung des lateinischen Zitats lautet: „Never is he more active than when he does nothing, never is he less alone than when he is by himself [...] " (THC, S. 325; LoM, 7f.; vgl. auch DT, S. 251). Vgl. auch das abweichende lateinische Zitat im *Denktagebuch*: „‚Numquam se minus otiosum esse, quam cum otiosus, nec minus solum, quam cum solus esset'[...] " (DT, S. 445).

30 | Arendt zitiert sich, bzw. ihre eigene, von ihr vorgenommene Unterteilung der Vita activa an dieser Stelle indirekt selbst: „Im Vergleich zu dieser Ruhe spielte es keine Rolle mehr, ob man den Boden bearbeitete [also arbeitete, Anm. JMM], oder Gebrauchsgüter herstellte, oder mit anderen in bestimmten Unternehmungen zusammenarbeitete [also handelte, Anm. JMM]" (LdG, S. 17).

31 | Zum Topos des Denkens vgl. auch Kapitel 3.5

Beim Denken, das laut Platon ein „stummes Selbstgespräch" (LdG, S. 16, 184) sei, seien wir deshalb nicht alleine, weil wir uns in einem Gespräch mit uns selbst befänden. Das Wesen des Denkens ist, wie Sokrates laut Arendt entdeckte, das „Zwei-in-einem" (LdG, S. 184). Arendt präzisiert, dass das Denken „existentiell gesehen", etwas sei, das man allein tue, aber nicht einsam, denn allein sein hieße „mit sich selbst umgehen". Aber „[...] einsam heißt allein sein, ohne sich in das Zwei-in-einem aufspalten zu können; [...] man könnte sagen: Ich bin Einer und ohne Gesellschaft" (LdG, S. 184). Dies hat Konsequenzen für die Tätigkeit des Denkens, die mit der Tatsache der Pluralität zusammenhängt, denn dass der Mensch „*wesentlich* in der Mehrzahl" existiere, zeige sich

> am allerdeutlichsten vielleicht daran, daß sein Alleinsein das bloße Bewußtsein von sich selbst, [...] in eine Dualität während des Denkens überführt. Diese *Dualität* zwischen mir und mir macht das Denken zu einer wirklichen Tätigkeit [...] (LdG, S. 184).

Der „Dialogcharakter" des Denkens als „geistiges Zwiegespräch" sei nicht so leicht zu erkennen sei, da es stumm und deshalb sehr schnell passiere.[32] Die denkende Person stelle sich immer wieder selber die Sokratische Grundfrage: „Was meinst du, wenn du sagst...?". Einziges Kriterium des Sokratischen Denkens sei nicht die Wahrheit, sondern „die Übereinstimmung mit sich selbst," in dem Moment, in dem dies nicht mehr der Fall ist, werde der Mensch sein „eigener Gegner" (LdG, S. 184). Die Herausgeberinnen des *Denktagebuchs* verweisen darauf, dass die deutsche Übersetzung missverständlich sei, weshalb ich im Folgenden das englischsprachige Original wiedergebe:

---

32 | An dieser Stelle hat „stumm" keine negative Konnotation, im Gegensatz zu den Rechtlosen sowie den Sklaven, die keine Stimme haben, nicht handelnd und sprechend vor anderen erscheinen können, weshalb ihnen keine Wirklichkeit zukommt (vgl. Kapitel 3.2.2).

Thinking, existentially speaking, is a solitary but not a lonely business; solitude is that human situation in which I keep myself company. Loneliness comes about when I am alone without being able to split up into the two-in-one, without being able to keep myself company, when, as Japers used to say, 'I am in default of myself' (*ich bleibe mir aus*), or, to put it differently, when I am one and without company. (LoM, S. 184)

Zur Verdeutlichung der Unterscheidung zwischen Verlassenheit, Isoliertheit und Einsamkeit[33] kann auch ein Eintrag aus Arendts *Denktagebuch* (DT, S. 459; vgl. auch DT, S. 460, 461, 463, 521) aus dem Oktober 1953 dienen, bei dem sie die „elementaren menschlichen Tätigkeiten als Modifikationen der Pluralität“ aufführt:

Arbeit	Verlassenheit	natürliche *Kraft* (daher Arbeits-kraft)	Leben.	
Herstellen	Isoliertheit	Gewalt	‚human artifice‘.	
Handeln	Zusammen	Macht	gemeinsame Welt	Gruppe etc.
Denken	Einsamkeit	Zwei-in-Eins = Gewissen	die Andern im Ebenbild meiner selbst	Menschheit.
Lieben	Zweisamkeit	Weltlosigkeit in Natur	Leben	Entstehen der Welt.

Diese Aufstellung[34] zeigt erneut, dass das Wortfeld des Privaten auch in Arendts Verständnis breit ist. Warum wurde dennoch in der Forschung häufig ausschließlich der antike Haushalt als Vorbild für das

33 | Dieser „Themenbereich“ beschäftigte Arendt „lebenslang“ (vgl. zur innerwerklichen Entstehungsgeschichte DT, S. 1063f.).

34 | Die leeren Felder entsprechen jeweils einer Auslassung in Arendts Aufzeichnung, Formatierung durch die Autorin.

moderne Private betrachtet? Im Folgenden werde ich einen Grund dafür untersuchen: Arendts eigene begriffliche Unschärfe.

2.2.2 ‚Öffentlich' heißt politisch, ‚privat' Haushalt und Notwendigkeit?

In Arendts Schriften hat es teilweise den Anschein, als würde sie die Worte ‚öffentlich' und ‚politisch' synonym verwenden,[35] vgl. z.B. ihre Definition von nicht-politischem Handeln, das „nicht in der Öffentlichkeit vor sich" ginge (ÜdB, S. 102). „Politisch gesprochen" definiert sie als „vom Standpunkt der Gemeinschaft, oder der Welt, in der wir leben" (ÜdB, S. 52). Jedoch stellt sie in ihrer unveröffentlichten Einführung *Was ist Politik?* (WiP) klar, dass es auch öffentliche Räume gäbe, oder zumindest in der Antike gegeben habe, die keine politischen Räume gewesen seien. Als Beispiel nennt sie Platos Akademie. Hier habe es sich auch um einen Raum gehandelt, der, wie die politische Öffentlichkeit der Polis, befreit war von den Lebensnotwendigkeiten. Gleichzeitig war er auch befreit von der Notwendigkeit, Politik betreiben zu müssen, was als eine Bürde empfunden werden konnte (VA, S. 47). Dies war beispielsweise bei Despoten der Fall; auch der aufgeklärte Tyrann sei nicht frei gewesen (vgl. ÜR, S. 36f., vgl. hierzu auch unten, Kapitel 3.4). Die Akademie war allerdings „der Raum der Wenigen und ihrer Freiheit" und nicht der Vielen und ihrer Freiheit (WiP, S. 57). Sie war „öffentlicher, nicht-privater Bereich", konnte jedoch „unmöglich die gleichen Funktionen erfüllen [...] wie der politische, der alle die überhaupt der Freiheit fähig waren, einschloss" (WiP, S. 58). Dies hinge damit zusammen, dass die Wenigen, so Arendt, sofern sie sich von den Vielen getrennt hätten, in eine Abhängigkeit von diesen geraten seien, und „zwar in allen Fragen des Miteinander-Lebens, in

---

35 | Benn und Gaus nennen dies als generelle Beobachtung (Benn und Gaus 1983).

denen wirklich gehandelt werden" müsse (WiP, S. 58). An dieser Stelle drängt sich die Frage auf, ob dieses Verständnis Arendts weiterhin „aristotelisch" ist. Arendt verwendet hier offenbar den Begriff der Vielen entgegen der antiken Tradition, derzufolge die Vielen, „hoi poloi" gerade nicht an der Politik teilhaben, keine Macht haben sollten (vgl. ÜR, S. 35f.).[36] Arendt hingegen ist sogar der Meinung, dass „politische Angelegenheiten eigentlich nicht nur die Vielen, sondern schlechterdings alle Einwohner eines Territoriums" (ÜR, S. 355) angingen. Sie betont an anderer Stelle die zahlenmäßige Begrenzung der Bürger der Polis (VA, 54f.). Hier zeigt sich das verklärte Antike-Bild, das ihr vorgeworfen wurde. Nur die griechischen Bürger konnten am politischen Leben teilhaben.

Der „eigentlich politische Raum" sei „die öffentliche uns allen gemeinsame Welt" (WiP, S. 45). Politisch werde der öffentliche Erscheinungsraum erst, wenn er „in einer Stadt gesichert [...], also an einen greifbaren Platz gebunden" (WiP, S. 45) sei. Wie das ans Eigentum gebundene Private benötigt also im Arendt'schen Verständnis das Öffentliche einen konkreten Raum. Die Polis sei politisch und von unterscheide sich von „anderen Siedlungen", da sie „eigentlich nur um den öffentlichen Raum herumgebaut [...] [sei], den Marktplatz, auf dem die Freien und Gleichen sich jederzeit treffen" (WiP, S. 46; vgl. auch ÜR, S. 354) könnten.

Was bedeutet dies für das Private? Gibt es ein Synonym für „Privatheit" für Arendt? In ihren Ausführungen zur antiken Polis/‚oikos' Unterscheidung in *Vita activa* verwendet sie den Begriff Haushalt; in der deutschen, wie der englischsprachigen Version heißt ein Kapitel „Die Polis und der Haushalt" (VA, S. 5), bzw. „The *Polis* and the Household" (THC, S. V, vgl. auch oben FN 25). Im genannten Kapitel führt Arendt aus, dass die *einfache* Unterscheidung zwischen privat und öf-

36 | Vgl. auch Aristoteles' Ablehnung der Demokratie als Herrschaft der Armen (Aristoteles 2009, 1279bf.).

fentlich „dem Bereich des Haushalts auf der einen, dem Raum des Politischen auf der anderen Seite" entspräche, und diese Bereiche „als unterschiedene, genau voneinander getrennte Einheiten zum mindesten seit Beginn des antiken Stadt-Staates existiert" hätten (VA, S. 38). Wenn es also eine einfache Unterscheidung zwischen dem Öffentlichen und dem Privaten gibt, so deutet dies darauf hin, dass Arendt davon ausgeht, dass es eine komplexere Unterscheidung geben müsse. Tatsächlich betont sie, dass die „Neuzeit mit ihrem modernen Begriff der Gesellschaft die Dinge noch einmal kompliziert" hätte (VA, S. 38).[37]

Diese Unterscheidung erinnert auch an den von feministischen Theoretikerinnen kritisierten Umstand, dass ‚weiblich' mit Natur und ‚männlich' mit Kultur gleichgesetzt wurde (vgl. z.B. Ortner 1998, vgl. hierzu auch oben Kapitel 2.1.4). Auch Arendt stellt in ihrer historischen Untersuchung fest, dass Frauen (und Sklaven) „im Verborgenen gehalten" wurden, weil „alle körperlichen Funktionen ‚privat' sind und verborgen werden müssen, all das, wozu der Lebensprozeß unmittelbar nötigt" (VA, S. 88), was in einer basalen Hinsicht immer noch zuträfe. Allerdings seien vor der Neuzeit darunter alle Tätigkeiten gefallen, „die überhaupt der Erhaltung des einzelnen und dem Bestand der Gattung" gedient hätten (VA, S. 88). Ob Arendt diese Vorstellung von Aufgaben und Berufen, die Männern, respektive Frauen qua Geschlecht zukommen, teilt, ist fraglich. Offensichtlich war sie der Meinung, dass es nicht gut aussähe, wenn Frauen Befehle erteilten (IwV, S. 48). Andererseits äußert sie an gleicher Stelle, dass Philosophie keine männliche Beschäftigung bleiben müsse (IwV, S. 46). Außerdem betont sie, als sie erläutert, was sie unter „Arbeitsteilung" verstehe, dass eine solche zwischen den Geschlechtern eine „seltsame Vorstellung" sei, die zudem der Antike fremd gewesen wäre, die nur eine „Berufsteilung" gekannt habe, da ein anderes Menschenbild galt (vgl. auch Kapitel 3.1):

37 | Im Englischen spricht sie statt von kompliziert von „more confusing" (THC, S. 28).

„um eine Arbeitsteilung könnte es sich nur handeln, wenn Männer und Frauen gleichermaßen Menschen wären, und eine solche Gleichheit zwischen Mann und Frau war undenkbar [...] " (VA, S. 427).[38] Das Leben von Frauen und Sklaven, die gemeinsam die Familie bildeten, war „‚arbeitsam' [...], von den Funktionen des Körpers bestimmt und genötigt." (VA, S. 88). Irritierend ist in dieser Hinsicht eine Stelle aus *Vita activa*, bei der es laut Seyla Benhabib so klinge, als würde Arendt die „Veränderungen, die die Neuzeit mit sich bringt" und damit einbegriffen die Emanzipation der Frauen „bedauern" (Benhabib 1998, 219f.):

> [...] Die Arbeit wie die ihr ja so eng verwandte Armut wurde bekanntlich in den Anfangsstadien der modernen Entwicklung, als die werdende Gesellschaft sie ihres natürlichen Schutzes bereits beraubt hatte, der öffentliche Raum aber noch nicht auf die Entprivatisierung des Privaten vorbereitet war, wie ein Verbrechen behandelt; [...] Daß die Neuzeit die Arbeiter und die Frauen in nahezu dem gleichen historischen Augenblick emanzipiert hat, geht nicht nur auf Konto einer größeren Vorurteilslosigkeit, sondern hängt aufs engste damit zusammen, daß die moderne Gesellschaft die mit den Lebensnotwendigkeiten verbundenen Tätigkeiten und Funktionen aus ihrem jahrtausendealten Versteck an das Licht der Öffentlichkeit gebracht hat [...] (VA, S. 89).[39]

---

38 | Arendt verweist an dieser Stelle auch auf eine weitere Anmerkung ihrerseits, in der sie erläutert, warum Frauen und Sklaven für Aristoteles zur „gleichen Kategorie" gehörten. Ihre wissenschaftlich-nüchterne Darstellung wirft die Frage auf, ob sie selber diese Einschätzung teilt (VA, S. 434). Im Gegensatz zu Arendt betonte Aristoteles nicht den agonalen Aspekt (Pitkin 1981, 338ff.).

39 | Im englischsprachigen Original schreibt Arendt an dieser Stelle „few remnants of strict privacy" (THC, S. 73), wobei sich die Frage stellt, was sie unter strikter Privatheit versteht. Ihrer Meinung nach ist Privatheit also, wie bereits oben angedeutet, steigerungsfähig. Offenbar gibt es am betrachteten Zeitpunkt noch Privatheit, nur eben so gut wie keine „strikte" mehr.

Angesichts dieses Absatzes fragte sich bereits Hannah Fenichel Pitkin ob Arendt Zweifel an der „Emanzipation" von Arbeitern und Frauen gehabt hätte, und ob sie wirklich eine solch verachtenswerte Doktrin vertreten habe, die allen außer einer Handvoll Männern, die alle anderen beherrscht und durch Gewalt von Privilegien ausgeschlossen und ihnen somit die Möglichkeiten der Freiheit, eines wahrhaft menschlichen Lebens und der Wirklichkeit verweigert hätten (Pitkin 1981, S. 336).

An anderer Stelle bemerkt Arendt jedoch, dass Arbeiter und Frauen ein „Recht auf das Öffentliche" hätten, dass sie Personen seien, wenn auch ihre Emanzipierung sie nicht als Personen betroffen habe, sondern als Tragende „notwendige[r] Funktionen im Lebensprozess der Gesellschaft". Die moderne Gesellschaft emanzipierte das Leben und die es erhaltenden Tätigkeiten aus der „Verborgenheit der Privatsphäre" und setzte sie dem „Licht der Öffentlichkeit" aus. Im Vergleich zu Kindern, habe es sich bei Arbeitern und Frauen um eine „echte Befreiung" gehandelt. Kinder hingegen seien der Öffentlichkeit ausgeliefert und dieser preisgegeben worden (KdE, 268f.).

Wie Arendts Relativierungen hinsichtlich des „einfachen" Unterschieds und der „elementaren und grundsätzlichen Hinsicht" jedoch bereits vermuten lassen, beschränkt sich ihre Beschreibung sowie das historische Vorhandensein des Privaten nicht auf Notwendigkeit. Hier handelt es sich um eine der beiden unten weiter ausgeführten nichtprivativen Eigenschaften des Privaten (vgl. Kapitel 2.2.3 und Kapitel 3).

2.2.3 Licht und Verborgenheit

Zur Beschreibung dessen, was die Öffentlichkeit ausmacht, verwendet Hannah Arendt die Metapher des Lichts.[40] Zusammenhängend mit

40 | Vgl. auch ihre Thematisierung der Metapher des Lichts bei Plato (VA, S. 286).

dieser beschreibt sie das Private, den oikos, als dunklen, verborgenen Raum (vgl. VA, S. 79).

Das „helle Licht der Öffentlichkeit" würde bestimmte Dinge, die „natürlicherweise" im Privaten beheimatet seien, zerstören, wenn diese an die Öffentlichkeit gelangten. Als Beispiele nennt Arendt Geburt und Tod, deren Gründe uns unbekannt seien. Sie erklärt dies etwas kryptisch damit, dass wir nicht wüssten wohin wir gingen, wenn wir stürben und woher wir kämen, wenn wir geboren würden (VA, S. 77).[41] Alles Lebendige benötige die „Geborgenheit eines Dunkleren" (KdE, S. 267), um wachsen zu können.[42] Auch Kinder, als Menschen, die „im Werden" und „noch nicht" seien (KdE, S. 268), könnten nicht gedeihen, wenn sie ständig besagtem Licht ausgesetzt seien. Auch Erwachsene bedürfen zur Persönlichkeitsentwicklung offensichtlich in Arendts bildlich ausgedrückter Ansicht des Schutzes des Privaten:

> Und nicht nur ist des Menschen Herz dunkel, so dunkel, daß mit Gewißheit noch kein Menschenauge es hat durchschauen können, die Eigenschaften des Herzens bedürfen dieser Dunkelheit und des Schutzes gegen das Licht der Öffentlichkeit, um sich entfalten oder auch nur bleiben zu können, was sie sind: die innersten, verborgenen Antriebe, die sich zur öffentlichen Schaustellung nicht eignen. [...] [D]ie Antriebe hinter den erscheinenden Taten und Worten [werden] durch das Erscheinen in ihrem Wesen zerstört. (ÜR, S. 122)

Arendt betont, dass etymologisch sowohl das griechische Wort ‚megaron' als auch das lateinische Wort ‚atrium' für das Innere des Hauses

---

41 | Beate Rössler stellt ebenfalls fest, dass wir dem Zuhause die Funktion zuschreiben würden, „in fundamentaler Weise unser Leben, unsere Identität schützen und ermöglichen zu können", auch wenn „jedenfalls hierzulande" Sterben und Geburt nur noch selten zu Hause erlebt würden (Rössler 2001, S. 256).

42 | Auch hier gebraucht Arendt eine relative Bestimmung des Privaten. Es geht nicht um völlige Dunkelheit, sondern nur um ein „Dunkleres".

die Konnotation von Dunkelheit und Schwärze hätten (VA, S. 434).[43] Allerdings versage, so Arendt zur Beschreibung des *absolut* „Private[n] und Subjektive[n] selbst [...] [die] metaphorische Kraft" der Sprache (VA, S. 138),[44] da diese sich an der Welt und ihrer dinglichen Gegenständlichkeit orientiere (VA, S. 138). Das Öffentliche lässt sich offensichtlich gut metaphorisch darstellen, während Arendt mit der dem hellen Licht der Öffentlichkeit entgegengesetzten „Verborgenheit" (VA, z.B. 89, 96) des Privaten mehrfach versucht, eine Metapher zu finden, die seine Eigenheiten umschreibt.[45]

---

43 | In *Elemente und Ursprünge totaler Herrschaft* spricht sie auch vom „*Tages*licht der Öffentlichkeit" (EUtH, S. 799, Hervorhebung von mir, JMM), eine entsprechende Nachtmetapher für das Private findet sich jedoch nicht, vgl. jedoch an einer Stelle die „Nacht der Konzentrationslager" und die „Nebel der Sanatorien" (EUtH, S. 786). Diese Formulierung erinnert an den sog. „Nacht- und-Nebel-Erlass" des Nationalsozialismus'. Arendt bezieht sich an dieser Stelle aber nicht direkt auf diesen, sondern auf Stalins „Führerschicht" (EUtH, 786, vgl. jedoch ebd. 915). Vielleicht spielt Arendt nur auf die deutsche Redewendung „Bei Nacht und Nebel" an.

44 | „Sprachlos" ist auch das Entsetzen angesichts der Schrecken des Nationalsozialismus' (ÜdB, S. 18f.).

45 | Arendt thematisiert selbst an verschiedenen Stellen den Gebrauch von Metaphern. Sie unterstelle, so schreibt sie in *Vita activa*, dass „alles Denken, daß sich außerhalb des Mathematischen bewegt, seinem Wesen nach metaphorisch ist und daß jeder philosophische Begriff seine Evidenz dem metaphorischen Gehalt verdankt, den er gleichsam verkürzt ausspricht" (VA, S. 286). In *Vom Leben des Geistes* erläutert sie den Zusammenhang zwischen der Metapher und dem Unsagbaren (LdG, Kap. 13). In Bezug auf „Geschichte", eines ihrer zentralen Forschungsinteressen, schreibt sie beispielsweise, dass die Verwendung dieses Wortes für die Geschichte einer Menschengruppe eigentlich eine Metapher sei (VA, S. 227f.), und interessanterweise Plato die gleiche Metapher wähle wie die neuzeitliche Geschichtsphilosophie, und einen „hinter dem Rücken der Menschen handelnden Unbekannten" als verantwortlichen „Jemand" im po-

Eine erstmals 1968 erschienene Essaysammlung mit Aufsätzen über Personen, die zu „bestimmten Anlässen oder Gelegenheiten" (Arendt 2012c, S. 7) entstanden sind, überschreibt sie mit *Men in dark times*, der Übersetzung eines Zitats aus dem Gedicht „An die Nachgeborenen" von Bertold Brecht (Brecht 1997) (Arendt 1968, *Men in dark times*, im Folgenden zit. als ‚MdT') und bezieht das Bild auf die historischen Umstände.[46] Dort bringt sie außerdem einige ihrer zentralen Thesen auf den Punkt, so z.B. dass Menschen und Ereignissen Wirklichkeit nur zukomme, wenn sie sich in der Öffentlichkeit abspielten (Arendt 2012c, S. 8). Arendt ist interessiert an finsteren Zeiten in der Geschichte, zu denen es keine politische Öffentlichkeit gab. In ihrer „Laudatio auf Karl Jaspers" anlässlich der Verleihung des Friedenspreises des deutschen Buchhandels an ihn spricht Arendt davon, dass Humanität, dasjenige Personhafte, das einen Menschen ausmacht, nur durch das „Wagnis der Öffentlichkeit" (Vgl. Jaspers 2012, S. 124) gewonnen würde. Dies geschehe, indem man sein „Leben und seine Person" mit in diese hineinnehme. Hierbei müsse riskiert werden, etwas zu zeigen, „was nicht ‚subjektiv'" und deshalb für die handelnde Person „weder erkennbar noch verfügbar" sei (LKJ, 92f.). Ähnlich führte sie dies auch in *Vita activa* aus. Wer öffentlich handelnd und sprechend in Erscheinung trete, offenbare etwas von sich, das ihm selbst nicht zugänglich sei (vgl. VA, S. 219). Deshalb war in der Antike Mut eine politische Kardinaltugend. Er wurde benötigt, um den

litischen Handeln suche (VA, S. 229f.). Beunruhigt ist sie außerdem, aufgrund der neuzeitlichen Metaphern für Menschen, die „mechanistisch" seien, da sich gezeigt habe, dass „Menschenmaterial" keine „harmlose Metapher" sei. In der Antike habe man zu Vergleichen mit Tieren gegriffen (VA, S. 461, FN 15), zu „biologischen Metaphern" (vgl. ÜR, S. 74).

46 | Auf Deutsch erstmals 1989 erschienen (Arendt 2012c). Im Vorwort erläutert sie den Zusammenhang zwischen den behandelten Personen, die alle außer Gotthold Ephraim Lessing (1729–1781), Zeitgenossinnen und -genossen des 20. Jahrhunderts gewesen seien (Arendt 2012c, S. 8).

„schützenden Bereich von Hof und Haus zu verlassen", da man sich nur innerhalb des Privaten „der Sorge um das Leben und das Überleben" habe widmen können (VA, S. 46). Die Kühnheit, das Private zu verlassen, war die Vorbedingung aller Politik und somit der Freiheit (vgl. VA, S. 232). Das Wagnis erinnert auch an die Bühnenmetapher für Öffentlichkeit (vgl. unten). In Abgrenzung zu diesem scheint das Private also der Normalzustand zu sein.

Arendt selbst bringt die Unterscheidung zwischen Öffentlichem und Privatem an zwei Stellen unter Berücksichtigung der Licht- / Verborgenheit-Metapher auf den Punkt. Zum einen sei das „sarkastische, widersinnig klingende" Zitat Heideggers: „Das Licht der Öffentlichkeit verdunkelt alles" die „prägnanteste Zusammenfassung bestehender Bedingungen" (Arendt 2012c, S. 9). In ihrem *Denktagebuch* notierte sie hierzu: Heidegger meine diese Aussage es im Sinne des „Zerredens". Sie träfe für die erste Hälfte des 20. Jahrhunderts zu. Das, was in der Öffentlichkeit geschehen sei, habe alles verfinstert, „was eigentlich an die Öffentlichkeit gehörte". Dies würde im Umkehrschluss bedeuten, dass die „vier Wände, die dazu da sind, uns vor dem Licht der Öffentlichkeit zu bergen", jetzt dazu dienen würden, „die Finsternis abzuhalten. Wir fliehen ins Private. Das ‚Man' ist kein politisches, sondern ein gesellschaftliches Phänomen. Aber es stimmt, dass sich die Gesellschaft an die Stelle des Politischen gesetzt hatte." (DT, S. 664). Hier wird ihr Verständnis der Gesellschaft deutlich sowie ihre Annahme, dass der Totalitarismus im 20. Jahrhundert eine völlig neue Regierungsform gewesen sei, deren „Finsternis" aus dem Privaten ferngehalten werden müsse. Zuvor habe es zwar auch „finstere Zeiten" gegeben, in denen allerdings das Private, wie sie es versteht, als Schutzraum bestehen geblieben sei.[47] Es gibt also in Extremsituationen eine politische Dunkelheit, wobei Arendt zu anderen Zeiten die Metapher des Dunklen für das Private verwendet.

---

47 | Vgl. jedoch hierzu die feministische Kritik (Kapitel 2.1.4).

Zum anderen liefe der „Unterschied zwischen dem privaten und dem öffentlichen Bereich [...] letztlich auf einen Unterschied zwischen Dingen, die für die Öffentlichkeit, und denen, die für die Verborgenheit bestimmt" seien, hinaus (VA, S. 88). Letzteres klingt allerdings fast wie ein Zirkelschluss, denn es handelt sich nicht wirklich um eine Definition, da das Erklärte in der Erklärung wieder auftaucht – allerdings mit dem Unterschied, dass Arendt das Wort Öffentlichkeit wiederholt, während die dem Privaten gegenüberstehende Vokabel die „Verborgenheit" ist. Gleichzeitig ist dieses Zitat ein Beleg für Arendts Sozialontologie, dafür, dass Arendt normativ annimmt, dass es Dinge und Tätigkeiten gibt, die „natürlicherweise" aufgrund ihrer Eigenschaften jeweils in das Private oder das Öffentliche gehören, bzw. hier noch eine Art höherer Bestimmung anklingt, wenn die jeweiligen Dinge dazu „bestimmt" sind, sich in der ihnen angemessenen Sphäre zu befinden. Im folgenden Zitat wird Arendts Verständnis des Privaten als positiver Schutzraum deutlich:

> Das zweite wesentlich nicht-privative Merkmal des Privaten hat mit seiner Verborgenheit zu tun, damit, daß die eigenen vier Wände der einzige Ort sind, an den wir uns vor der Welt zurückziehen können, nicht nur von dem, was in ihr ständig vorgeht, sondern von ihrer Öffentlichkeit, von dem Gesehen- und Gehörtwerden. Wir kennen alle die eigentümliche Verflachung, die ein nur in der Öffentlichkeit verbrachtes Leben [...] mit sich führt. Gerade weil es sich ständig in der Sichtbarkeit hält, verliert es die Fähigkeit, aus einem dunkleren Untergrund in die Helle der Welt aufzusteigen; es büßt die Dunkelheit und Verborgenheit ein, die dem Leben in einem sehr realen, nicht-subjektiven Sinn seine jeweils verschiedene Tiefe geben. Die einzig wirksame Art und Weise, die Dunkelheit dessen zu gewährleisten, was vor dem Licht der Öffentlichkeit verborgen bleiben muß, ist Privateigentum, eine Stätte zu der niemand Zutritt hat und wo man zugleich geborgen und verborgen ist. (VA, 86f., vgl. auch Kapitel 3.1)

Die Formulierung „eigenen vier Wände" spielt auf eine residuale, lokale Privatheit an.[48] Gleichzeitig ist sie lediglich bezogen, auf solche Kulturen, die Eigentum kennen und „feste" Wohnstätten haben. Dieser Absatz zeigt teilweise bereits benannte Schwierigkeiten in Arendts Werk auf. Zum einen stellte und stellt für viele Menschen, gerade für Frauen und Kinder, das Private eben keinen Schutzraum zur Verfügung. Es bedarf einer politischen Öffentlichkeit, die bestimmtes Verhalten strafbar macht.[49] Außerdem verwendet sie keine Argumente, sondern verweist auf vermeintlich allgemeingültige Annahmen.[50] Die Aussage zur Verflachung bleibt somit bei einer These. Als Quelle bezieht sie sich auf die lateinische sowie die griechische Vokale für das Hausinnere (s.o.). Sie nennt auch kein Beispiel, vermutlich meint sie Politikerinnen und Politiker oder eventuell auch Prominente.

Die Metaphorik von Licht und Dunkelheit untersucht auch Karlfriedrich Herb. Er zitiert die letzten Verse von Brechts *Dreigroschenoper*, denen zufolge die einen im Dunkeln sind, während die anderen im Licht seien und man diejenigen im Licht sähe, die im Dunkeln jedoch nicht. Diese könnten sich, so Herb, wenn sie nicht das Ende dieses Brecht'schen Theaterstücks beschrieben, vorstellen lassen als „Schlüsselszene eines philosophischen Dramas um Privatheit und Öffentlichkeit von Jean-Jacques Rousseau und Hannah Arendt" (Herb 2001, S. 59), die in der „Licht-Dunkel-Metaphorik" ihr „je eigenes Ideal der Republik" entwerfen würden.[51] Dass der Mensch die Öffentlich-

48 | Vgl. Kapitel 3.2.

49 | Vgl. oben Kapitel 2.1.4.

50 | Vgl. oben Kapitel 1.

51 | Arendt selbst zitiert diese Verse von Brecht ebenfalls, bezieht sie jedoch auf die Geschichtsschreibung. „Marx' Versuch, die Weltgeschichte in eine Geschichte von Klassenkämpfen umzudeuten" sei „von der Absicht geleitet [gewesen] [...], den aus der offiziellen Geschichtsschreibung Ausgeschlossenen einen Platz im Gedächtnis der Nachwelt zu sichern [...]" (EUtH, S. 713).

keit mache, wie Herb konstatiert (Herb 2001, S. 68), mag für Rousseau stimmen, für Arendt müsste das Subjekt jedoch in den Plural gesetzt werden: freiwillig politisch handelnde und sprechende Mensch*en* „machen" durch ihre Taten und Worte die Öffentlichkeit. Wenn Menschen die Öffentlichkeit machen können stellt sich die Frage, wie es dazu kommen konnte und kann, dass die Öffentlichkeit unter totaler und tyrannischer Herrschaft vernichtet wurde bzw. wird. Außerdem fragt sich, ob sich ein entsprechender Satz für Privatheit formulieren ließe, etwa „die Gesetzesmauern machen die Sphäre des Privaten".

Herb schließt seinen Artikel mit dem Hinweis: „Auch hier bewahrheitet sich: Wo viel Licht ist, ist viel Schatten." (Herb 2001, S. 68) Für Arendt dürfte aber das helle Licht des Öffentlichen gar nicht erst in den Bereich des Privaten hineindringen, da sonst die Dinge, die natürlicherweise des Schutzes der Verborgenheit bedürfen, zerstört würden. Oder wäre dies temporär doch vorstellbar? Das Problem wäre im Rahmen von Arendts historischer Analyse eher, dass das vorhandene Licht gerade keinen Schatten wirft und die Menschen, die ihm gnadenlos ausgeliefert sind, nicht bestehen können, da die ständige Helligkeit alles zerstört. Insofern ist ein nur im Privaten verbrachtes Leben denkbar, es ist allerdings „wesentlicher menschlicher Möglichkeiten beraubt" (VA, S. 74), wie das der Sklaven in der antiken Polis, deren Lebensweise gleichsam doppelt unfrei war, weil es einem zweifachen Zwang unterlag, dem „Gezwungenwerden durch das Leben selbst und durch die Befehle des Herrn" (VA, S. 22). Ein nur in der Öffentlichkeit verbrachtes Leben ist jedoch nicht möglich (vgl. VA, S. 79, 87), da ihm Verflachung droht (vgl. Kapitel 4, vgl. auch Herb 2001, S. 64). Aus Hannah Arendts Ausführungen müsste daher wohl eher abgeleitet werden, dass dort, wo viel Licht ist, auch Schatten benötigt wird.

Eine weitere Metapher, derer sich Arendt für die Beschreibung des Öffentlichen bedient, ist die „Bühne der Welt" (VA, S. 219). Der Bühnen- und Schauspielvergleich wird auch in anderen Disziplinen, beispielsweise der Psychologie, verwendet. Metaphorisch könne man, so Sabine Trepte, sich ein „Aushandeln zwischen Nähe und Privatsphäre vorstellen wie die Arbeit eines Schauspielers". „Backstage" entwickelten Menschen mit Hilfe von Vertrauten „unter Bedingungen psychologischer Privatsphäre ihre Rolle", um dann „on stage" mit anderen zu interagieren. Trepte betont allerdings auch, dass „[s]o wichtig die psychologische Privatsphäre zur ‚Identitätsentwicklung' auch" sei, „ein Leben ohne ‚Publikum', also ohne andere Menschen, [...] gesundheitlich und emotional ebenso negative Folgen [hätte], wie ein Leben ohne Privatsphäre" (Trepte 2012, S. 61). Dies erinnert an Arendts Annahme, dass ein nur im Privatleben verbrachtes Leben menschenunwürdig sei (VA, S. 78f.). Gesundheit und Emotionen wären für Arendt jedoch Aspekte, die im Privaten angesiedelt sind und sein müssen, während sie selbst in einem Leben ohne Publikum ein defizitäres Dasein sieht, in dem den Handlungen der betreffenden Person keine Wirklichkeit zukommt. Es geht ihr also um Intersubjektivität. Wobei Arendt zugesteht, dass beispielsweise Sklaven im oikos durchaus Kontakte mit anderen Menschen hatten und handelten.[52]

Die benannten Metaphern bezieht Arendt dennoch im Wesentlichen wiederum auf räumliche Bilder, den „Bereich des Öffentlichen" und die „Sphäre des Privaten" (VA, S. 5).[53] So beschreibt sie etwa die räumliche Vorstellung des ‚oikosdespotes', der aus dem oikos auf die ‚agora' hinaustritt, die jedoch auch eine zeitliche Komponente hat

---

52 | Für die Schauspielmetapher vgl. v.a. auch prominent Goffman (Goffman 2012).

53 | Im Englischen trifft sie diese Unterscheidung jedoch nicht, hier verwendet sie für beide Bereiche das Wort „realm" (vgl. THC, S. V). Insgesamt entsprechen sich die Kapitelüberschriften in der deutschen und der englischsprachigen Version weitestgehend. Für unsere Belange ist ein Unterschied bemerkenswert, da Kapitel 15 im Deutschen den Titel „Die Abschaffung des ‚toten' Eigentums zugunsten der ‚lebendigen' Aneignung" (VA, S. 5) trägt, der im Englischen hingegen „The Privacy of Property and Wealth" lautet (vgl. THC, S. V). Eigentum und Reichtum haben also, obwohl Arendt deren Verwechslung kritisiert (vgl. Kapitel 3.1), offensichtlich auch Gemeinsamkeiten.

(vgl. Kapitel 3.5).[54] Dies verdeutlicht, dass ihr am Schutz des lokalen Privaten gelegen ist (vgl. unten Kapitel 3.2). Auch zur Beschreibung des Zwischenmenschlichen spricht Arendt von einem *Bereich* der menschlichen Angelegenheiten (vgl. VA, S. 238). Aufgrund der „Schrankenlosigkeit", der „Maßlosigkeit" des Handelns sei dieser Bereich zerbrechlich, auch wenn wir versuchen würden, ihn halbwegs durch Einrichtungen und Gesetze zu stabilisieren (VA, S. 238). Diese Zerbrechlichkeit sei der Natalität geschuldet, da immer neue Menschen in diesen Bereich „fluten" würden und in seinem Inneren „ihren Neuanfang durch Tat und Wort zur Geltung bringen" müssten, zu deren Wesen es gehöre, „Anfänge zu setzen und Bezüge zu stiften, aber nicht zu stabilisieren und zu begrenzen" (VA, S. 238). Als Beispiele, was wir von außen an diesen Bereich heranbringen würden, um zu versuchen, ihn zu stabilisieren, nennt Arendt den „schützenden Zaun um Haus und Hof" sowie die Landesgrenzen, die die „physische Identität" und Gesetze, die die „politische Existenz der Völker bestimmen und einhegen" (VA, S. 238)[55].

Die eigentliche Metapher, die Arendt zur Beschreibung des zwischenmenschlichen Bereichs verwendet, ist jedoch die eines Netzes, des „Bezugsgewebes menschlicher Angelegenheiten" (VA, S. 222), in das die Beteiligten ihre Taten und Worte wie Fäden hineinweben. Die Vielzahl verwendeter Metaphern deutet darauf hin, wie bemüht Arendt

---

54 | Vom „Sphärenmodell" wird auch im Recht gesprochen, vgl. den Beginn dieses Kapitels. Außerdem wurde als Metapher das Bild einer Zwiebel gebraucht, um das Private in seiner Beziehung zum Öffentlichen zu beschreiben (vgl. z.B. Rössler 2008, S. 1024).

55 | Die entsprechende Stelle in der englischsprachigen Fassung ist kürzer und prägnanter. Außerdem betont Arendt im Englischen das Privateigentum, wobei allerdings in der deutschen Redewendung „Haus und Hof" auch – laut Duden – „der gesamte Besitz" gemeint ist: „The fences enclosing private property and insuring the limitations of each household, the territorial boundaries [...] " (THC, S. 191). Vgl. auch Kapitel 3.1.

war, zu verstehen und Begriffe zu klären. Für ihre Leserinnen und Leser sind Arendts Definitionen dabei jedoch nicht immer klar zu erkennen. Auch die Geburt, die in den biologischen Bereich des Privaten gehört, verwendet sie als Metapher zur Beschreibung einer zweiten Geburt im Politischen.

2.2.4 Zweite Geburt und zweites Leben

Arendt betont, dass wir Menschen bedingte Wesen seien und es „so etwas wie eine Spezies Mensch" nicht gäbe (EUtH, S. 907).[56] Ihre

56 | Sie wollte keine Anthropologie schreiben, weil es das Wesen sowie die Natur des Menschen nicht gäbe (VA, S. 223), vgl. ihre Ausführungen zur „Condition humaine" und ihre Abgrenzung zwischen der Bedingtheit und der Natur des Menschen (VA, 18ff.), die einzige Aussage, die etwa über die „Menschennatur" von Menschen getroffen werden könnte, die auf einen anderen Planeten ausgewandert wären, wäre die, dass sie weiterhin bedingte Wesen seien (vgl. VA, S. 20). Es würde uns nichts zu der Annahme berechtigen, so Arendt, dass der Mensch „überhaupt ein Wesen oder eine Natur im gleichen Sinne besitze wie alle anderen Dinge", und wenn es „so etwas wie ein Wesen des Menschen geben sollte", so könne dieses nur durch einen Gott erkannt und definiert werden, wie sie, auch unter Berufung auf Augustinus behauptet. Ihre Ablehnung festzulegen, was *den* Menschen ausmacht, lag begründet in ihrer Totalitarismuskritik und der daraus resultierenden Betonung der menschlichen Pluralität. Das eigentliche „Ziel der totalitären Ideologie" sei die „Transformation der menschlichen Natur" gewesen. „Was in der totalen Herrschaft auf dem Spiel" stehe, sei „das Wesen des Menschen", das allerdings durch die Experimente der totalitären Systeme scheinbar nicht verändert, sondern nur zerstört werden könne (EUtH, S. 940f.). Wenn jedoch versucht wurde, und es sogar teilweise gelang, das Wesen des Menschen abzuschaffen, so müsste dies bedeuten, dass es doch so etwas gäbe. In der Forschung ist debattiert worden, ob es sich um eine Anthropologie handelt oder nicht, vgl. z.B. Seyla Benhabib, die Arendts Denken „anthropologischen Universalismus" nennt (Benhabib 1998, S. 304),

Untersuchungen zur conditio humana umfassen die Analyse der drei oben bereits genannten Tätigkeiten Arbeiten, Herstellen und Handeln. An jede der drei Tätigkeiten der Vita activa sei eine Bedingtheit geknüpft, sie würden geradezu durch sie bestimmt, sie seien „ Grundtätigkeiten, weil jede von ihnen einer der Grundbedingungen entspricht, unter denen Menschen das Leben auf der Erde gegeben" (VA, S. 16) sei. Dem Arbeiten entspricht das Leben, der „biologische Prozeß des menschlichen Körpers" (VA, S. 16), dem Herstellen Weltlichkeit, das „Widernatürliche eines von der Natur abhängigen Wesens", die „Angewiesenheit menschlicher Existenz auf Gegenständlichkeit und Objektivität" (VA, S. 16), dem Handeln das „Faktum der Pluralität, nämlich die Tatsache, daß nicht ein Mensch, sondern viele Menschen auf der Erde leben und die Welt bevölkern" (VA, S. 17). Alle Tätigkeiten

gegenüber Heinz-Gerd Schmitz, der an Arendts eigener Argumentation festhält (Schmitz 2001, S. 28). Arendt macht aber nichtsdestotrotz eine „differentia specifica des Menschseins" aus, die gerade in der Unmöglichkeit läge, das Wesen des Menschen zu definieren, da er ein Jemand ist. Hierbei handelte es sich, so Arendt, nicht nur um eine Aporie der Philosophie, sondern um eine des Miteinanders der Menschen. Das Versagen der Sprache, „diese Angelegenheiten" zu beschreiben, beträfe die „Enthüllung der Person" im Handeln und Sprechen, ohne die diese ihre spezifische Relevanz verlören (VA, 223f.). Handeln allein sei dabei an sich bereits „das ausschließliche Vorrecht des Menschen", weder Tiere noch Gott seien „fähig" zu handeln, und nur das Handeln könne „als Tätigkeit überhaupt nicht zum Zuge kommen ohne die ständige Anwesenheit einer Mitwelt." (VA, S. 34). Da die Pluralität spezifisch menschlich ist und bedeutet, dass verschiedene, einzigartige Menschen sich in der Welt einrichten und in ihr handeln, würde ein Wesen, das Dinge für eine nur von ihm bewohnte Welt herstellt, seine „spezifisch menschliche Eigenschaft" verlieren, und gliche eher einem von Plato beschriebenem Demiurgen (VA, S. 33). Vgl. zu Arendts Ablehnung der Annahme eines „Wesens" des Menschen z.B. auch (WiP, S. 24ff.), vgl. zur Unterscheidung zwischen den Menschen im Plural und dem Menschen im Singular (WiP, S. 9).

sind ihrerseits an Mortalität und Natalität, die allgemeinste Bedingtheit menschlichen Lebens (vgl. VA, S. 16), gebunden. Geburt, Leben und Tod müssen von der Verborgenheit des Privaten geschützt werden (vgl. Kapitel 4). Leben bedeutet dabei für Menschen unter Menschen zu weilen, „inter homines esse“ (VA, S. 17), wie Arendt aus dem Lateinischen, der „Sprache des vielleicht zutiefst politischen unter den uns bekannten Völkern“ (VA, S. 17) zitiert. Wir werden also in diese Welt hineingeboren, die immer schon vor uns besteht und von Menschen gemacht wurde, die vor uns gelebt haben. Von diesen Menschen gleicht niemand „je einem anderen [. . .], der einmal gelebt hat oder lebt, oder leben wird“ (VA, S. 17).

In Anlehnung an Aristoteles führt Arendt aus, dass der griechische Bürger in der Antike zwei Leben gehabt hätte: ein privates und ein politsches. Die „menschliche Fähigkeit für politische Organisation“ habe im Gegensatz zum „naturhaften Zusammenleben“ gestanden, dessen Mittelpunkt das Haus (oikia) und die Familie bildeten (VA, S. 35). Arendt zitiert Werner Jäger, demzufolge das griechische Verständnis von Politik bedeutet habe, dass „ein jeder ‚außer seinem privaten Leben noch eine Art zweites Leben‘“ erhalten habe, seinen ‚bios politikos‘. Jeder Bürger habe von nun an „zwei Seinsordnungen“ zugehört, und sein Leben sei dadurch gekennzeichnet gewesen, dass es „genau aufgeteilt war zwischen dem, was er sein eigen nannte“ (‚idion‘) und „dem, was gemeinsam war“ (‚koinon‘). (VA, S. 35).[57] Hiermit einher

57 | Vgl. zu dieser Seinsordnung auch die Tatsache, dass für Arendt die Trennung zwischen Öffentlichkeit und Privatheit eine Sozialontologie darstellt (vgl. Rössler 2001, S. 196, vgl. auch in diesem Kapitel 2.2). Als Quelle ist bei Arendt die amerikanische Ausgabe von Jaegers *Paideia* (Jaeger 1973) angegeben (vgl. VA, S. 421), in der Ausgabe von 1973 lautet die von Arendt zitierte Stelle wie folgt: „Indem der Staat den Menschen in seinen politischen Kosmos hineinstellt, gibt er ihm neben dem Privatleben eine Art zweiter Existenz, den βιος πολιτικός. Jeder gehört nun gewissermaßen zwei Ordnungen an, das Eigene (ιδιον) und das Gemeinsame (κοινόν) im Leben des Bürgers scheiden sich scharf von-

geht die zweifache Geburt des Menschen. Die erste ist die biologische Geburt im Schutz des Privaten. Die Geburt ist eines der Ereignisse, die laut Arendt über verschiedene Zivilisationen hinweg im Verborgenen stattgefunden hätten. Kinder, die geboren werden, müssen vor der Welt geschützt werden und die Welt muss auch vor dem Ansturm der Kinder geschützt werden (vgl. Kapitel 4.1).

Die bildliche „zweite Geburt" ist das Heraustreten des oder der jungen Erwachsenen in das Licht des Öffentlichen, in den Bereich des politischen Handelns. Zuvor gibt es Schwellen, Übergänge, Zwischenbereiche, wie beispielsweise die Schule, durch die Kinder an die Öffentlichkeit herangeführt werden und gleichsam auf das – mögliche – Leben in der Öffentlichkeit vorbereitet werden.

Die Geburt ist der Anfang und gleichzeitig das Anfangen-Können. In Anlehnung an Augustinus und unter Bezugnahme auf Gründungsmythen sowie die Schöpfungsgeschichten der Bibel entwickelt Arendt ihr Konzept der Natalität, das, wie in der Forschung allgemein angenommen wird, eine Entdeckung Arendts (vgl. z.B. Lütkehaus 2006) und eine ihrer zentralen Leistungen ist und das inhaltlich der gesamten abendländischen Tradition, die den Menschen als zuvörderst sterblich definiert hat, sowie Heideggers „Sein zum Tode" entgegengesetzt ist.[58]

---

einander. Der Mensch ist nicht bloß ‚Idiot', sondern auch ‚Polit'. Er bedarf jetzt neben seiner Berufstüchtigkeit einer allgemeinen Bürgertugend, der πολιτική αρετή […]" (Jaeger 1973, S. 155).

58 | Raulff nennt die Gebürtlichkeit jedoch das „kategoriale Kind" Arendts *und* ihres ersten Mannes Günther Anders. Dieter Thomä verweist darauf, dass Arendt den Begriff erst in *Vita activa* ausgearbeitete hätte, und das „weniger als Einwand denn als Ergänzung zu Heideggers Modell" (Thomä 2001, S. 421). Auch der Eintrag im *Arendt-Handbuch* zu Natalität/Anfangen (Heuer u. a. 2011, S. 299) verweist darauf, dass Arendt ihn erst in *Vita activa* ausarbeitet, wobei die Idee des Anfangens hier bereits im *Elemente und Ursprünge totaler Herrschaft* verortet wird, als etwas, das totale Herrschaft versucht hat zu zerstören. Der „Anfang" hat Arendt jedoch schon in ihrer 1928 vollendeten

Die Natalität wird dabei verschiedentlich interpretiert, so etwa von Stephanie Hellekamps, die sie bei Arendt einmal als „politische" und andererseits als „pädagogische" Kategorie verwendet sieht (Hellekamps 2006).

Die „zweite Geburt" (VA, 215f.) liegt in der durch die erste Geburt gegebenen Möglichkeit des Menschen, die Initiative ergreifen zu können. Sie werde von keiner Notwendigkeit erzwungen und auch nicht durch „den Antrieb der Leistung und die Aussicht auf Nutzen" aus uns „hervorgelockt". Das Anfangen-Können ist typisch menschlich (VA, 215f.).[59] Das Bild der Geburt verwendet Arendt auch für die Entstehung der Gesellschaft (VA, S. 57). Die Gesellschaft ist jenes „merkwürdige[...] Zwischenreich[...], in dem privaten Interessen öffentliche Bedeutung zukommt" (VA, S. 45), „jenes sonderbare, irgendwie zwitterhafte Reich zwischen dem Politischen und dem Privaten, in welchem seit der Neuzeit die meisten Menschen ihr Leben verbringen" (Arendt 1986a, S. 104). Sie kam auf, so Arendts historische Analyse in *Vita activa*, als in der Neuzeit vormals private Dinge an die Öffentlichkeit gelangten (VA, S. 47f.) – wie das sein kann, wenn sie „natürli-

Dissertation (Arendt 2006c, *Der Liebesbegriff bei Augustin. Versuch einer philosophischen Interpretation*, im Folgenden zit. als ‚LA') interessiert. An deren Text hat sie jedoch laut Dries (Dries 2011, S. 99) auch bereits mit Günther Anders gearbeitet. Die philologische Frage, wer den Begriff zuerst verwendet hat, soll hier jedoch eine Fußnote bleiben, da für diese Arbeit relevant ist, in welcher Relation der Natalitätsbegriff zu Arendts Privatheitsverständnis steht, und inwiefern er dazu beiträgt, es herauszuarbeiten und zu verstehen.

59 | Vielleicht wird sie aber doch aus uns hervorgelockt, denkbar zum Beispiel angesichts politischer Situationen in denen wir das Gefühl haben, nicht einfach im wahrsten Sinne des Wortes tatenlos zusehen zu können, wie Arendt selbst 1933 meinte, nicht mehr untätig bleiben zu können, da sie – als Jüdin – angegriffen wurde (IwV, 50f.). Trotz ihrer Weigerung, das Wesen des Menschen bestimmen zu wollen (s.o.), ist dies ein Beispiel für etwas, das allen Menschen von Geburt an inne wohnt und sie von Tieren unterscheidet.

cherweise“ dort ihren Platz haben, ist allerdings fragwürdig (vgl. auch Kapitel 2.2.2). Oft stellt sich Lesenden ihres Werkes die Frage, was denn nun das Politische ausmache, oder was das Gesellschaftliche sei, da Arendt vage bleibt.[60] Allerdings gibt sie konkrete Beispiele für gesellschaftliche bzw. private Angelegenheiten in „Little Rock“. Rassensegregation an Schulen sei insofern eine private Angelegenheit oder höchstens eine gesellschaftliche, da Kinder betroffen seien, die den Schutz des Privaten bräuchten. In dieser Hinsicht muss laut Arendt die Entscheidungsfreiheit der Eltern vor staatlichen Eingriffen geschützt werden (vgl. auch Kapitel 3.4). Im selben Aufsatz nennt sie außerdem Eheschließungen zwischen weißen und afro-amerikanischen Paaren, die im Gegensatz zur Rassentrennung an Schulen als politisches Problem gelöst werden müssten. Als rein gesellschaftlich beschreibt sie jüdische Ferienclubs, in denen die Betroffenen das Recht hätten, zu bestimmen, wer an dieser Freizeitgestaltung teilnimmt und wer nicht. Die Gesellschaft sei der Ort für Diskriminierung[61], das „innermost principle“ des politischen Bereichs sei hingegen Gleichheit (equality), dasje-

60 | Sie selbst gab zu, dass sie sich frage, was denn heute politisch sei, wenn das Soziale außen vor bleibe und schlägt vor, das soziale Fragen „verwaltungsmäßig“ erledigt werden könnten (IwV, S. 90). Bei der Lektüre von *Vita activa* bleibt außerdem offen, wie die Tätigkeiten voneinander abgegrenzt werden könnten, was unter welche Tätigkeit fällt, und was Arendt meint. Einen Hinweis, was sie unter *politischem* Handeln versteht, gibt sie zu Beginn ihres Werkes über das tätige Leben. Es geht um das Handeln, „soweit es der Gründung und Erhaltung politischer Gemeinwesen dient“ (VA, S. 18). Dennoch ist zu Recht die Frage an Arendts Werk zu stellen, was ob ihres „puristischen Politikbegriffs“ (Herb 2001, S. 66) als politische Fragen gegenüber gesellschaftlichen, ökonomischen Themen übrig bliebe.

61 | Hier meint Arendt wohl ‚diskriminieren‘ im Sinne von ‚unterscheiden‘, vgl. auch die ursprüngliche lateinische Bedeutung des Wortes ‚discriminare‘, ‚trennen, absondern‘ sowie im Englischen die Unterscheidung zwischen ‚to discriminate‘ und ‚to discriminate against‘. Wobei auch bei der Verwendung von ‚dis-

nige des privaten Bereichs Ausschließlichkeit (exclusiveness) (Arendt 2003b, S. 205, 207). Politisch seien Dinge, wenn man ihnen mit den „politischen Mitteln", also „Urteil, Entschluss und Überzeugung" beikommen könnte (ÜR, S. 116). Dass Arendts strenge analytische Trennung in der Wirklichkeit nicht vollständig standhält und standhalten kann, ist ihr wohl auch bewusst, so bezeichnet sie die Schule als Zwischenraum, als Übergangsraum zwischen dem Privaten und dem Öffentlichen und relativiert, dass, als sie nach 1933 in Paris ‚Sozialarbeit' ausübte, sie „nicht wirklich" in die jüdische Politik gegangen sei, aber doch dadurch „irgendwie auch mit der Politik verbunden" gewesen sei (IwV, 109f.).

Arendts Schwierigkeiten zu bestimmen, was Privatheit bedeutet, scheinen mit ihrer Sozialontologie zusammenhängen. Auch andere Definitionsversuche können jedoch, wie ich aufgezeigt habe, oft das Private nicht in seiner Gänze erfassen. Deshalb haben Privatheitsforscherinnen und -forscher verschiedene „Dimensionen" des Privaten unterschieden. Diese werde ich im folgenden Kapitel anwenden, um herauszuarbeiten, welche Aspekte von Privatheit Hannah Arendt, neben den bis hierher skizzierten, thematisiert hat.

---

criminate' als transitives Verb die pejorative Bedeutung des deutschen ‚diskriminieren' mitschwingt.

3 Dimensionen des Privaten im Werk Hannah Arendts

Um die Breite von Arendts Verständnis des Privaten aufzuzeigen, untersuche ich im Folgenden ihr Werk anhand der in der Literatur unterschiedenen Dimensionen der proprietären, lokalen, informationellen und dezisionalen Privatheit. Meine Hypothese ist dabei, dass, wenn Privatheit nicht nur rein lokal definiert wird, und ich zusätzlich zu *Vita activa* weitere Schriften hinzuziehe, deutlich wird, dass Arendt weitere Ebenen des Privaten behandelt hat, und nicht nur die Parallele zum antiken oikos gezogen hat. Sie hat jedoch die Bedeutung eines lokalen Schutzraums betont. Zusätzlich stelle ich den temporalen Aspekt des Privaten heraus. Dieser wurde bisher in der Forschung zwar benannt (vgl. z.B. Westin 1967, S. 7, 37), aber nicht hinreichend thematisiert. Eine wichtige Rolle spielt der zeitliche Aspekt häufig im juristischen Kontext, z.B. in Gesetzen, die bestimmte Formen und Funktionen des Privaten schützen (vgl. auch Kapitel 4).

Die hier verwendeten Dimensionen wurden von verschiedenen Forscherinnen und Forschern in ähnlicher Weise definiert, um die in Kapitel 2 aufgeführte Breite des Begriffs „Privatheit“ eingrenzen und seine Bedeutungen konkreter fassen zu können. Die in Kapitel 3.1 betrachtete proprietäre Dimension des Privaten bezieht sich auf Eigentum, das in verschiedenen Definitionen als Voraussetzung für den Schutz von etwas Privatem angesehen wurde. Diese Dimension ist mit der lokalen (Kapitel 3.2) eng verknüpft. Die informationelle Dimension des Privaten (Kapitel 3.3) beschreibt das, was in aktuellen Datenschutzdiskussionen und unter dem Recht auf informationelle Selbstbestimmung als schützenswert verstanden wird: Informationen über die eigene Person, die einen bestimmten Menschen unmittelbar identifizieren oder identifizieren können (vgl. auch oben Kapitel 2.1). Dezisionale Privatheit (Kapitel 3.4) steht in enger Beziehung zu Entscheidungsfreiheit und stellt gleichsam eine Bedingung für diese dar, denn ohne Beeinflussung von außen kann niemand unabhängige Entscheidungen etwa über den eigenen Körper und das eigene Leben treffen. Die zeitliche Komponente (Kapitel 3.5) bedingt dabei alle Dimensionen, die selbst untereinander auch nicht trennscharf sind.

In den Diskursen der Privatheitsforschung wird zumeist davon ausgegangen, dass die unter den Dimensionen gefassten Dinge, Tätigkeiten, Phänomene, Räume und Informationen schützenswert seien, wie z.B. am Gebrauch des Wortes Daten*schutz* deutlich wird. Dabei geht es jeweils um den Schutz eines (Entscheidungs-)„Raumes“, der nicht nur örtlich begrenzt ist, sondern ein Individuum auch als Person betrifft und über dessen Zugänglichkeit es Kontrolle ausüben kann bzw. können sollte. Es geht darum, dass die Bedingungen gegeben sein sollen, dass eine Person selbst über ihr Hab und Gut, über ihre Wohnung und über Informationen über sich bestimmen kann sowie ihre eigenen Entscheidungen treffen kann und dies zu jeder Zeit. Die Motivationen und Gründe, warum Privates geschützt werden sollte, werde ich in Kapitel 4 ausführen, wozu ich hier die begrifflichen, philosophischen Grundlagen lege und darstellen, welche Aspekte geschützt werden sollen, was schützenswert ist sowie einige mögliche Konsequenzen mangelnden Privatheitsschutzes.

3.1 Proprietäre Privatheit

Die proprietäre Dimension wurde u. a. von A. L. Allen formuliert. Allen bezieht den Begriff hauptsächlich auf Aspekte medizinischer und genetischer Privatheit (A. L. Allen 1998, 2011), schreibt jedoch in *The Stanford Encyclopedia of Philosophy*, dass philosophiegeschichtlich

Eigentum und Eigentumsrechte mit Privatheit zusammenhängen (vgl. A. L. Allen 2011). So hat in der Neuzeit etwa John Locke einen der ersten Ansprüche auf Privateigentum formuliert, wenn wir uns mit der Arbeit unseres Körpers Land, das wir bestellen, zu eigen machen (vgl. Locke 2007, §27, vgl. auch Kapitel 2.1.1).

Hannah Arendt betont, dass ihre Unterscheidung zwischen privat und öffentlich vom Ort abhänge, an den und an dem eine Person sich bewege. Ihr geht es also um einen lokalen Aspekt des Privaten und des Öffentlichen. Bevor ich diese lokale Komponente in Kapitel 3.2 untersuchen werde, werde ich hier als Erstes die proprietäre Dimension näher beleuchten. In Arendts historischer Analyse der menschlichen Bedingtheit kommt ihr eine große Bedeutung zu, da Eigentum den Ort geboten habe für diejenigen Dinge, die nicht hätten bestehen können, wenn sie sich in der Öffentlichkeit abgespielt hätten. Für Arendt hängt Eigentum untrennbar mit einem eigenen Platz in der Welt zusammen. Gleichzeitig umfasse lokale Privatheit auch mehr als einen Wohnort (vgl. Kapitel 3.2). Arendt spricht von einer „Stätte" (s.u.), im Englischen von einem „privately owned *place* to hide in" (THC, S. 71, Hervorhebung von mir, JMM). Dies verdeutlicht den engen Zusammenhang zwischen der proprietären und der lokalen Dimension des Privaten. Wie ich ausführen werde sind beide für Arendt sehr eng verknüpft. Das Proprietäre könnte sogar als eine Unterkategorie des lokalen Privaten verstanden werden. Da jedoch das Eigentum eine Voraussetzung für lokale Privatheit ist, nehme ich an dieser Stelle eine analytische Trennung vor, um die Vielschichtigkeit von Arendts Begriff zu verdeutlichen. Beate Rössler hebt hervor, dass der Schutz der lokalen Privatheit „noch nichts" hinsichtlich des Privateigentums bedeute. Sie grenzt sich bewusst von dieser Traditionslinie ab (Rössler 2001, S. 256). Rösslers Differenzierung zwischen einem Anspruch auf den Schutz von lokaler Privatheit und einem „Eigentumsanspruch" unterstützt meine hier vorgenommene Trennung zwischen einer lokalen und einer proprietären Dimension. In Kapitel 4 werden die Dimensionen insofern wieder „zusammengeführt", als dass der Schutz der verschiedenen Aspekte im

Vordergrund steht. Die enge Verbindung wird durch das verwendete Raumvokabular für das Eigentum deutlich, das Arendt nicht nur metaphorisch meint, wobei sich Ortsmetaphern, wie ich in Kapitel 2.2 ausgeführt habe, generell für die Beschreibung bestimmter Aspekte des Privaten eignen.

In *Vita activa* verweist sie bereits mit der Überschrift auf Eigentum und Besitz,[1] während es im Abschnitt zum öffentlichen Raum um „das Gemeinsame", und nicht etwa um das Gemeinwesen oder das Gemeingut geht (vgl. VA, 5, 62ff. vgl. THC, v, 50ff.). Den mittelalterlichen Begriff des „Gemeinwohls" grenzt sie im Folgenden dann auch explizit von der antiken Öffentlichkeit ab (VA, S. 45). In der griechischen Antike sei der Unterschied zwischen den zwei Leben eines Bürgers, dem, was ihm eigen und dem, was allen gemeinsam war, getroffen worden (vgl. Kapitel 2.2.4). Diese „Scheidelinie zwischen Haushalt und Polis" schien bereits bei Plato und Aristoteles zu „verwischen", so Arendt, aber sie hätten nie an dieser Unterscheidung gezweifelt (VA, S. 47).

Eigentum sei mit einem der beiden positiven Sinne des Wortes ‚privat' verbunden (vgl. auch Kapitel 2.2.3) und verliere in diesem Zusammenhang selbst für antikes politisches Denken seinen „privativen Charakter" (VA, 75f.). Der zweite nicht-privative Sinn des Privaten neben der Dringlichkeit (VA, S. 86), bestände darin, dass es Verborgenheit garantiere (vgl. Kapitel 2.2 und 3.2). Um diese „Dunkelheit" zu gewährleisten, bedürfe es aber des Privateigentums, einer „Stätte, zu der niemand Zutritt hat und wo man zugleich geborgen und verborgen" sei (VA, S. 87). Das Private ist also in seiner Bedeutung als „Privateigentum" nicht nur eine ex negativo-Abgrenzung zum Öffent-

---

1 | Im Englischen gebraucht Arendt in der Überschrift nur „property", was beides bedeuten kann, im Kapitel trifft sie ihre Unterscheidung dennoch, und übersetzt „wealth" mit Besitz und Reichtum (THC, S. 58ff.). Vgl. auch oben Kapitel 2.2.3.

lichen (vgl. Kapitel 2), sondern besitzt offensichtlich „gewisse Eigenschaften, die wiewohl privater Natur dennoch äußerst wesentlich für das Politische" sind (VA, 75f.). Historisch sei Eigentum gleichgesetzt worden mit Besitz. Diese Gleichsetzung, ebenso wie die Gleichsetzung von „Eigentumslosigkeit mit Armut und Elend" erschwerten, so Arendt, „ein wirkliches Verständnis des einzigen positiven Bezugs des Öffentlichen zum Privaten, wie er sich in der Pflicht der Staaten [...] Privateigentum zu schützen", kundgäbe (VA, S. 76).[2] Sowohl Eigentum als auch Besitz hätten im Politischen „geschichtlich immer" eine größere Rolle gespielt „als irgendein anderes nur privates Anliegen oder Interesse" (VA, S. 76). Beide seien bis zum Ende des 19. Jahrhunderts Bedingung für die „Zulassung zum öffentlichen Raum" gewesen (VA, S. 76). Eigentum unterscheide sich von Besitz und Reichtum.

So konnten im antiken Rom – im Gegensatz zur antiken griechischen Polis – auch Sklaven Besitz erwerben, die kein Recht hatten, Eigentum zu besitzen. Mit dem Eigentum ging die Möglichkeit zur Teilnahme am politischen Leben einher. Aber es genügt eben, laut Arendt, auch nicht zu sagen, dass „Privateigentum vor dem Beginn der Neuzeit die selbstverständliche Voraussetzung für die Ausübung der Bürgerrechte bildete" (VA, 78f.), da es sich dabei um viel mehr gehandelt habe:

> Der dunkle, verborgene Raum des Privaten bildete gleichsam die andere Seite des Öffentlichen, und während es wohl möglich war, außerhalb des Offentlichen sein Leben zu verbringen, wiewohl dies hieß, sich der höchsten menschlichen Möglichkeiten zu berauben, war es nicht möglich, kein Eigentum, nicht seine eigenen vier Wände zu haben; daher galt das Lebens des Sklaven, [...] als ein des Menschen unwürdiges, als ein unmenschliches Leben. (VA, S. 79)

In *The Human Condition* präzisiert sie sogar, dass es bedeutet hätte, nicht mehr menschlich zu sein: „to have no private place of one's own

---

2 | Diese Formulierung zur „Pflicht der Staaten" fehlt in *The Human Condition* (vgl. THC, S. 61).

(like a slave) meant to be no longer human" (THC, S. 64). Arendts These, dass es „nicht möglich" gewesen sei, ist dabei nicht wörtlich zu verstehen. Vielmehr bezieht sie sich auf die Perspektive der Polis, weil in diesem Fall die betroffene Person von der Partizipation am öffentlichen Leben ausgeschlossen war: „Kein Eigentum zu haben hieß, keinen angestammten Platz in der Welt sein eigen zu nennen, also jemand zu sein, den die Welt und der in ihr organisierte politische Körper nicht vorgesehen hatte" (VA, S. 77). Dies habe auf ansässige Fremde und Sklaven zugetroffen.[3] Das Eigentum war also in einer Bedeutung identisch mit der lokalen Wohnstätte. Der „angestammte" Ort ruft dabei die Assoziation von etwas Erblichem hervor. Arendt beschreibt hier das Menschenbild der Antike.[4] Auch wenn Arendt die örtliche Komponente wiederholt betont, geht es hier offensichtlich bereits um mehr: die Möglichkeit zur Teilnahme am öffentlichen Leben, die Regulation von Zugänglichkeit, die Sklaven und anderen Mitgliedern der Familie eben nicht erlaubt war. Diese Personen hatten keine sprichwörtlichen eigenen vier Wände, erst recht keinen keinen „room of their own" (Woolf 2000).

Arendt selbst gesteht zu, dass das Eigentum außerdem mehr umfasst habe, als eine bloße Wohnstätte zu sein, es habe „als Privates" den Ort geboten,

---

3 | Vgl. hierzu auch Arendts eigene biographische Erfahrung der Staatenlosigkeit (vgl. Young-Bruehl 2004, Part 2; Mönig 2011) sowie ihre Ausführungen über Exil in Kapitel 3.2.2, vgl. auch ihre Forderung nach einem Recht, Rechte zu haben (Kapitel 4.3.1).

4 | Das Leben eines Sklaven war kein menschliches Leben, was einer anthropologischen Bestimmung gleichkommt (vgl. auch oben Kapitel 2.2.4). Merkwürdig mutet die englische Formulierung „no longer human" an, da es klingt, als habe es zuvor einen Zeitpunkt gegeben, zu dem jemand ohne Eigentum menschlich war.

an dem sich vollziehen konnte, was seinem Wesen nach verborgen war, und seine Unantastbarkeit stand daher in engster Verbindung mit der Heiligkeit von Geburt und Tod, mit dem verborgenen Anfang und dem verborgenen Ende der Sterblichen, die wie alles Lebendige aus dem Dunkel kommen und in das Dunkel eines unterirdischen Raumes zurückkehren. (VA, S. 77, vgl. auch Kapitel 2.2.3 und 2.2.4)

Als Quelle bezieht sich Arendt hier auf das Buch *La cité antique* des französischen Historikers Numa Denis Fustel de Coulanges, zuerst erschienen 1864. Dennoch bleibt ihr Argumentation metaphorisch, wenn nicht gar kryptisch. Das „Dunkel", aus dem die Menschen kommen, ist in den 1950er Jahren geklärt, mit dem Begriff des unterirdischen Raums spielt sie vermutlich auf den Hades an, also den damals vorherrschenden Mythos, jedoch nicht auf historische Fakten oder eine wissenschaftliche Quelle. Das „Wesen" erinnert an ihre eigene Sozialontologie (s. oben Kapitel 2.2). Erneut betont sie, wie auch in der Definition ihre Natalitätsbegriffs, Geburt *und* Tod.

Eigentum war immer örtlich gebunden, dabei nicht nur „‚unbeweglich', sondern identisch mit der Familie, die diesen Ort einnahm" (VA, S. 77). In diesem Zusammenhang kritisiert Arendt auch die Enteignung, die, wie sie betont, zuerst im Kapitalismus und nicht etwa im Sozialismus durchgeführt worden sei. Letzterer folge nur dem Gesetz „nach dem die gesamte Wirtschaftsentwicklung der Neuzeit angetreten" sei. (VA, S. 76). Bereits Plato habe Privateigentum zugunsten des öffentlichen Bereichs abschaffen wollen, wobei man von einer „wirklichen Vernichtung des Privatlebens" sprechen könne (VA, S. 40). Er habe aber ohne einen „Widerspruch zu seinen utopischen Plänen zu sehen" verehrend vom griechischen Gott Zeus Herkeios, dem „Schützer der Grenzen" gesprochen und die Grenzpfähle zwischen den „Besitzungen" der Bürger als heilig angesehen (VA, S. 40). Enteignung, „die völlige Abschaffung des Privateigentums" würde vielleicht vermögen, „das Übel der Armut zu heilen", würde aber, laut Arendt „das größere Übel der Tyrannis heraufbeschwören", was selbst Proudhon gewusst habe (VA, S. 81). Arendt erläutert Zusammenhänge zwischen Besitz,

Eigentum und dem Akkumulationsprozess der Gesellschaft und grenzt sich explizit von den liberalen Nationalökonomen (vgl. VA, S. 433) ab. Ihre Argumentation zu diesem Thema bleibt unscharf, es scheint, als befinde sie sich an dieser Stelle im „fortwährenden Kampf mit Karl Marx", wie Benhabib es bezeichnet (Benhabib 1998, S. 209; vgl. hierzu auch Fetscher 1996). Doch gerade dieser „Kampf" verdeutlicht, wie wichtig ihr das „Eigentum" zum Schutz des Privaten war.

Dass also Eigentum örtlich gebunden, eine Wohnstätte und der Ort für das ist, was in der Helle der Öffentlichkeit nicht bestehen könnte sowie gleichzeitig die Voraussetzung für die Teilnahme am öffentlichen politischen Leben und somit für weitere Entscheidungsmöglichkeiten über das eigene Leben, zeigt deutlich, dass die proprietäre mit weiteren in der Forschung diskutierten Dimensionen eng verknüpft ist. Insbesondere mit derjenigen, auf die es Arendt laut eigener Angaben eigentlich ankam: der lokalen Privatheit.

3.2 Lokale Privatheit

Die lokale Dimension scheint auf den ersten Blick die unstrittigste innerhalb der Privatheitsforschung zu sein. Laut Beate Rössler werde sie „sicherlich weithin als die klassische und traditionelle begriffen" (Rössler 2001, S. 255). Allerdings gäbe es ebenso für die dezisionale sowie für die informationelle Privatheit eine eigene Theorietradition, die „jeweils genau diese eine Dimension für die eigentliche" hielte (Rössler 2001, S. 202). Lokale Privatheit beschreibt den Umstand, dass es Räume und Bereich gibt, in Bezug auf die ein Individuum das Recht hat zu bestimmen, wer sie wann, wo, wie lange und wie betritt oder eben auch nicht betritt. Beate Rössler verweist darauf, dass neben dem rein Räumlichen in modernen Gesellschaften eine „Lebensform" gemeint sei, die durch die Existenz privater Räume konstituiert würde (vgl. Rössler 2001, S. 255). Außerdem würden Räume nicht nur dadurch privat, dass jemand die Kontrolle darüber hätte, wer sie betreten dürfe, sondern auch durch die „Inszenierung des Interieurs", durch die eine „private Bedeutung konstituiert" würde (Rössler 2001, S. 257). Diese Inszenierung des Interieurs hat auch eine informationelle Komponente, denn eine Person richtet sich u. U. nicht nur ein, damit es ihr selbst gefällt, sondern auch, um den Menschen, die sie in ihre Wohnung einlädt, eine Inszenierung ihrer selbst zu vermitteln. Die Einrichtung kann etwas über einen Menschen aussagen.[5]

Dass Arendt von einem lokalen Begriff des Privaten ausgeht, wird wiederholt durch die Verwendung von räumlichen Metaphern und Begriffen deutlich (vgl. Kapitel 2.2). Außerdem betonte sie dies explizit 1975 in einem Vortrag[6] selbst: „It should be clear that my distinction between private and public depends on the locality where a person moves" (PRPI, S. 104). Um dies zu erläutern, nennt Arendt zwei Berufe bzw. Aufgaben: Arzt und Jurymitglied. Der erstere hätte im Krankenhaus andere Rechte, Verpflichtungen, Freiheiten und Zwänge, als beispielsweise bei einem abendlichen sozialen Zusammensein. Arendt bezieht an dieser Stelle den Beruf nur auf den Ort, an dem sich der Arzt befindet, führt jedoch selbst die zeitliche Dimension ein (vgl. Kapitel 3.5), indem sie von einer *abendlichen* Veranstaltung spricht, also einem Termin nach Dienstschluss. Außerdem ist ein Arzt, selbst wenn er in einem Krankenhaus beschäftigt ist, auch außerhalb dieser Örtlichkeit verpflichtet, erste Hilfe zu leisten oder auch sich an die ärztliche

---

5 | Vgl. auch den von Walter Benjamin ausführlich beschriebenen Begriff des „Etuis", das dem sog. Etui-Menschen im 19. Jahrhundert eine Hülle für sein Leben bot, in der er sich in seiner Wohnung einrichten konnte. Das Interieur sei „nicht nur das Universum, sondern auch das Etui des Privatmanns." Die „Spuren der Wohnenden" würden sich im Interieur „abdrücken" (Benjamin 1991, S. 53, vgl. auch S. 291f.). Der „Etui-Mensch" suche „seine Bequemlichkeit, und das Gehäuse ist ihr Inbegriff. Das Innere des Gehäuses ist die mit Samt ausgeschlagene Spur, die er in die Welt gedrückt hat." (Benjamin 1961, S. 311).

6 | Es handelte sich um eine Antwort auf den Vortrag „Private Rights and the Public Good" von Charles Frankel (vgl. Frankel 1977, S. 103).

Schweigepflicht zu halten, die der informationellen Dimension zuzuordnen wäre (vgl. Kapitel 3.3). Arendt bedenkt nicht, dass es hier eher um eine soziale Rolle geht, und ein Beruf ihrer eigenen Unterscheidung zufolge vielmehr eine gesellschaftliche Angelegenheit sein müsste, als eine öffentliche (vgl. z.B. Arendt 2003b, S. 205, vgl. Kapitel 2.2.4). Die Rollentheorie eignet sich m. E. dazu, einige Schwierigkeiten nicht nur des Arendt'schen Privatheitsbegriffs anzugehen.[7] Formuliert wurde sie etwa zeitgleich mit *Vita activa*, Arendt berücksichtigte sie aber vermutlich – trotz des Titels „Action" – nicht. Nicht nur, aufgrund ihrer „Unkenntnis der wichtigen Literatur" (IwV, S. 112), was Teil ihres Vorgehens ist, sondern vermutlich auch deshalb nicht, weil es sich ihrer Meinung nach um Verhaltenswissenschaften handelte, die sie kritisierte (VA, 55ff.). In der Preisrede zum Erhalt des Sonning-Preises bezieht Arendt sich jedoch auf einen Rollenbegriff zur Definition des Wortes „Person" über seine Etymologie der „Maske" (Arendt 2003b, *Prologue*, im Folgenden zit. als ‚RJ‘, S. 13f.).

Ihr zweites Beispiel, das eines Jurymitglieds in einem US-amerikanischen Gericht, ist an den Ort, in dem Fall den Gerichtssaal, gebunden, allerdings muss das Mitglied nicht zu irgendeinem Zeitpunkt im Gerichtssaal sein, sondern im Moment der Verhandlung. Arendt selbst erwähnt hier auch die zeitliche Komponente (vgl. Kapitel 3.5), indem sie schreibt, dass eine Person, die einmal zu einem Jurymitglied gemacht wurde, *plötzlich* unparteiisch und neutral sein müsse. Wir nähmen dabei an, dass jedes Individuum zu dieser unparteiischen Haltung fähig wäre, unabhängig von seinem Hintergrund, seiner Bildung und seinen privaten Interessen (vgl. PRPI, 104f.). Sie beschreibt außerdem selber, dass die Geschworenen, um Mitglieder der Jury sein zu können, durch ihre Aufgabe *und* den Ort „gleichgemacht" (equalized) würden. Durch

---

7 | Vgl. auch Rössler und Mokrosinska, die auf die Rollentheorie von Parsons et al. in Bezug auf den sozialen Wert des Privaten zurückgreifen (Rössler und Mokrosinska 2013).

die Vereinheitlichung könnten sie sich auf die Sache, als etwas das außerhalb ihrer selbst und nicht subjektiv sei, konzentrieren (vgl. PRPI, S. 105).[8] Die von Arendt angeführten Beispiele zeigen, dass sich die lokale Dimension von der proprietären u.a. dadurch unterscheidet, dass es sich eben nicht nur um die eigene Wohnstätte handelt, sondern Menschen ihre Privatheit auch gleichsam mitnehmen können, wie etwa der Arzt zu besagter Abendveranstaltung.

Der Grund dafür, wo menschliche Tätigkeiten in den „verschiedenen Bereichen weltlich-menschlichen Lebens" (VA, S. 96) lokalisiert seien, läge im Wesen der Sachen selbst. Arendt führt hierzu das Beispiel der „tätigen Güte" an, das dabei, ebenso wie Weisheit, belegen soll, dass nicht nur „das Notwendige, das Flüchtige, das Schamvolle im Bereich des Privaten zu Hause" (VA, S. 89) seien. Hier ist von Bedeutung, dass Arendt ausführt, dass „der Sinn des menschlichen Tätigseins von dem Ort" abhänge, an dem es sich vollziehe (VA, S. 96). Es zeige sich, dass

> die uns historisch überlieferten Übereinkommen politischer Gemeinschaften über den Ort bestimmter Tätigkeiten und darüber, welche es verdienen, öffent-

---

8 | Arendt kritisiert mehrfach, dass es ‚Objektivität' insofern nicht gäbe, als dass immer Menschen beteiligt seien, so etwa in Bezug auf Naturwissenschaften. Auch die Resultate der Naturwissenschaften blieben – wie die Geschichts- und Geisteswissenschaften – an den „subjektiven Faktor" gebunden (vgl. u. a. Arendt 1994b; VA). Diese Ablehnung von etwas objektiv Gültigem und die Befürchtung, es könnte in die Politik übertragen werden, hängt erneut mit ihrer Kritik am Totalitarismus zusammen. Dort wurden scheinbar objektive Wahrheiten zur Begründung der Regime und ihrer Taten verwendet, siehe hierzu auch die Feststellung „objektiver Gegner" in totalitären Systemen (vgl. Kapitel 4.3.2 und 3.3.1). Es gibt jedoch Objektivität im Sinne von Gegenständlichkeit zwischen den Menschen (VA, S. 224f.). In der Laudatio auf Karl Jaspers stellt Arendt klar, dass im Bereich des Politischen „das Persönliche ganz und gar keine Privatsache sei" (LKJ, S. 91). Zur Objektivierung von Menschen vgl. Kapitel 4.2.1.

lich zur Schau gestellt zu werden, und welche der Verborgenheit in einem privaten Bereich bedürfen, weder willkürlich noch lediglich historischen Umständen geschuldet sind, sondern in der Natur der Sachen selbst

lägen (VA, S. 96). Abseits der wortspiel-ähnlichen Konstruktion, dass neben Menschen auch Tätigkeiten – hier die „Tätigkeit der guten Werke" – und substantivierte Eigenschaften im Privaten „zu Hause" sein können, wirkt Arendts Formulierung, dass es Dinge gäbe, „die ein Recht auf Verborgenheit" (VA, S. 90) hätten, während andere nur gedeihen könnten, wenn sie öffentlich gezeigt werden und von anderen betrachtet werden können, irritierend, da Dinge kein Recht auf etwas haben können. Rechte können grundsätzlich nur natürlichen oder juristischen Personen zukommen. Ein Blick in *The Human Condition* verdeutlicht jedoch, dass Arendt meint, dass bestimmte Dinge verborgen werden müssten (vgl. „need to be hidden"), während andere öffentlich gezeigt werden müssten (vgl. „need to be displayed publicly"), um überhaupt existieren zu können (THC, S. 73). Gleichzeitig wird Arendt rhetorisch an dieser Stelle allerdings ungewöhnlich deutlich, wenn sie feststellt, dass die „elementarste Bedeutung" (VA, S. 89f.) der Bereiche ‚öffentlich' und ‚privat' wäre, dass manche Dinge besagte Rechte hätten. Diesen o. g. Phänomenen oder zumindest den von Arendt in *Vita activa* untersuchten Tätigkeiten wohne etwas inne, unabhängig davon „an welcher Stelle wir sie jeweils in einer gegebenen Zivilisation antreffen mögen", das darauf hinweise, dass jede menschliche Betätigung „nicht gleichsam in der Luft" schwebe, sondern einen „ihr zugehörigen Ort in der Welt" habe (VA, S. 90).[9] Zu den Dingen, die nur in der Öffentlichkeit gedeihen können, zählen laut Arendt z.B. Ehre und Unsterblichkeit, da diese nur mit einem Publikum denkbar sind, das die zugrundeliegenden Leistungen wahrnimmt.[10] Auffällig ist an

9 | Vgl. zu Arendts Sozialontologie Kapitel 2.

10 | Vgl. hierzu auch Arendts Ansicht, dass uns nur durch das Gesehen- und Gehörtwerden „Wirklichkeit" zukäme (VA, 73, vgl. auch oben Kapitel 2.2.3)

dieser Stelle die Verwendung des Bildes des biologischen „Gedeihens“ im Vergleich zur Natalität des Menschen, das sich für Arendt auf den Kreislauf der Natur gegenüber der Linearität eines Menschenlebens bezieht.

Die von ihr an dieser Stelle gewählten Beispiele, um den Ort der Tätigkeiten in der Welt zu beschreiben, sind bemerkenswert, da es sich eigentlich nicht um Tätigkeiten handelt, sondern um die menschliche Eigenschaft der Güte und die Tugend der Weisheit. Arendt gesteht allerdings selbst ein, dass das „Phänomen einer den Tätigkeiten inhärenten Lokalisiertheit“ (VA, S. 90) „merkwürdig“ sei, weshalb sie ein Beispiel wähle, das „nicht alltäglich“ sei und „sogar etwas Extremes an sich“ habe (vgl. VA, S. 90). Dieses Beispiel, das „eine erhebliche Rolle in der Geschichte politischen Denkens gespielt“ (VA, S. 90) habe, habe nicht sie aufgebracht, sondern Machiavelli. „Diese Sache mit der Güte“ habe etwas mit der „Unterscheidung zwischen dem Öffentlichen und dem Privaten zu tun“ (IwV, S. 84). Was konkret, erläutert Arendt nicht. Sie differenziert jedoch an dieser Stelle zwischen dem Interesse, das ein Mensch an der Welt hat, und demjenigen, das er nur an sich hat (vgl. IwV, S. 85). In den „modernen Republiken“ sei, so Arendt, „die Religion zur Privatangelegenheit geworden“. Sie verweist auf Macchiavelli, der die Auffassung vertreten habe, dass sie dies auch sein sollte. Menschen, die glaubten, dass „die Welt sterblich sei und sie selbst unsterblich“, sorgten sich nicht genügend um die Welt sowie um deren Stabilität und Ordnung, und sollten deshalb nicht in die Politik gelassen werden (IwV, S. 85). In den Fragmenten zu einer geplanten, aber erst posthum in Fragmenten publizierten Einführung in die Politik (WiP) formuliert sie diese Abgrenzung folgendermaßen: „[...] im Mittelpunkt der Politik steht immer die Sorge um die Welt und nicht um die Menschen“, in der „Krise der modernen Welt“ werde hingegen

sowie ihren Begriff von Narrativität, dass (Lebens-)Geschichten erzählt und verdinglicht werden müssen (VA, S. 222ff.).

angenommen, dass der Mensch und nicht die Welt „aus den Fugen geraten" sei (WiP, 23f.).[11] Auch in ihren veröffentlichten Schriften betont sie, dass, wer „nicht an der allen gemeinsamen Welt, sondern nur an seinem Privatleben interessiert" sei, sich nicht zur Politik eigne (vgl. z.B. Arendt 1958c, *Die Ungarische Revolution und der totalitäre Imperialismus*, im Folgenden zit. als ‚UR', S. 45; vgl. auch ÜR, S. 355).

Diese gemeinsame Welt ist neben der dinglichen Welt (vgl. Kapitel 3.2.1), das, was „zwischen" den Menschen stattfindet. Arendt konkretisiert, dass „überall", wo Menschen zusammenkämen, „sei es privat oder gesellschaftlich oder öffentlich-politisch", ein Raum entstünde, der die Menschen in sich versammle und zugleich voneinander trenne. Dabei habe

> [. . .] [j]eder dieser Räume [. . .] seine eigene Strukturiertheit, die sich im Wandel der Zeiten wandelt und sich im Privaten in Bräuchen, im Gesellschaftlichen in den Konventionen und im Öffentlichen in Gesetzen, Verfassungen, Statuten und dergleichen kundgibt. Wo immer Menschen zusammenkommen, schiebt sich die Welt zwischen sie, und es ist in diesem Zwischen-Raum, daß alle menschlichen Angelegenheiten sich abspielen. (WiP, S. 25)

Arendt ist also der Ansicht, dass sich die Struktur des Privaten ändere, was sich in Bräuchen zeige. Obwohl sie betont, dass in unterschiedlichen „Zivilisationen" Tätigkeiten an unterschiedlichen Orten ausgeführt werden könnten und historisch auch wurden, suggeriert sie auch mit diesem Beispiel, dass den Tätigkeiten inhärent wäre, wo sie stattfinden sollten (vgl. oben). Diese These führte u. a. dazu, Arendts Privatheitsbegriff als einen „natürlichen" oder, genauer gesagt, „quasinatürlichen" (vgl. Kapitel 2.1.3) zu kategorisieren, da Arendt betont, dass die Dinge und Tätigkeiten die Gründe beinhalteten, aufgrund derer sie im Privaten, im Verborgenen geschähen oder vollzogen würden. Auch wenn Arendt eine gewisse historische Varianz einräumt, was sie

---

11 | Vgl. auch Arendts These, wir würden immer bereits für eine aus den Fugen geratene oder geratende Welt erziehen (KdE, 273, vgl. auch Kapitel 4).

schon allein deshalb muss, da sie ja verschiedene historische Momente ausmacht, in denen das Private zerstört wurde oder nicht vorhanden war, steht diese Auffassung im Kontrast zu normativen Privatheitstheorien (vgl. Kapitel 2.1.3). Seyla Benhabib begreift den Umstand, dass Arendt meint, dass jedem „Typ menschlicher Aktivität ein gebührender ‚Platz'" zukomme, als Teil der „philosophischen Methodologie" Arendts, und bezeichnet dies als „phänomenologischen Essentialismus". Sie verweist sowohl auf die damit einhergehenden Probleme, die Arendts Kritikerinnen und Kritiker aufgegriffen hätten, als auch auf den Vorteil „soziale und politische Phänomene in einem ganz anderen Licht zu zeigen" (Benhabib 1998, 199f.).

Ein konkretes Beispiel lokaler Privatheit benennt Arendt, in ihrer Aussage, dass eine Geschichte nicht vom Helden in ihr erzählt werden könne. Der oder die Handelnde beginnt die Geschichte aufgrund von Mut, dessen es bereits bedürfe, um „die Schwelle seines Hauses, den Privatbereich der Verborgenheit, zu überschreiten, um zu zeigen, wer er eigentlich ist, sich also selbst zu exponieren" (VA, S. 232). Handeln und Sprechen und für die Griechen damit Freiheit, seien, so Arendt, ohne diesen anfänglichen Mut nicht möglich (VA, S. 232). Dieses Initiative-Ergreifen nennt Arendt, wie in Kapitel 2.2.4 dargelegt, die „zweite Geburt" (VA, 215f.) des Menschen.

3.2.1 Zuhause

Für den Begriff des Zuhauses ist das Herstellen, die zweite Tätigkeit, die Arendt neben dem Arbeiten und dem Handeln in *Vita activa* untersucht, relevant. Das Herstellen hat zum Zweck, dass Menschen etwas Dauerhaftes in der Welt schaffen, mit dem sie der Vergänglichkeit des biologischen Lebens etwas Bleibendes entgegensetzen:

> Das Herstellen produziert eine künstliche Welt von Dingen [...]. In dieser Dingwelt ist menschliches Leben zu Hause, das von Natur in der Natur heimatlos ist; und die Welt bietet Menschen eine Heimat in dem Maße,

in dem sie menschliches Leben überdauert, ihm widersteht und als objektiv-gegenständlich gegenübertritt. (VA, S. 16)

Herstellen bietet also die Möglichkeit, sich als Mensch(en) in der Welt und der vergänglichen Natur einzurichten. Im Gegensatz zum Arbeiten, dessen Produkte laut Arendt sofort wieder im Rahmen des Konsumptionsprozesses verzehrt und verbraucht würden und zum menschlichen Handeln, dessen einzige Ergebnisse erzählbare Geschichten seien, schafft es Bleibendes, das unter Umständen sogar länger Bestand hat als der Mensch oder zumindest als einzelne Menschenleben. Es habe einen klar definierten Anfang und ein klar definiertes Ende und kann in Zweck-Mittel-Kategorien begriffen werden. Arendt spricht von einer „menschlichen Heimat", in einer durch Zivilisation geschaffenen Welt (EUtH, S. 622). Dieses Zuhause umfasst mehr als ein Heim. Derart versteht auch Seyla Benhabib Arendts Begriff des Privaten, den sie erweitert, und erläutert, dass Arendt ihrer Meinung nach ein „Zuhause" (Benhabib 1998, S. 331) beschreibe.[12]

Das beschriebene Heimatgefühl drückt Arendt auch explizit in ihrer Definition von „Verstehen" in Abgrenzung „zur fehlerfreien Information und dem wissenschaftlichen Wissen" aus, es sei „ein komplizierter Prozeß, der niemals zu eindeutigen Ergebnissen" führe[13], eine

---

12 | Im englischen Original „home" (Benhabib 2003, S. 213). Gegenüber der Kritik anderer feministischer Theoretikerinnen und Theoretiker verteidigt sie Arendt und stellt fest, dass die feministische Theorie in eine neue Phase des Nachdenkens, nicht nur über die Interpretation Arendts, sondern auch über die Dichotomie öffentlich/privat eingetreten sei (Benhabib 1998, S. 331), in der sich eine „neuerliche Bejahung der Privatsphäre" andeute. Arendts politisches Denken sei hierfür ein „unentbehrlicher Leitfaden" (Benhabib 1998, 331, vgl. auch Kapitel 1 und 2.1.4).

13 | Sie selber verstand sich also offensichtlich nicht als Wissenschaftlerin, eventuell auch vor dem Hintergrund der englischen Unterscheidung zwischen

nicht endende Tätigkeit, durch die wir Wirklichkeit, in ständigem Abwandeln und Verändern, begreifen, und uns mit ihr versöhnen, das heißt durch die wir versuchen, in der Welt zu Hause zu sein. (Arendt 1994c, S. 110)

Arendt sagte auch von sich selbst, sie erhielte beispielsweise ein Heimatgefühl aus dem Umstand, zu verstehen, bzw. dann, wenn andere verstehen würden (IwV, 48f.). Das Schreiben sei „Teil in dem Verstehensprozeß" (IwV, S. 48). Sie hätte vermutlich nie etwas niedergeschrieben, wenn sie „ein sehr gutes Gedächtnis" hätte und man alles behielte, „was man denkt" (IwV, S. 48). Bemerkenswert ist, dass sie mit dieser Haltung im Prinzip eine Tradition weiterführt, die sie in *Vita activa* kritisiert: dass der ‚Vita contemplativa' Vorrang vor der ‚Vita activa' gegeben worden sei. Sie betont allerdings, dass ihrer Meinung nach die Tätigkeiten der einen den Tätigkeiten der anderen weder unter- noch überlegen seien (VA, S. 27) und eine Person sich notwendigerweise „in dem Maße, in dem sie zu denken wünsch[t]e" aus der Welt zurückziehen müsse (IwV, S. 76). Außerdem müsse die Verdinglichung des Gedachten durch Herstellen erfolgen, um es festhalten zu können. Hiermit wird etwas Bleibendes im flüchtigen Lebensprozess geschaffen. Obwohl sie abstreitet, dass sie wirken wolle, hat sie durch das Niederschreiben eben doch eine gewisse Wirkung auf die Nachwelt garantiert.[14] Sie übernimmt also ihren persönlichen Eindruck, ihr persönliches „Gefühl" in ihre Theorie (vgl. auch Kapitel 3.4.1), und formuliert sie zu einer allgemeinen Definition um. Sie betont dabei, dass „ohne persönliche Erfahrung" kein Denkvorgang möglich sei. „Alles Denken" sei „Nachdenken, der Sache Nachdenken" (IwV, S. 69).

Arendt stellt außerdem die Bedeutung der Erstsprache für ihr Heimatgefühl heraus. Diese sei das einzige, was geblieben sei. Nach dem „Europa der Vorhitlerzeit" habe sie ansonsten keine Sehnsucht (IwV,

---

Naturwissenschaften (sciences) und Geistes- bzw. Kulturwissenschaften (humanities).

14 | (Zum Wirken-Wollen vgl. auch z.B. IwV, S. 112).

S. 60; vgl. auch RJ).[15] In einer fremden Sprache schreiben zu müssen sei „*das* Problem der Emigration" (Arendt und Jaspers 1985, *Briefwechsel 1926–1969*, im Folgenden zit. als ‚AJ', S. 59). In der Muttersprache wieder veröffentlichen zu können, sei die „einzige Heimkehr aus dem Exil, die man nie ganz aus den Träumen verbannen" könne, auch wenn diese „Verführung, seine eigene Sprache wieder schreiben zu dürfen" nicht zähle, „[a]ngesichts dessen, was geschehen" sei. Arendt stellt dies in den größeren Zusammenhang, dass es 1947 „einem Juden nicht leicht [falle], in Deutschland zu veröffentlichen, und sei er ein Jude deutscher Sprache". Allerdings seien Juden zu diesem Zeitpunkt „nicht oder nicht mehr Exilanten" und hätten kein Recht zu solchen Träumen (Arendt 1976b, S. 7).

Beim Versuch, *Die verborgene Tradition* jüdischen Denkens und jüdischer Dichtung aufzuspüren, formuliert Arendt in Bezug auf Kafkas Roman „Das Schloss" (Kafka 2000) gleichsam als Definition eines Menschenrechts: „jener Jude [...], der wirklich nichts will als sein Menschenrecht: Heim, Arbeit, Familie, Mitbürgerschaft" (Arendt 1976b, *Die verborgene Tradition. Acht Essays*, im Folgenden zit. als ‚VT', S. 66). Bemerkenswerterweise nennt Arendt das Heim an erster Stelle, was allerdings auch stilistische Gründe haben könnte, verstehen wir es hier allerdings als Klimax, dann wäre das basalste das Heim, ei-

---

15 | Arendt betont die Rolle der „Muttersprache" jedoch bezeichnenderweise unter Rückgriff auf eine englische Redewendung. Sie beschreibt, dass sie im Deutschen Gedichte im Hinterkopf hätte, verwendet jedoch „in the back of my mind" während der deutschsprachigen Unterhaltung (IwV, S. 60). Von außen betrachtet wechselt Arendt, zumindest bei einzelnen Wörtern, also zwischen den Sprachen, empfindet allerdings das wissenschaftliche Schreiben und Reden und Unterrichten in einer anderen Sprache offensichtlich als hinderlich und defizitär, die „Produktivität" sei in einer „fremden" Sprache nicht dieselbe (IwV, S. 61). Es dauere Jahre, bis man in einer fremden Sprache wieder seiner selbst Herr sei, schreibt sie etwa 1950 an ihren Mann (vgl. Arendt und Blücher 1996, *Briefe 1936–1968*, im Folgenden zit. als ‚ABlü', S. 222).

gentlich gekoppelt mit Familie, die steht jedoch hier nach der Arbeit, die, Arendt zufolge, Teil des lebenserhaltenden Prozesses und ein privates Phänomen und somit ein soziales, kein politisches Problem sei. Die Reihenfolge in Bezug auf dieses Menschenrecht ist also, wenn wir es mithilfe von Arendts später als diese erschienenen Schriften, insbesondere *Vita activa* aufschlüsseln, 1. privat, 2. gesellschaftlich/sozial, 3. privat/intim, 4. politisch/öffentlich.[16]

Ähnlich führt sie auch aus, was die „summarische, vorläufige Vorbereitung" des Genozids im Nationalsozialismus ausmachte, wobei der „entscheidende Schritt" auf dem Weg zur totalen Herrschaft die Tötung der juristischen Person gewesen sei (vgl. Kapitel 3.3.1 und 4.2.1): „Der Verlust des Arbeitsplatzes und des damit angestammten Platzes in der Gesellschaft, [...] oder der bei den Staatenlosen eingetretene Verlust von Paß, Heimat, gesichertem Aufenthalt und Recht auf Erwerb" (EUtH, S. 921). Arendt unterscheidet zwischen politischen, gesellschaftlichen und privaten Rechten und damit zwischen der Dringlichkeit, mit der diese umgesetzt werden müssten sowie der Befugnis des Staates, ihre Umsetzung durchzusetzen. Die einzigen *politischen* Rechte seien das aktive und passive Wahlrecht (Arendt 2003b, S. 205).

Die von Arendt befürwortete Art mit dem Jüdisch-Sein umzugehen ist, in ihrer Beschreibung der „Vier Arten" von Parias, diejenige des

---

16 | Vgl. hierzu auch Tobias Matzners Auseinandersetzung mit Lisa Disch (Matzner 2013). Matzner stellt fest, dass es sich sehr wohl um ein politisches Problem handelt, weil es nicht das „Elementarste" sei, das „alle Menschen teilen", sondern es hinge vom Schloss und somit für die Dorfbewohner von der gleichen Willkür ab, der auch K. in Franz Kafkas Roman, den Arendt thematisiert, unterworfen bleibt (Matzner 2013, S. 190). Matzner kritisiert im Prinzip wie Arendt selbst die angebliche Universalität von Menschenrechten. Menschen seien eben nicht von Geburt an gleich, sondern würden durch Politik gleichgemacht. Dadurch würden eben auch durch Politik manche Menschen *nicht* gleichgemacht und somit ausgeschlossen, vgl. zu Arendts Forderung nach einem Recht auf Rechte auch Kapitel 4.3.1.

„bewussten Parias". Im 20. Jahrhundert sei jedoch keine Paria-Existenz mehr möglich, ebenso wenig wie ein Leben als Parvenu. Das individuelle Problem sei zu einem politischen Problem geworden (AM, S. 28; VT, S. 72f. vgl. auch Mönig 2015b, S. 83).

Dass die Paria-Existenz nicht mehr möglich ist, hat Arendt am eigenen Leib erfahren. Als Flüchtling und Staatenlose war es nicht mehr möglich sich – sei es durch Assimilation oder Außenseitertum – in einer Welt einzurichten, in der kein Platz mehr für sie war.

3.2.2 Exil

Wie oben beschrieben hält Arendt die theoretische Unterscheidung zwischen Besitz sowie Reichtum und Eigentum für relevant für die Definition von Privatheit. Als Exilantin, als „Bohemien", wie sie sich selbst bezeichnet, schreibt sie jedoch im August 1945, sei sie in „keinem Besitz" und nicht in „keinem Eigentum" verwurzelt (Arendt und Blumenfeld 1995, *... in keinem Besitz verwurzelt. Die Korrespondenz*, im Folgenden zit. als ‚ABlum', S. 23). Im Essay „Wir Flüchtlinge" (Arendt 1986b, *Wir Flüchtlinge*, im Folgenden zit. als ‚WF') bringt sie anhand einer Beschreibung dessen, was die Flüchtlinge verloren haben 1943 auf den Punkt, was die „private Welt" bedeute:

> Wir haben unser Zuhause und damit die Vertrautheit des Alltags verloren. Wir haben unseren Beruf verloren und damit das Vertrauen eingebüßt, in dieser Welt irgendwie von Nutzen zu sein. Wir haben unsere Sprache verloren und mit ihr die Natürlichkeit unserer Reaktionen, die Einfachheit unserer Gebärden und den ungezwungenen Ausdruck unserer Gefühle. Wir haben unsere Verwandten in den polnischen Ghettos zurückgelassen, unsere besten Freunde sind in den Konzentrationslagern umgebracht worden, und das bedeutet den Zusammenbruch unserer privaten Welt. (WF, 7f.)[17]

---

17 | Zum Aspekt, inwiefern Freundinnen und Freunde sowie Verwandte das Private ausmachen, vgl. Kapitel 3.4.2.

Arendt betont, dass die Flüchtlinge eigentlich gar nicht als solche erkannt werden wollten und um keinen Preis abhängig von denen sein wollten, die sie retteten. Dies hinge auch damit zusammen, dass sie nicht von der „jüdischen Solidarität" profitieren wollten, sondern wie „Verrückte [...] um eine private Existenz mit individuellem Geschick" (WF, S. 13) kämpften, um nicht zu den „Schnorrern" zu gehören. Zu dieser Zeit, während das Exil noch andauerte, schreibt sie, dass die Flüchtlinge die Sprache „verloren" hätten. Ihrer späteren Einschätzung zufolge ist Sprache allerdings gerade das, was bleibt (vgl. Kapitel 3.2.1).

Staatenlose sind laut Arendt heimatlos (AM, S. 25), sie sind rechtlos. Nicht nur ihre Möglichkeit, öffentlich zu erscheinen und am politischen Leben teilzunehmen, wurde ihnen genommen, sondern auch ihr Privatleben wurde vernichtet. Gleichzeitig ist allerdings ihr eigenes, ihr persönliches Problem zu einem politischen Problem geworden. Der Rechtlose ist gleichzeitig „nichts als ein Mensch", jedoch

> ist er doch dies gerade nicht durch die gegenseitig sich garantierende Gleichheit der Rechte, sondern in seiner absolut einzigartigen, unveränderlichen und stummen Individualität, der der Weg in die gemeinsame und darum verständliche Welt dadurch abgeschnitten ist, daß man ihn aller Mittel beraubt hat, seine Individualität ist [sic!] das Gemeinsame zu übersetzen und in ihm auszudrücken. Er ist gleichzeitig der Mensch und das Individuum überhaupt, das allerallgemeinste und das allerspeziellste, das beides gleichermaßen abstrakt ist, weil es gleichermaßen weltlos bleibt. (EUtH, S. 624)

An dieser Stelle wird erneut deutlich, wie eng Arendts Privatheitsbegriff mit ihrer Kritik an den totalitären Systemen des 20. Jahrhunderts verknüpft ist und umgekehrt. Die Staatenlosen und Rechtlosen, die als eine „neue Kategorie" von Menschen in diesem Jahrhundert hervorgebracht worden seien, werden über das Private definiert, ihnen kommen keine Menschenrechte zu, wobei Arendt einen Großteil dieser am Privaten festmacht (vgl. auch Kapitel 3.2.1). Das „abstrakte Menschenwesen" habe „keinen Beruf, keine Staatszugehörigkeit, keine Meinung und keine Leistung [...], durch die es sich spezifizieren könnte“ (EUtH, S. 623), es sei das Gegenbild zum Staatsbürger, dessen „Ungleichheit und Differenz“, also das, was ihn ausmache, und was in der Sphäre des Privaten geschützt und gehegt werde, ständig „innerhalb der politischen Sphäre von dem großen Gleichmacher aller Unterschiede, der Staatsbürgerschaft selbst, eingeebnet“ werde (EUtH, S. 623).[18]

Es ist nicht möglich, ein Leben nur in der Öffentlichkeit zu verbringen, allerdings kommt den Rechtlosen, ebenso wie den Sklaven, die zwar ein Leben nur im Privaten verbringen können, keine Realität zu, sie können ihre Rechte und Bedürfnisse nicht artikulieren, weil ihnen niemand zuhört, sie haben in der Welt keinen Platz, den sie ihr eigen nennen könnten. Laut Arendt seien sie in den Naturzustand zurückgeworfen, weil sie in der Welt keine Spuren hinterlassen konnten, sich nicht in ihr einrichten konnten, sie würden leben und sterben, ohne „eine gemeinsame Welt errichtet zu haben“ (EUtH, S. 621). Die Rechtlosen hätten die „Bezüge zu der von Menschen errichteten Welt und zu all jenen Bezirken menschlichen Lebens, die das Ergebnis gemeinsamer Arbeit“ seien, verloren (vgl. EUtH, S. 621).[19] In Kapitel 4 werde ich darauf eingehen, was es heißt, wenn Menschen vergessen werden, keine Spuren mehr hinterlassen können. Diese Spuren führen uns je-

---

18 | Aus der Analyse der Situation der Staatenlosen entwickelte Arendt ihre Forderung nach einem Recht, Rechte zu haben, vgl. Kapitel 4.3.1. Das o.g. Zitat aus ihrer 1951 erschienen Totalitarismusanalyse *Elemente und Ursprünge totaler Herrschaft* liest sich bereits wie eine Synthese der Arendt'schen Theorie von Einzigartigkeit und Pluralität, die sie 1958 in *Vita activa* ausarbeiten wird.

19 | Arendt scheint die Differenzierung zwischen „Arbeit“ und „Herstellen“, die sie in *Vita activa* vorgenommen hat (vgl. Kapitel 2.2.4), zu diesem Zeitpunkt noch nicht ausgearbeitet zu haben, da sie dort betont, dass die Objekte der von Menschen gemachten Welt durch Herstellen produziert würden (vgl. Kapitel 3.2.1), während für das Arbeiten charakteristisch sei, dass es kein Ergebnis habe, das nicht direkt wieder vom Lebensprozess aufgezehrt werde.

doch zunächst zu einer weiteren Dimension des Privaten, da wir heute durch die Nutzung des Internets und verschiedener technischer Geräte Daten-„spuren" in einem nie dagewesenen Ausmaß hinterlassen.

3.3 Informationelle Privatheit

Informationelle Privatheit kann definiert werden als Schutz derjenigen Informationen, die einen Menschen identifizieren oder identifizieren können (vgl. auch Kapitel 2.1.3). Beate Rössler formuliert, dass informationelle Privatheit gegeben sei, wenn „Personen den Anspruch haben, vor unerwünschtem Zugang im Sinne eines Eingriffs in persönliche Daten über sich geschützt zu werden, also vor dem Zugang zu Informationen über sie, die sie gerade nicht in den falschen Händen sehen wollen" (Rössler 2001, S. 25). Es handelt sich um Daten über eine Person, die diese entweder freiwillig angegeben hat, oder die über sie erhoben wurden (vgl. Kapitel 4.3.1). Die Datenerhebung beginnt zumeist kurz nach der Geburt qua Meldung in einem bestimmten Staat. In der Bundesrepublik Deutschland wurde u. a. 1983 durch das sog. Volkszählungsurteil des Bundesverfassungsgerichts bestätigt, dass diese Dimension des Privaten schützenswert ist, dass Bürgerinnen und Bürger ein Recht auf „informationelle Selbstbestimmung" haben (vgl. Kapitel 2.1.2 und 4). Begrifflich wird mit der Formulierung des „Rechts auf informationelle Selbst*bestimmung*" auf zwei der hier beschriebenen Dimensionen verwiesen, da bei Selbstbestimmung Entscheidungsfreiheit mitklingt, also die dezisionale Ebene. Das Gericht betont jedoch explizit die informationelle Dimension, die offensichtlich vor der Ableitung dieses neuen Rechts aus dem allgemeinen Persönlichkeitsrecht (Art. 2 Abs. 1 in Verbindung mit Art. 1 Abs. 1 GG) nicht gegeben war (Lewinski 2012, S. 29). Dieses Urteil und die Betonung des geschützten Lebensbereichs gegenüber Eingriffen durch den Staat, ist historisch vor dem Hintergrund der deutschen Totalitarismuserfahrung im Nationalsozialismus zu verstehen. Arendt selbst hat diese Dimension nicht explizit benannt, ihr Werk enthält allerdings Beispiele und Beschreibungen, die wir mithilfe dieses Begriffs aus der aktuellen Forschung hervorheben können. Auch wenn laut Arendt im Totalitarismus versucht wurde, das *gesamte* Privatleben der Menschen zu infiltrieren und damit gleichsam zu vernichten, thematisiere ich die totale Herrschaft hier (Kapitel 3.3.1) unter der informationellen Privatheitsdimension, da Datenerhebung ein zentraler Aspekt dieser Systeme ist, bzw. historisch zumindest des Nationalsozialismus' war, der mit heutigen Umständen verglichen werden kann (vgl. z.B. auch Kapitel 4.2.2 und 4.3.2). In Kapitel 3.3.2 gehe ich näher darauf ein, was das schützenswerte im Datenschutz ist, indem ich Hannah Arendts Unterscheidung zwischen dem Wer- und dem Was-einer-ist untersuche. In der heutigen Debatte ist die Begründung für den Schutz, dass die Autonomie und die Authentizität der Bürgerinnen und Bürger gefördert und erhalten werden muss.

3.3.1 Totale Herrschaft

Die totalen Herrschaftsapparate realisierten, so Arendt, eine „Identität von privatem und öffentlichem Interesse" (EUtH, S. 895). Den Nazis sei es sogar gelungen, das Privatleben abzuschaffen (EUtH, S. 895). Als eines der Merkmale totaler Herrschaft (EUtH)[20] stellte Arendt heraus, dass es sich um die „einzige Staatsform [handle], mit der es keine

20 | Hannah Arendts Totalitarismusanalyse (EUtH) bescherte ihr erste internationale Wahrnehmung. Im dreiteiligen, zuerst 1951 unter dem Titel *The Origins of Totalitarianism* (OT) erschienenen Werk stellte sie sich explizit die Frage, wie es zu den totalitären Herrschaftsformen im 20. Jahrhundert kommen konnte. Sie wollte dediziert nach den Ursachen für die Entstehung dieser Herrschaftsform fragen. Der erste Teil trägt den Titel „Antisemitismus", gefolgt von „Imperialismus", bevor sie im letzten, kürzesten Teil „Totale Herrschaft" analysiert. Karl Jaspers schlägt im „Geleitwort" vor, den dritten Teil zuerst zu lesen, da die Genese besser verstanden würde, wenn das Ergebnis bereits bekannt sei (Jaspers 2006, S. 11).

Koexistenz geben" könne (EUtH, S. 636). In ihr sei „angeblich das Gesamtleben der Menschen [. . .] total politisiert worden" (WiP, S. 29).[21] Ein Element der Entstehung der totalitären Herschaftsstrukturen sei der Versuch der Regime gewesen, das *gesamte* Leben der Menschen zu beherrschen. Dies sei ein zentraler Unterschied zwischen totaler Herrschaft und „bloßer" Tyrannei. Die Tyrannis begnüge sich damit, „die politische Sphäre der Menschen zu zerstören, also Handeln zu verwehren und Ohnmacht zu erzeugen." (EUtH, 974f., vgl. auch 694f.). Totalitäre Herrschaft hingegen würde „wahrhaft total", wenn „sie das privatgesellschaftliche Leben der ihr Unterworfenen in das eiserne Band des Terrors" spanne (EUtH, 974f.).

Arendt verwendet an dieser Stelle den Begriff privat-gesellschaftlich. In ihrer historischen Analyse der „Geburt der Gesellschaft" trennt sie jedoch im sieben Jahre später erschienenen Buch *Vita activa* beide Begriffe definitorisch, da die Gesellschaft erst entstanden sei, als vormals private Dinge an die Öffentlichkeit gelangten (VA, S. 57).[22] Der Gebrauch dieser Formulierung unterstreicht ihre Diagnose, dass wirklich alle Lebensbereiche durch die Ideologie vereinnahmt wurden. „Totale Beherrschung" könne „freie Initiative in *keinem* Lebensbereich erlauben", weil sie kein „Handeln zulassen [dürfe], das nicht absolut

21 | Arendts Gebrauch des Wortes „angeblich" in Bezug auf die „totale Politisierung" lässt dabei darauf schließen, dass sie selbst auch der Meinung war, dass es nicht wirklich gelungen ist. Grund hierfür könnte die von ihr in Anlehnung an Kant (vgl. WiP, S. 49) und Rosa Luxemburg formulierte menschliche Spontaneität gewesen sein. Sie spricht allerdings in zu Lebzeiten unveröffentlichten Manuskripten auch von der „Erfahrung der totalen Politisierung" (vgl. WiP, S. 30), die die Frage nach dem Sinn von Politik, bzw. ob diese überhaupt noch einen Sinn habe, beeinflusse.

22 | Vgl. auch oben Kapitel 2.2. Bereits die Massengesellschaft, die eine Vorbedingung für das Entstehen totalitärer Systeme ist, zerstöre nicht nur das Öffentliche, sondern auch das Private (VA, S. 73f.).

voraussehbar" ist (EUtH, S. 724, Hervorhebung von mir, JMM).[23] Dabei habe sich nichts als „leichter zerstörbar" erwiesen als „die Privatmoral von Leuten, die einzig an die ununterbrochene Normalität" ihres privaten Lebens gedacht hätten, nichts habe „leichter gleichgeschaltet, öffentlich uniformiert" werden können als dieses Privatleben (EUtH, S. 723). Zu diesen Leuten zählte der „Spießer", der ein „atomisiertes Individuum" gewesen sei, der „Massenmensch" (EUtH, 722f.). Arendt zitiert den Nationalsozialisten Robert Ley nach Bramstedt (Bramstedt 1945, S. 178):[24] „Der einzige Mensch, der in Deutschland noch ein Privatleben hat, ist jemand der schläft." (EUtH, S. 723)

Im Original liest sich dies wie folgt:

> [...] Du [„Unternehmer"] kannst nicht sagen, das ist meine Privatsache, mein Werk ist meine Privatsache. Nein, in Deutschland gibt es keine Privatsache mehr! Wenn Du schläfst ist es deine Privatsache, sobald Du aber wach bist und mit einem anderen Menschen in Berührung kommst, musst Du eingedenk sein, dass Du ein Soldat Adolf Hitlers bist und nach seinem Reglement zu leben hast und zu exerzieren. Privatleute haben wir nicht mehr. Die Zeit, wo jeder tun und lassen konnte, was er wollte, ist vorbei. Wir pfeifen auf die liberalistische Auffassung, die kennen wir nicht mehr. Ein Soldat muß gehorchen. (Ley 1938, S. 71)

---

23 | Arendts Begründung klingt an dieser Stelle redundant. In Bezug auf weitere Ausführungen wird aber deutlich, dass im Rahmen des Versuchs Menschen absolut zu beherrschen, ihr Verhalten vorhersagbar sein muss, da spontane Handlungen nicht berechenbar sind und die Menschen sobald sie handeln würden, nicht mehr total beherrscht würden, vgl. zum Versuch, Handeln durch Herstellen und Sich-Verhalten zu ersetzen auch Kapitel 4.2.1.

24 | Ley war „Reichsorganisationsleiter" der NSDAP und Leiter der „Deutschen Arbeitsfront". Im Nürnberger Prozess als einer der Hauptkriegsverbrecher angeklagt, beging er 1945 Suizid. Das Zitat stammt aus einer Rede, die Ley im Juli 1937 vor dem Chemieunternehmen Leunawerke gehalten hat, bei der er die Anfänge der „Deutschen Arbeitsfront" erläuterte.

Das nationalsozialistische Bild des Bürgers als Soldaten verdeutlicht, dass die Bürgerinnen und Bürger keine Privatheit hatten, auch keine dezisionale Privatheit (vgl. Kapitel 3.4), insofern bestätigt dieses Zitat Arendts These, dass versucht wurde, alle Lebensbereiche zu infiltrieren.

Ein entscheidender Unterschied zwischen den beiden totalitären Systemen Bolschewismus und Nationalsozialismus bestand laut Arendt darin, dass im Nationalsozialismus alles akribisch dokumentiert wurde, während für die totalitäre Herrschaft in Russland zwar viele Informationen vorlägen, aber Opferzahlen und Bevölkerungsstatistiken nicht vorhanden seien und auch nie erhoben worden seien. Auch über die Organisationsstruktur des Regimes sei – auch in den 1960er Jahren – beispielsweise im Smolensker Archiv nichts zu erfahren (vgl. EUtH, S. 630ff., 643).[25] Obwohl es zunächst wie ein Widerspruch scheinen mag, sind also Intransparenz und Datenerhebung gleichzeitig Merkmale totaler Herrschaft.

Was diese Datenerhebung für die Bevölkerung und das politische Handeln heißen kann, wird deutlich an Arendts Beschreibung einer Methode der zaristischen Geheimpolizei Ochrana, die ein „Registrierverfahren" für Verdächtige[26] entwickelt habe, bei dem die politischen und nichtpolitischen Verhältnisse zu Bekannten des Hauptverdächtigen und

25 | Diese Informationen betreffen dabei nicht unbedingt die informationelle Privatheit, sofern sie nicht „personenbezogen" sind, vgl. z.B. „die Höhe der Ernteerträge" oder die „Kriminalitätsrate" (EUtH, S. 643). Beide Statistiken können jedoch durchaus mit Personen in Verbindung gebracht werden, wenn dies gewollt ist. Vgl. zur Schwierigkeit der Definition von Identifizierbarkeit Kapitel 2.1.3.

26 | Dem Wesen totaler Herrschaft sei es laut Arendt inhärent, dass Menschen – die hier „Angeklagten" – nur verhört würden, um ihre Beziehungen festzustellen, da die „wirkliche Opposition" (EUtH, S. 824) bereits in einem früheren Stadium der Herrschaft ausgeschaltet worden sei. Ihre „Verbrechen" stünden deshalb schon vor der Verhaftung „objektiv" fest (vgl. EUtH, 898f.).

selbst deren Bekannten, „die vielfältigen Beziehungen, die zwischen Menschen existieren, von der zufälligen Bekanntschaft über wirkliche Freundschaften zu den Familienbeziehungen" (EUtH, 898f.) graphisch dargestellt wurden. Diese Methode,

> die gesamte Bevölkerung so zu katalogisieren, daß man nicht nur sie selbst, sondern auch die Erinnerung an sie absolut beherrscht, [habe] ihre Grenzen [offensichtlich] nur an der Größe der Wandkarte. Theoretisch wäre es durchaus denkbar, daß eine einzige solche Karte in riesenhaften Ausmaßen die Beziehungen und Querverbindungen eines großen Territoriums enthält. Und genau dies entspricht dem Wunschtraum totalitärer Polizei. [...] [S]ie träumt davon, mit einem Blick auf die Riesenkarte an der Bürowand ausfindig machen zu können, wer zu wem Verbindungen hat; und dieser Traum ist grundsätzlich nicht unerfüllbar, er ist nur etwas schwierig in seiner technischen Ausführbarkeit. Gäbe es diese Wandkarte wirklich, so stände nicht einmal mehr das Gedächtnis den totalitären Herrschaftsansprüchen im Wege; die Wandkarte könnte es ermöglichen, Menschen wirklich spurlos verschwinden zu lassen, so als hätte es sie nie gegeben. (EUtH, 898f.)[27]

Arendt nennt an dieser Stelle eine Methode eines prä-totalitären Staates, bezeichnet sie aber als den Traum der „technisierten Polizei unter *totalitären* Bedingungen" (EUtH, S. 898, Hervorhebung von mir, JMM). Den Bezug zu den totalitären Staaten stellt sie her, indem sie schreibt, dass die „russische Geheimpolizei [...] diesem Ideal totaler Herrschaft bereits recht nahe gekommen" sei.[28] Die Größe der analogen Karte stellt heute aufgrund technischer Möglichkeiten keine Begrenzung der Speicherung und Darstellung der Beziehungen zwischen

27 | Zum Thema Erinnern und Vergessen (werden) vgl. Kapitel 4.2.1.

28 | Diese Methode erinnert an heutige soziale Netzwerke wie Facebook, in denen Nutzerinnen und Nutzer jedoch freiwillig die von der Ochrana erhobenen Daten einspeisen, vgl. z.B. den sog. „social graph", die graphische Darstellung von Freundschaften zwischen Personen nach Städten eines Facebook-Praktikanten (Butler 2010, zur Freiwilligkeit vgl. auch Kapitel 4.3.1).

Menschen mehr dar. Auch in den Satellitenstaaten der Sowjetunion sei eine ähnliche Methode eingeführt worden, wobei Arendt hierzu keine Quelle nennt und die Aussagekraft des Beispiels durch den Gebrauch des Wortes „vermutlich" relativiert:

> Auch die Einführung von ‚Karteikarten'[29] für jeden Bürger des Landes entsprach genau dem russischen Modell, und auf ihnen fand sich vermutlich nicht nur kompromittierendes Material aller Art verzeichnet, sondern die für den totalen Terror ungleich wichtigeren Informationen über den Familien-, Freundes- und Bekanntenkreis eines jeden. (UR, S. 62)

Neben dieser Katalogisierung durch den Staat[30] erwiese sich in den frühen Stadien totaler Herrschaft, vor ihrer „totalen Verwirklichung", wenn es z.B. noch eine wirkliche Opposition gibt, „der Nachbar bald als gefährlicher [...] als die Polizei" (EUtH, S. 874). „Denunziationen aus der Bevölkerung" seien in dieser Phase „sehr viel häufiger als Be-

---

29 | Im englischen Original verwendet Arendt den Begriff ‚cadre-cards' (Arendt 1958b, *Totalitarian Imperialism. Reflections on the Hungarian Revolution*, im Folgenden zit. als ‚TI', 41f.). Die deutsche Version stammt von Charlotte Beradt, die auch die Rohübersetzung zu *Vita activa* geschrieben hat (IwV, S. 289, 293). Die „cadre cards" dienten dazu, „the class origin and occupational of job applicants" zu bestimmen, und „entries about their political loyalty and personal demeanor" aufzuzeichnen. Somit seien sie Instrumente zur Einschüchterung und de facto Polizeiakten gewesen, deren Existenz Menschen wachsam werden ließ und ihre soziale und berufliche Mobilität einschränkte. Zuallererst seien sie Waffen im Kampf gegen die Mittelklasse, aber auch gegen andere Gruppen gewesen (vgl. Zinner 1962, S. 117). Wie Arendt stellt Zinner für das Ungarn Anfang der 1950er Jahre fest, dass hier „personal privacy, autonomy and spontaneity" restringiert wurden. Er nennt „invasion of privacy" neben (Polizei-)Terror als Unterdrückungsinstrumente (Zinner 1962, S. 116).

30 | Weitere Maßnahmen waren im Stalinismus die Einführung eines „Arbeitsbuches" für Arbeiter und eines „zwangsweisen Identitätsausweises" (EUtH, 691f.).

richte von Geheimagenten" (EUtH, S. 874), da in einer Massenbewegung die Geheimpolizei sich gar nicht erst um solche „Lappalien" kümmere, wie die Aufspürung der heimlichen Feinde und das Unschädlichmachen der Gegner (vgl. EUtH, S. 873). Um die totalitäre Herrschaft einzuführen wird also auf die Bevölkerung zurückgegriffen, die Informationen über ihre Mitbürgerinnen und Mitbürger sammelt und weiterleitet. Zu einem späteren Zeitpunkt, wenn alle infiltriert seien – Arendt verwendet den nationalsozialistischen Begriff „gleichgeschaltet" –, sei dies nicht mehr notwendig (EUtH, S. 874). In *Die Ungarische Revolution und der totalitäre Imperialismus* schreibt Arendt jedoch, dass das „gegenseitige Denunziantentum" die totalitäre Gesellschaft beherrschen würde, also nicht nur in der frühen Phase gelte. Chruschtschow habe gar gehofft, den Polizeiterror, die Funktionen der Geheimpolizei durch „eine Art organisierte[...] und institutionalisierte[...] Mobherrschaft" ersetzen zu können (UR, S. 16). Er schien „eine Art Überwachung zu planen, deren Organe [...] direkt aus der Mitte der jeweiligen Gruppen rekrutiert werden" könnten (UR, S. 16), und hoffte, die „Polizeiorgane direkt in die Gesellschaft" einzubauen. Offensichtlich sei eine neue Phase erreicht, „das Stadium, in dem man den Massen zumuten und zutrauen könne, sich selbst zu bespitzeln und die für den Terror notwendigen Opfer freiwillig zu stellen" (UR, S. 16). Für die Satellitenstaaten betont Arendt, dass hier nicht die „russische Revolution" nachgeahmt worden sei. Die Polizei sei

> von vorneherein totalitär organisiert [gewesen]: sie war im Innern von einem Spionage-Apparat, an dessen Spitze die zuverlässigsten Eliteelemente der Partei standen, zusammengehalten, denen die Funktion oblag, die Polizei zu bespitzeln, während die gewöhnlichen Mitglieder der Polizei das gleiche Geschäft innerhalb der Partei und natürlich auch in allen Schichten der Bevölkerung betrieben. [...] Die Polizei war die einzige Institution, in der die russischen Ratgeber nicht im Hintergrund blieben, sondern die Eingeborenen [sic!] offen überwachten [...] (UR, S. 62).

Neben dem „Spionagenetz der Polizei" habe es „einen zweiten Spionageapparat der Roten Armee" gegeben, was der „für die totale Herrschaftsform so außerordentlich charakteristische[n] Duplizierung und Multiplizierung von Ämtern und Funktionen" entsprochen habe (UR, S. 62).

Dass die Überwachung von Menschen Teil der totalitären Herrschaft ist, ist im 21. Jahrhundert keine neue Erkenntnis mehr. Im derzeitigen informationellen Privatheitsdiskurs wird jedoch ein neues Ausmaß an Überwachung durch ständige Datenaufzeichnung durch technische Geräte diskutiert, die von Unternehmen und Geheimdiensten ausgewertet werden können und werden. Vor dem Hintergrund von Arendts Philosophie stellt sich die Frage, was dabei erfasst werden kann, da laut Arendt das Wesenhafte einer Person, das „Wer-einer-ist" schwer zu fassen ist, sich jedoch gerade anderen offenbart. Dies werde ich im Folgenden untersuchen, wobei sich dieses Personhafte (RJ, S. 14) auch auf die übrigen Dimensionen des Privaten bezieht.[31]

3.3.2 Enthüllung des Wer-einer-ist

Arendts These zur Trennung zwischen dem Bereich des Öffentlichen und der Sphäre des Privaten kann derart verstanden werden, dass das Personhafte sich nur anderen Menschen gegenüber im Handeln offenbare, ihre Theorie also implizieren würde, dass im Privaten Menschen gerade nicht ihre Persönlichkeit entfalten könnten (vgl. z.B. Rössler 2001, S. 194).[32] Ein Merkmal des Handelns, der laut Arendt höchsten menschlichen Tätigkeit, ist, dass in ihm offenbart wird, wer der oder die jeweilige Handelnde ist. Der „Jemand" hinter der Tat zeige sich, und dies nur im Miteinander-handeln, nicht dort, wo Menschen für-

---

31 | Vgl. zu Arendts Anthropologie auch Kapitel 2.2.4.

32 | Benhabib versteht Arendts Privatheitsbegriff jedoch genau in diese Richtung (vgl. Benhabib 1998, S. 328f.).

oder gegeneinander handelten (VA, S. 220), also nicht bei guten Taten oder Verbrechen. Menschen zeigten handelnd und sprechend „aktiv die personale Einzigartigkeit ihres Wesens“, beträten damit die „Bühne der Welt, auf der sie vorher so nicht sichtbar waren“ (VA, S. 219).[33] Wenn Menschen nicht handelten und sprächen, käme nur die „einmalige Gestalt ihres Körpers und der nicht weniger einmalige Klang ihrer Stimme in Erscheinung“ (VA, S. 219). Diese Unterscheidung zwischen dem, „was“ einer sei und dem, „wer“ er oder sie ist, ist für Arendts politische Theorie, ihren Öffentlichkeitsbegriff und ihre Anthropologie zentral. Das „was“ einer sei, bestehe aus „Eigenschaften, Gaben, Talenten, Defekten“ (VA, S. 219), die wir insofern unter Kontrolle und in der Hand hätten, dass es uns freistünde, diese „zu zeigen oder zu verbergen“ (VA, S. 219).

Diese Identifizierbarkeit der Person, die hinter den Taten und Worten steht, berührt die informationelle Dimension das Privaten. Die Rückführbarkeit von Daten und Informationen auf Personen verletzt unsere Privatheit. Auch wenn es nicht-kommerzielle Gründe und Interessen für die Auswertung von Daten gibt, also beispielsweise zu medizinischen oder sonstigen Forschungszwecken, ist auch hier zu beachten, dass gewährleistet ist, dass nicht zurückverfolgt werden kann, zu welcher Person die jeweiligen Informationen gehören, weil es sowohl im Interesse des bzw. der Einzelnen, als auch im Interesse der Gemeinschaft ist, wenn nicht alle alles über alle wissen (vgl. Bohannon 2015, 468, vgl. auch Kapitel 4).

Auch erinnert Arendts Unterscheidung zwischen dem Enthüllen des Wer- und des Was-einer-jeweilig-ist, an Beate Rösslers Differenzierung zwischen kognitiver und voluntativer (A-)Symmetrie, d. h. die Frage, ob wir Informationen über uns preisgeben wollen und ob wir wissen, dass wir aktuell beobachtet oder überwacht werden (vgl. Kapitel 4.3.1). Laut Arendt hätten wir aber über einen bestimmten Teil

33 | Vgl. zur Bühnenmetapher Kapitel 2.2.

dessen, was uns ausmacht, keine Verfügungsgewalt, können also keine informationelle Selbstbestimmung über alles, was uns betrifft ausüben – oder ist dann die informationelle Selbstbestimmung gerade auf das Was-einer-ist bezogen? Wie Arendt selbst formuliert sei

> [...] [D]as eigentlich personale Wer-jemand-jeweilig-ist unserer Kontrolle darum entzogen, weil es sich unwillkürlich in allem mitoffenbart, was wir sagen oder tun. Nur vollkommenes Schweigen[34] und vollständige Passivität können dieses Wer vielleicht zudecken, den Ohren und Augen der Mitwelt entziehen, aber keine Absicht der Welt kann über es frei verfügen, ist es erst einmal in Erscheinung getreten. Es ist im Gegenteil sehr viel wahrscheinlicher, daß dies Wer, das für die Mitwelt so unmißverständlich und eindeutig sich zeigt, dem Zeigenden selbst gerade und immer verborgen bleibt [...] (VA, S. 219).

Das Wer-einer-ist, diese „Aufschluß-gebende Qualität des Sprechens und Handelns, durch die, über das Besprochene und Gehandelte hinaus, ein Sprecher und Täter in Erscheinung tritt [...] " und das Was-einer-ist, lassen sich auch als Art Basis des Datenschutzes, definieren. „Was" einer ist, ist unter Umständen egal, wobei Firmen hieran Interesse haben, um potentielle Kundinnen und Kunden „gezielt" Produkte zu verkaufen (vgl. Kapitel 4.2.2), wenn dies nicht mit dem „Wer" verknüpft wird.[35] Aber wie kann ich das Wer „schützen", wenn ich keine Kontrolle über seine Enthüllung habe? Vielleicht ist es gerade diese Dimension, die das massenhafte Datensammeln so sensibel macht, auch von sogenannten Metadaten. Es kann eben nicht nur rekonstruiert werden, was einer ist, sondern durch seine Verbindungen zu anderen Menschen wird auch das ihm eigentlich Wesenhafte eingefangen.

---

34 | Das vollkommene Schweigen erinnert an die Sklaven im oikos (vgl. Kapitel 2.2.1).

35 | Ähnlich argumentiert Inga Tappe. Das Fehlen von Informationen zum Was erschwere die Identifikation des Wer (Tappe 2015, S. 94). Aktuelle Forschungen zeigen allerdings, dass auch von scheinbar anonymisierten Daten auf die Person dahinter geschlossen werden kann (vgl. z.B. Bohannon 2015).

Handeln und Sprechen sind für Arendt von besonderer Bedeutung im Politischen. Mich interessiert an dieser Stelle jedoch nicht das aktive, freiwillige In-Erscheinung-treten, denn wenn beispielsweise eine Politikerin eine Rede auf einem Parteitag hält – abgesehen davon, dass diese vermutlich nicht „spontan" ist –, handelt es sich um einen bewussten Akt, bei dem die Person gehört werden will, und sich den „Augen und Ohren der Mitwelt" (VA, S. 219) absichtlich aussetzt. Für meine Argumentation sind hingegen Fälle von Relevanz, in denen Menschen nur von bestimmten Kreisen gehört und gesehen werden wollen, oder gar von überhaupt niemandem, in denen sie selber Kontrolle darüber haben möchten, wer wann auf Informationen über sie „zugreift", an ihrem Leben teilnimmt und sich zur selben Zeit mit ihnen in Räumen aufhält, die sie selber als eigenen, privaten Ort gewählt haben. Dieses Wahlmoment verweist bereits auf die Dimension, die ich als Nächstes behandeln werde: dezisionale Privatheit.

3.4 Dezisionale Privatheit

Wie die Bezeichnung „dezisionale Privatheit" bereits vermuten lässt, geht es bei diesen Fragen des Privaten um Entscheidungen, die eine Person z.B. über sich, ihren Körper und ihr Leben trifft, wenn sie den „Anspruch" hat, „vor unerwünschtem Zutritt im Sinne von unerwünschtem Hineinreden, von Fremdbestimmen bei Entscheidungen und Handlungen geschützt zu sein" (Rössler 2001, S. 25). Als Beispiele für dezisionale Privatheit wurden im US-amerikanischen Kontext u. a. auf den eigenen Körper bezogene Entscheidungen wie Abtreibung und Empfängnisverhütung gesehen (vgl. z.B. Cohen 1993). Ob diese aber wirklich eine Frage von Privatheit sind, oder eher doch eine Frage von Freiheit („liberty"), ist in der Literatur umstritten. So argumentiert Ruth Gavison, dass Autorinnen diese Fragen als Privatheitsthemen ansähen, da sie so eng mit dem Körper verknüpft seien, der Supreme Court im Fall „Planned Parenthood v. Casey" 1992 jedoch anders geurteilt hätte (vgl.

Gavison 2002). Gerade im Zusammenhang mit Arendts Unterscheidung zwischen dem Öffentlichen und dem Privaten erweist sich jedoch „dezisionale Privatheit“ als Begriff für Fragen der freien Entscheidung, die in ihrem Werk das Private betreffen, als sinnvoll, da Freiheit im Arendt'schen Sinne eine Sache der Öffentlichkeit und des Politischen ist (ÜR, S. 34ff.), es sich bei den genannten Beispielen jedoch explizit um Privatangelegenheiten oder eventuell um gesellschaftliche, nicht aber um politische Fragen handelt.

Man könnte also annehmen, dass Arendt den Begriff der dezisionalen Privatheit befürwortet hätte. Allerdings widerspräche dies eventuell ihrer Vorstellung davon, dass im Privaten natürliche Dinge geschähen, dass wir uns hier „mit dem bloßen Geschenk menschlicher Existenz mehr oder minder abzufinden“ versuchten (EUtH, S. 622). Das Private sei „die Sphäre, wo, was immer von Entscheidung oder nur Belang ist, nicht das Resultat unseres eigenen oder anderer Menschen Tun und Treiben ist“ (EUtH, S. 622). Hieraus sei seit „den Römern“ ein Mißtrauen gegen die private Sphäre erwachsen, „eine Art Groll gegen das, was Menschen nicht gemacht haben und nicht machen können und von dem sie doch immer abhängig bleiben“ (EUtH, S. 622). Entscheidungen über den eigenen Körper und gegebenenfalls sogar über Leben und Tod treffen zu können, wäre allerdings dann nur ein weiterer Schritt der Zivilisation, die wie Arendt schreibt, feindselig gegenüber der Barbarei wäre und geneigt, alles als „barbarisch zu betrachten, was, wie die Erde und das Leben selbst, auf geheimnisvolle, nie zu enträtselnde Art einfach gegeben“ sei (EUtH, S. 622).

Arendt wäre vermutlich erstaunt gewesen, ob der Idee, dass der Staat etwas zur Familienplanung Einzelner sagen könnte. Beate Rössler stellt jedoch fest, dass der Schutz der dezisionalen Privatheit gerade bestimmte „Verhaltensweisen in der Öffentlichkeit“ (Rössler 2001, S. 144) betrifft, z.B. die freie Wahl von Religion und Studienfach (Rössler 2001, S. 144). Die Öffentlichkeit wird laut Arendt in der antiken griechischen Polis und römischen res publica von Menschen gestaltet, die männliche Bürger sind (vgl. auch Kapitel 2.2.2 und 3.1). Von ihnen wird allerdings im Prinzip aufgrund ihrer Rolle und Funktion erwartet, dass sie in der Öffentlichkeit – politisch – handeln (vgl. auch Kapitel 2.2.2). In Arendts Idealvorstellung einer Räterepublik macht eine selbsterwählte Elite Politik (ÜR, S. 358).[36] Die Grundvoraussetzung ist also, dass ich freiwillig in die Öffentlichkeit trete, und Politik betreiben *will*. Diese Freiwilligkeit setzt aber voraus, dass die Möglichkeit gegeben ist, zu wählen und die Entscheidung zu treffen, in die Öffentlichkeit hinauszutreten, da durch politisches Handeln in der Öffentlichkeit, wie oben beschrieben, laut Arendt enthüllt wird, „wer" einer ist.

Ein zentraler Kritikpunkt Arendts an der philosophischen und politischen Tradition, den sie in *Vita activa* ausführt, ist der Vorwurf, dass versucht worden sei, das menschliche Handeln aufgrund seiner Aporien, der Unabsehbarkeit seiner Konsequenzen und seiner (scheinbaren) Ergebnislosigkeit durch Herstellen zu ersetzen, um es voraussagbar und effizienter zu machen (VA, S. 278, vgl. ausführlich Kapitel 4.2.1). Hiermit geht auch ihre Kritik an den sog. Verhaltenswissenschaften sowie an Statistik einher, da versucht werde, unsere Handlungen aufgrund von Häufigkeiten und daraus errechneten Wahrscheinlichkeiten zu systematisieren. Uniformiertes Sich-verhalten könne, so Arendt, „statistisch errechnet werden und deshalb wissenschaftlich definiert werden" (VA, S. 55f., vgl. hierzu Kapitel 4.2.2). Wenn die eigene Entscheidungsprivatheit eingegrenzt ist, oder nicht vorhanden ist, können Menschen nicht frei entscheiden und demzufolge eigenständig handeln. Stattdessen handeln sie so, bzw. verhalten sich so, wie ihnen vorgegeben wird oder es vermeintlich richtig ist.

Das erste Beispiel, an dem ich im Folgenden belegen werde, dass in Arendts Werk auch eine dezisionale Bedeutungsebene des Privaten vorhanden ist, ist der unantastbare Elternwille in Bezug auf die freie

---

36 | Vgl. auch ihren Hinweis auf den egalitären Charakter einer selbsterwählten politischen Elite im Interview mit Adelbert Reif in *Macht und Gewalt*, (vgl. Arendt 2006e, *Macht und Gewalt*, im Folgenden zit. als ‚MuG', 131ff.).

Schulwahl ihrer Kinder (3.4.1). Des Weiteren werde ich argumentieren, dass ihr Verständnis von Freundschaft eine Art Privatheit bedeutet – auch in dezisionaler Hinsicht, da Freundinnen und Freunde die Menschen sind, deren Gesellschaft ich mir ausgesucht habe (3.4.2). Dies lässt sich dabei nicht nur anhand biographischer Zeugnisse zu eigenen Freundschaften belegen, sondern wird von Arendt auch theoretisch verwendet.

3.4.1 Elternwille und Schulwahl

Im umstrittenen Aufsatz[37] „Reflections on Little Rock" (Arendt 2003b) ergriff Arendt das Wort, um Jugendliche vor der Öffentlichkeit zu schützen.[38] Anlässlich eines Fotos, das sie in der Tagespresse sah und auf Basis ihrer Theorie, befand Arendt, dass es nicht gerechtfertigt sei, dass Erwachsene ihre Kämpfe – in diesem Falle um die Aufhebung der Rassensegregation – auf dem Rücken ihrer Kinder austrügen. Als Beispiel für dezisionale Privatheit kann an dieser Stelle dienen, dass Arendt argumentierte, Eltern müssten entscheiden können, mit welchen Kindern ihre eigenen Kinder zur Schule gehen. Der Aufsatz verdeutlicht einen „blinden Fleck" (Benhabib 1995, S. 103) in Arendts Denken. Die Unterscheidung zwischen dem Gesellschaftlichen und dem Politischen, wie Arendt sie treffe, sei sinnlos, weil „der Kampf darum, etwas öffentlich zu machen, einen Kampf um Ge-

---

37 | Vgl. hierzu u. a. die Reaktionen auf Arendts Artikel (Spitz 1959; Tumin 1959; vgl. auch Young-Bruehl 2004, 308ff.; Benhabib 1998, S. 233ff.; s. auch Mönig 2012).

38 | Arendt hat diesen Aufsatz auf Englisch geschrieben, die deutsche Übersetzung erschien erst nach ihrem Tod, wurde von ihr also nicht überarbeitet oder autorisiert. Ich beziehe mich hier auf das Original, da z.B. die Übersetzung von „right of privacy" mit „Schutz des Persönlichkeitsrechts", ein Wort ins Spiel bringen würde, das für diese Arbeit von Relevanz wäre, das Arendt aber so nicht verwendet hat.

rechtigkeit" darstelle (Benhabib 1995, S. 103; vgl. auch IwV, S. 90). Sie verwechsle eine Frage der Gerechtigkeit im Öffentlichen mit einer gesellschaftlichen Frage (Benhabib 1995, S. 103). Diese Diagnose Benhabibs verdeutlicht, dass Arendt vermischte, was sie eigentlich streng trennen wollte. Sie nahm an, dass afro-amerikanische Eltern sich zur US-amerikanischen Gesellschaft wie Parvenus verhielten. Vor dem Hintergrund ihrer eigenen Biographie (vgl. auch Benhabib 1998, S. 236) argumentierte Arendt implizit *für* Rassentrennung. Kathrin Gines stellt fest, dass Arendt „the Negro question" eher als ein „Negro" und nicht als ein „white problem" genauso wenig wie als „white people's anti-Black racism" gesehen hätte (Gines 2014, S. 123).

Neben diesen Problematiken und Irritationen ist Arendts Hauptargument der Schutz des Privaten (vgl. auch Kapitel 4) und des Politischen vor, ihrer Meinung nach, gesellschaftlichen Phänomenen. Der Staat habe nicht das Recht, Entscheidungen der Eltern zu beeinflussen, die Entscheidungsfreiheit von Eltern dürfe in Erziehungsfragen nicht beschränkt werden. Seyla Benhabib argumentiert, dass Arendts Befürchtungen hinsichtlich der Elternrechte sich aus Arendts Wunsch gespeist hätten, „auch unter den Voraussetzungen einer verstärkten Massengesellschaft irgendeinen Bereich privater Autonomie und Erziehung unangetastet zu erhalten" (Benhabib 1998, S. 235). Arendt erläuterte ihren Standpunkt näher mit einem Vortrag über „Die Krise in der Erziehung". Sie gestand in einem Briefwechsel mit Ralph Ellison später ein, die Situation falsch eingeschätzt zu haben (Benhabib 1998, 245f.), weil sie von ihrem autobiographischen Hintergrund ausgegangen sei.[39]

Selbst mit ihren erklärenden Anmerkungen bleibt Arendts Position jedoch zumindest irritierend. Laut Elisabeth Young-Bruehl waren Arendts Unterscheidungen zwischen dem Politischen, dem Gesell-

---

39 | Dass Eltern über ihre Kinder frei entscheiden können sollen, ist auch ihrer Erfahrung mit dem Totalitarismus geschuldet, vgl. Kapitel 4.1.1.

schaftlichen und dem Privaten (vgl. auch Kapitel 2.2.4) „mysterious to her critics“. Dies nicht nur, weil die theoretische Grundlage für diese in *Vita activa* bis dato wenig bekannt gewesen sei, sondern vielmehr weil sie Arendt zu zwei schockierenden Forderungen geführt hätten (Young-Bruehl 2004, S. 310).

Wer Arendts Werke gelesen hat, dürfte nicht davon ausgehen, dass sie in irgendeiner Form für die Unterdrückung einer Minderheit gewesen wäre, sie selbst erläutert ihren Standpunkt jedoch nicht indem sie auf ihre Totalitarismusanalyse oder ihre Untersuchung der menschlichen Bedingtheit verweist, sondern auf ihre eigene Biographie (vgl. auch Benhabib 1998, S. 236). Dies mag auch daran liegen, dass sie sich, wie sie erläutert, die Frage gestellt hätte, was sie als weiße oder schwarze Mutter jeweils für ihr Kind gewollt hätte. Wie sie selber schreibt, sei die Schulpflicht das einzige, was die Rechte der Eltern – und somit ihre dezisionale Privatheit – einschränken dürfe:

> The right of parents to bring up their children as they see fit is a right of privacy, belonging to home and family. [...] Parents' rights over their children are legally restricted by compulsary education and nothing else. (Arendt 2003b, S. 211)

„Private education“ sei kein Weg aus diesen Dilemma, weil dann der ökonomische Status der Eltern über „the safeguarding of certain private rights“ bestimmen würde und somit diejenigen benachteiligen würde, die gezwungen seien, ihre Kinder in öffentliche Schulen zu schicken (Arendt 2003b, S. 211). Ähnlich hatte Arendt bereits 1933 argumentiert, in einer Situation, in der, wie sie schreibt, jüdische Kinder „weder im Ghetto, noch eigentlich im öffentlichen Deutschland aufwachsen“ könnten (Arendt 1933, S. 174). „Bisher“ seien „alle noch deutsche Juden, d.h. ‚assimilierte‘“.[40] Sie plädierte für eine „jüdische Schule auf allerbreitester Basis“, jedoch gegen „Privatzirkel“, von de-

---

40 | Arendts Beitrag erschien am 3. Mai 1933 in der *Jüdischen Rundschau*. Das Thema der Ausgabe lautete: „Zur Schulfrage“.

nen sie meinte, dass reiche Juden dazu tendieren würden, sie einzurichten (Arendt 1933, S. 174).

Hier wird auch ein Zusammenhang zur oben erläuterten Unterscheidung zwischen Eigentum und Besitz deutlich: Der Reichtum der Eltern dürfe eben nicht darüber entscheiden, ob ihre Rechte und somit diejenigen ihrer Kinder gewährleistet werden oder nicht. Im Grunde ging es Arendt aber bereits in diesem Artikel darum, was den Kindern zugemutet werden könne, d. h. darum, sie zu schützen (vgl. Kapitel 4.1.1). Kinder könnten noch nicht urteilen, so Arendt. Wenn in der Schule andere Regeln gelten würden als zu Hause und auf der Straße, dann würde die Autorität sowohl der Lehrerinnen und Lehrer, als auch der Eltern abgeschafft. Das Kind würde sich in der Folge konformer zu seiner eigenen Gruppe verhalten, was zu „a rise of mob and gang rule" führen würde. Die Kindergruppe würde ihre eigenen Regeln aufstellen, die aber „mobähnlich" wären (vgl. auch Kapitel 4.1.2).

In autobiographischen Aussagen berichtete Arendt, sie selber sei als Kind mit antisemitischen Äußerungen auf der Straße konfrontiert worden (IwV, S. 53). Hierüber habe sie überhaupt erst erfahren, dass sie Jüdin war; ihre Mutter habe sie „ohne alle Vorurteile" erzogen (IwV, S. 143). Offensichtlich war es ihr möglich, die Spannung, der sie ausgesetzt war, auszuhalten, da in der Schule und zu Hause die gleiche Meinung galt und es keinen Antisemitismus gab, und zunächst lediglich andere Kinder im gesellschaftlichen Raum davon abwichen. So könnte zumindest aufgrund ihrer eigenen Argumentation erklärt werden, dass sie diese, ihre eigene Erfahrung nicht als unmittelbaren biographischen Ausgangspunkt nennt, sondern sich hypothetisch an die Stelle von Eltern denkt. In der mitabgedruckten Erklärung bringt Arendt ihre Ansicht noch einmal auf den Punkt:

> [...] the government has a stake in the education of my child insofar as this child is supposed to grow up into a citizen, but I would deny that the government had any right to tell me in whose company my child received its instruction. The right of parents to decide such matters for their children until they are grown-ups are challenged only by dictatorships. (Arendt 2003b, S. 195)

Laut Arendt dürften also die Eltern – solange die Kinder noch nicht mündig seien – darüber urteilen und entscheiden, in wessen Gesellschaft ihre Kinder eine Schule besuchen. Dies traf jedoch, ihrer eigene Argumentation zufolge, nur auf diejenigen Eltern zu, die für Rassensegregation an Schulen waren. In der konkreten historischen Situation waren dies weiße Eltern. Arendt hat sich nicht prinzipiell an die Stelle von Eltern versetzt, die sich für ihre Kinder wünschten, die besseren Schulen zu besuchen und gemeinsam mit weißen und afroamerikanischen Kindern und Jugendlichen unterrichtet zu werden. Die Frage in wessen Gesellschaft diese Kinder laut ihren Eltern ihre Schulzeit verbringen sollen, führt mich zur nächsten Thematisierung dezisionaler Privatheit in Arendts Werk.

3.4.2 Urteilen und Freundschaften

In wessen Gesellschaft wir uns befinden möchten, sagt für Hannah Arendt etwas über unser Urteilsvermögen aus. Auch Beate Rössler betont das Moment der Wahl. Private Beziehungen stellten den „symbolischen Raum" zur Verfügung, „in dem wir uns, in der Auseinandersetzung mit von uns ‚*gewählten*' Personen, ‚selbst erfinden', jedenfalls ungeschützt verhalten" könnten (Rössler 2001, S. 238, Hervorhebung von mir, JMM). Arendt geht sogar so weit zu sagen, dass moralische Entscheidungen, „unsere Entscheidungen, über Recht und Unrecht von der Wahl unserer Gesellschaft, von der Wahl derjenigen, mit denen wir unser Leben zu verbringen wünschen, abhängen [...]." (ÜdB, S. 149) würden. Für Arendt geschieht diese Wahl durch „Denken in Beispielen" (ÜdB, S. 149). Hierzu eigneten sich vergangene, historische, aber durchaus auch literarische Beispiele sowie Beispiele von Menschen, die aktuell am Leben seien. Urteile anhand von Beispielen zu treffen hat somit eine dezisionale Ebene in Bezug auf den Bereich des Privaten. Ich muss für mich entscheiden und entscheiden können, ob ich Ritter Blaubart, den Arendt als ein Beispiel nennt (vgl. ÜdB, S. 149), zum Freund haben möchte. Um diese Entscheidungen treffen zu können, muss es einen Lebensbereich geben, in den mir andere Menschen nicht hineinreden, in dem ich mich für meine Entscheidungen anderen gegenüber nicht rechtfertigen muss. Ich muss de facto wählen können, in wessen Gesellschaft ich mich aufhalten möchte.[41] Dies ist nicht immer möglich, wenn etwa Zweckgemeinschaften bestehen, wie z.B. zu Arbeitskolleginnen und -kollegen, was für Arendt aber eben in den Bereich des Gesellschaftlichen und nicht den Bereich des Privaten fallen würde. Im Arendt'schen Sinne darf es mir nicht „egal" sein, in wessen Gesellschaft ich mich befinde, da „diese Indifferenz [...] moralisch und politisch die größte Gefahr" darstelle (ÜdB, S. 150).

Diese etwas kryptisch anmutende Äußerung hängt erneut mit ihrer Totalitarismusanalyse zusammen sowie mit ihrer Suche nach einer Antwort auf die Frage, wie verhindert werden kann, dass etwas Vergleichbares wieder passiert, und mit der Annahme, dass wir beim Denken „Zwei in einem" (LdG, S. 179) seien. Dies würde sich jedoch noch vom „Gewissen" unterscheiden. Die Indifferenz führt gleichsam zum Mitläufertum. Jede Person muss deshalb sich selber gegenüber rechtfertigen, warum sie die Gesellschaft der jeweiligen anderen Person gesucht hat. Sie könne auch ein „uneingeschränktes Nein" im Sinne Nietzsches zu einem „besonderen Ereignis" oder einer „besonderen Person" äußern (ÜdB, S. 123).[42]

---

41 | Damit die dezisionale Privatheit aller Beteiligten gewährleistet ist, muss dies natürlich auf Gegenseitigkeit beruhen. Derjenige, in dessen Gesellschaft eine Person sich befinden möchte, muss nicht unbedingt auch die Gesellschaft dieser Person suchen und bevorzugen. Denkbar wäre z.B., dass Ritter Blaubart mit Hannah Arendt zusammen sein will, sie aber nicht mit ihm. Arendt berücksichtigt dies nicht, vermutlich da sie an moralischen Urteilen Einzelner interessiert ist.

42 | Damit sei gemeint: „Das hätte nicht passieren dürfen, er hätte nicht geboren werden dürfen [...] " (ÜdB, S. 123). Die letztere Formulierung scheint dabei an Jesus Christus angelehnt zu sein (vgl. auch Kapitel 4.3.2), kann allerdings so nicht stehen gelassen werden, da dies, insbesondere vor dem Hintergrund des

An diesem Punkt stellt sich die Frage, ob es sich dabei nicht um einen eigenen Aspekt oder gar eine eigene Dimension handelt, die nicht nur biographisch von Bedeutung ist. Exilantinnen und Exilanten wie Arendt selber hatten zwischenzeitlich weder Eigentum, noch einen Ort, den sie ihr Zuhause nennen konnten, sie hatten eine Heimat in ihrer Erinnerung, aber keine Wohnung. Gleichzeitig waren sie es, die dem schlimmsten, der Internierung und Vernichtung entkommen waren. Vermutlich aufgrund dieser biographischen Erfahrung, aber auch auf einer theoretischen Ebene, spricht Arendt deshalb wiederholt von Beziehungen zu anderen Menschen als einer Form von Heimat (vgl. auch Seitz 2002, S. 131). Diese Beziehungen bedürfen, ebenso wie die übrigen hier beschriebenen Dimensionen, des Schutzes. So ist zum Beispiel die unüberwachte Kommunikation zwischen Freundinnen eine Voraussetzung dafür, dass diese wirklich vertrauensvoll so miteinander reden oder schreiben können, als würde niemand Unbefugtes zuhören bzw. mitlesen. Beate Rössler betont jedoch, dass es nicht nur um den Schutz der Kommunikation ginge. In Freundschaften und vergleichbaren intimen Beziehungen fänden „Prozesse der intersubjektiven Auseinandersetzung statt, die als konstitutiv für Identität und Autonomie begriffen werden“ müssten (Rössler 2001, S. 239). Dies berücksichtigt Arendt jedoch nicht. Es ginge um den Schutz informationeller Privatheit „*von* Beziehungen (für deren Konstitution) und *in* Beziehungen (für deren innere Struktur)“ (Rössler 2001, S. 239, Hervorhebungen im Orig.).

Im schlimmsten Falle könnte eine Kartographierung von Freundschaften nach der Ochrana-Methode (vgl. Kapitel 3.3) dazu führen, dass alle Beteiligten verhaftet oder gar getötet würden. Des Weiteren sind beispielsweise diejenigen Freunde, die in Konzentrationsla-

---

Holocaust und den sog. „Eugenik“- und „Euthanasie“-Unternehmungen der Nazis nicht wörtlich genommen werden darf. Arendt betont weiter, die Vorstellung von diesem „Nein“ hätten „alle Philosophen verabscheut[...] “ (ÜdB, S. 123).

gern umgebracht wurden, Teil der „privaten Welt", bilden diese gleichsam mit und ihr Verlust bedeutet deren Zusammenbruch (WF, S. 7f., vgl. auch Kapitel 3.2).

Freundschaft kann dabei mit der ‚philia politicae' eine politische Ebene haben, während sich Familienbande – so Arendt – nicht als Vorbild für politische Systeme eignen würden. Diese „politische Freundschaft" bedürfe, so Arendt, nicht „der Nähe und der Intimität" (VA, S. 310). Sie entspräche gleichsam der Liebe im Bereich menschlicher Angelegenheiten, sei ein „personaler Bezug", den Arendt mit „Respekt" umschreibt (VA, S. 310). Arendt diagnostiziert einen „modernen Respektverlust", der ein „deutliches Zeichen für die fortschreitende Entpersonalisierung des öffentlichen und gesellschaftlichen Lebens" sei (VA, S. 310).

Eine Liebesbeziehung, bei der eine Person die andere auch frei wählt (vgl. z.B. EUtH, 150f.), habe im Vergleich dazu spezielle Eigenschaften. Sie „verbrenne" die Welt zwischen den Liebenden; die Liebenden seien „weltlos" (VA, S. 309). Sobald ein Paar jedoch ein Kind habe, sei es so, als würden durch dieses die beiden zuvor gleichsam aus der Welt Vertriebenen, wieder in sie zurückkehren (VA, S. 309). Dieses Zurückkehren sei, so Arendt, obwohl es das „einzig mögliche Happy-End einer Liebesgeschichte" bilde, gewissermaßen auch das Ende der Liebe. Die beiden vormals Liebenden müssten wieder von der Liebe ergriffen werden, oder ihre Liebe müsse sich in „eine der vielen möglichen Formen der Zusammengehörigkeit umwandeln" (VA, S. 309). Liebe sei nicht nur

> weltlos, sondern sogar weltzerstörend, und daher nicht nur apolitisch, sondern sogar antipolitisch – vermutlich die mächtigste aller antipolitischen Kräfte. (VA, S. 310)

Neben diesen Beispielen aus Arendts Werken beschäftigte die Frage nach Heimat und Heimatlosigkeit Arendt auch biographisch. Laut Lotte Köhler[43] sei Arendts Angst, „[h]eimatlos, ungeborgen, verloren [zu] sein in der Welt“ (ABlü, S. 9), immer wieder aufgebrochen, und habe „Beruhigung nur im beschwichtigenden Zuspruch ihres Mannes“ (ABlü, S. 9) gefunden. Arendt selbst formuliert dies in einem Brief an ihren Mann mit einer räumlichen Metapher (vgl. Kapitel 2.2): „[. . .] die vier Wände, die du bist“ (ABlü, S. 208; vgl. auch Mönig 2015a, S. 104). Auch trug etwa das Wissen, dass Karl Jaspers und seine Frau den Krieg überlebt hätten, „durch den ganzen Höllenspektakel heil durchgekommen“ seien, dazu bei, dass Arendt „wieder etwas heimatlicher in dieser Welt zumute“ (AJ, S. 58) war.[44] Die Steigerung des Wortes „heimatlich“ verweist an dieser Stelle nicht nur auf die mögliche Steigerung des Heimatgefühls in seiner Intensität, sondern auch auf einen Verlauf. Arendt fühlte sich während des Exils und während des Krieges offensichtlich nicht in der Welt zu Hause, was sich im Laufe der Zeit änderte, so überlegte sie in den 1950ern ein Buch *Amor mundi*[45] zu nennen, weil sie die Welt lieben gelernt hätte (IwV, S. 157f.), was darauf schließen lässt, dass sie sich in ihr – wieder – wohl fühlt. Dieser zeitliche Aspekt scheint allerdings nicht nur die zuletzt ausgeführte dezisionale Dimension des Privaten zu betreffen, sondern ebenso, wie ich zeigen werde, die proprietäre, die lokale sowie die informationelle.

---

43 | Köhler war eine Freundin Arendts und die Herausgeberin u. a. des Briefwechsels Arendts mit ihrem Mann Heinrich Blücher (ABlü).

44 | Für weitere Beispiele zu Arendts Heimatverständnis aus ihren Korrespondenzen vgl. auch Kuberka, 2005, S. 73ff.

45 | Vermutlich meinte sie *Vita activa* (VA), eventuell aber auch *Was ist Politik?* (WiP).

3.5 Temporale Aspekte von Privatheit

Die zeitliche Bedeutung des Privaten wurde von vielen Privatheitsforscherinnen und -forschern mitbedacht, nicht aber als eigene Dimension hervorgehoben. Als Beispiel sei Ruth Gavison (Gavison 1980) genannt, die als methodologischen „starting point" vorschlägt, dass „an individual enjoys perfect privacy *when* he is completely inaccessible to others" (Gavison 1980, S. 428, Hervorhebung von mir, JMM). Beate Rössler beschreibt, dass „temporär" Privatheit aufgegeben werden könne, ohne Autonomie aufzugeben, bzw. u. U. sogar durch die vorübergehende Aufgabe von Privatheit Autonomie ausgedrückt, eingefordert und erlangt werden kann. Als Beispiel nennt sie die öffentlichen Flitterwochen des Sängers John Lennon und der Künstlerin Yoko Ono 1969, während derer sie zwei „Bed-ins for Peace" in Hotels in Amsterdam und Montréal veranstalteten, bei denen sie vom Bett aus Interviews gaben, um für Frieden und gegen den Krieg in Vietnam zu demonstrieren (vgl. Rössler 2001, S. 140). Ein anderes Beispiel hierfür liefert das „manifeste des 343", die am 5. April 1971 im französischen Magazin *Le Nouvel Observateur* ein Manifest unterschrieben „Je me suis fait avorter" – Ich habe abgetrieben. Am 6. Juni 1971 titelte der deutsche *Stern* ebenfalls: „Wir haben abgetrieben! 374 deutsche Frauen halten den §218 für überholt und erklären öffentlich: ‚Wir haben gegen ihn verstoßen'". Temporär wird freiwillig und ganz bewusst ein sehr privates Detail preisgegeben, das zu diesem Zeitpunkt noch strafbar ist, um eine gesellschaftliche Veränderung und gesetzliche Erneuerung herbeizuführen.

Sabine Trepte betont „aus psychologischer Sicht", dass das „ideale Ausmaß an Privatsphäre" auch für ein und die selbe Person zu „verschiedenen Zeitpunkten (*intra*individuell)" unterschiedlich sei: „An manchen Tagen und in manchen Situationen ist mehr Privatsphäre wohltuend, an anderen Tagen weniger" (Trepte 2012, S. 60). Im juristischen Diskurs und der Rechtspraxis spielen zeitliche Aspekte oft eine wichtige Rolle, vgl. z.B. die Diskussion über die Frage, wie lange Daten im Rahmen der Vorratsdatenspeicherung vorgehalten werden dürfen (vgl. auch Kapitel 4).[46]

Philosophisch hängen Raum und Zeit eng zusammen. Für Kant beispielsweise sind Raum und Zeit die beiden reinen „Formen sinnlicher Anschauung, als Prinzipien der Erkenntnis a priori" (Kant 1997b, A 22, B 37; vgl. auch Herb, Gebhardt u. a. 2014, S. 11). Auch wenn es hier um Erkenntnistheorie geht, ist die Zeit für Arendts politische Philosophie neben dem Raum eine wichtige Komponente. Herb, Gebhardt u. a. heben sogar hervor, dass sich Arendts politische Philosophie überhaupt erst „entschlüsseln" ließe, wenn sie aus einem „Grundproblem" von Arendts Werk im Ganzen dem „*Zusammenspiel* der Denkformen des Raumes und der Zeit" verstanden würde (Herb, Gebhardt u. a. 2014, S. 10f., Hervorhebung im Orig.). Die beiden Denkformen seien dabei gleichursprünglich und gleichwertig (vgl. Herb, Gebhardt u. a. 2014, S. 11).

Arendt selbst betont in ihrer Kritik an Privatinteressen, die in der Öffentlichkeit verhandelt werden,[47] die zeitliche Dimension des Privaten. Diese seien „zeitweilig und vorübergehend", weil sie durch die Länge eines Menschenlebens festgelegt seien (EUtH, S. 329). Als weitere Beispiele lassen sich bei Arendt einerseits die Bewegungsfreiheit des ‚oikosdespotes' anführen (ÜR, S. 354), andererseits ihr Erziehungsverständnis, im Besonderen ihre Forderung, Kinder vor der Öffentlichkeit zu schützen. Der ‚oikosdespotes' im antiken Athen hat die Freiheit, zwischen dem oikos und der Polis zu wählen, aus dem geschützten

46 | Wobei die Privatheitsverletzung an sich bereits durch die Speicherung stattfindet, lediglich der Zeitraum, in dem danach auf diese Verbindungsdaten zugegriffen werden kann, ist kürzer. Es geht also in diesem Falle nicht um den Eingriff in die Privatheit an sich, sondern nur um dessen Dauer.

47 | Mit einer außergewöhnlichen, jedoch an an Aristoteles erinnernden Metapher (vgl. Kapitel 2.2) drückt sie aus, dass, wenn „privates und öffentliches Interesse wirklich identisch wären", das menschliche Zusammenleben einem „Ameisenhaufen" ähneln würde (EUtH, S. 329).

Raum des oikos, in dem er über Frauen, Kinder und Sklaven herrscht und bestimmt und in dem er aufgrund seines Eigentums verwurzelt ist, hinaus in die Polis zu treten.[48] In dieser ist er frei, unter Gleichen politisch zu handeln und zu sprechen. Betroffen sind dabei eine positive und eine negative Freiheitsdimension.[49] Der ‚oikosdespotes‘ hat die Möglichkeit, den oikos zu verlassen, womit die Voraussetzung zum politischen Handeln gegeben ist, gleichzeitig ist er frei von Verpflichtungen, von den Tätigkeiten des alltäglichen Lebens, da er diese gleichsam im Haushalt zurücklässt, wo Sklaven die Arbeiten verrichten. Allerdings träfe dies nur zu, wenn er den Haushalt verlassen hat, d. h. er muss diese „Kluft" „gleichsam täglich" überschreiten (VA, S. 43; vgl. auch DT, S. 811).[50] Ein zusätzlicher Beleg für die zeitliche Dimension des Privaten, allerdings über einen längeren Zeitraum hinweg, ist Erziehung. Kinder sollten laut Arendt vor der „Helle der Öffentlichkeit" (KdE, S. 267) geschützt werden (vgl. auch Kapitel 3.4.1 und 4.1.1). Politische Erziehung in der Schule solle in Demokratien deshalb auf ein Minimum begrenzt bleiben (vgl. Arendt 2003b, S. 211, vgl. auch Kapitel 3.4).[51]

---

48 | Entsprechendes gilt für den ‚pater familias‘ im Alten Rom.

49 | Zur Unterscheidung von positiver und negativer Freiheit (vgl. Berlin 1995).

50 | Arendt ist hingegen der Meinung die Bewegungsfreiheit innerhalb der Stadtmauern sei „negative Freiheit" gegenüber der positiven Freiheit beispielsweise des „Handelns und Meinens" (ÜR, S. 354).

51 | Arendt erwähnt in *Vita activa* die „eigentlich politische Erziehung" in der späten griechischen Antike, jedoch nur als Beleg für die Rolle von Handeln und Sprechen im Politischen und dafür, dass Gewalt an sich stumm und eine *vor*politische Erfahrung sei (VA, S. 36). In einem zu Lebzeiten unveröffentlichten Fragment befindet Arendt außerdem, dass, obwohl Politik die Aufgabe hätte über Vorurteile aufzuklären und diese zu zerstreuen, „es in ihr nicht um eine Erziehung zur Vorurteilslosigkeit" (WiP, S. 17) gehen würde. Auch wenn sie das Wort „Erziehung" im nächsten Satz durch „Aufklärung" ersetzt, also gleichsam abschwächt, könnte dies auch gar nicht in ihrem Sinne sein, da nur Kinder

Hans-Peter Krüger erwähnt die Bedeutung der zeitlichen Dimension des Privaten für Arendts „Hypothese über die politisch angemessene Differenz zwischen Öffentlichem und Privatem [...] “, die, wie oben bereits erwähnt, „in ihrer Kritik an totalitären Herrschaftsordnungen“ (Krüger 2007, S. 616) erwuchs. Arendt gewinne einen phänomenologischen Zugang zu den „Phänomen in Raum und Zeit“ (Krüger 2007, S. 616). Hinsichtlich der Zeitlichkeit der Grundbedingungen Natalität, Mortalität, Leben, Weltlichkeit und Pluralität sei Arendt

> vor allem an der Differenz zwischen der lebendigen Teilnahme an überraschenden Ereignissen und der Ausbildung eines ‚Gedächtnisses' für den geschichtlichen Sinn solcher Ereignisse interessiert. Das Politische als die Ermöglichung empirischer Politiken [...] [werde] aus dem Öffentlichen heraus verstanden, das räumlich und zeitlich in Differenz zum Privaten existiert. (Krüger 2007, S. 616)

Hannah Arendt selbst erwähnt im Vorwort zu *Menschen in finsteren Zeiten*, dass uns an Heideggers Philosophie, konkret an den Abschnitten in *Sein und Zeit*, „die sich mit dem ‚Man‘ und dem ‚Gerede‘ beschäftig[t]en“ (Arendt 2012c, S. 9) der zeitliche Aspekt interessiere: „Wir befassen uns hier [...] mit gewissen unterschwelligen Zeiterfahrungen und ihrer begrifflichen Beschreibung“ (Arendt 2012c, S. 9).

Die zeitliche Komponente in Verbindung mit dem Ort betont Arendt außerdem, als sie beschreibt, wer nicht unter die aristotelische Definition eines freien Mannes fiel. Dies waren im Besonderen Sklaven, aber auch freie Handwerker oder Kaufleute:

> Es schieden somit alle diejenigen aus, die freiwillig oder unfreiwillig, zeitweilig oder während der gesamten Lebenszeit, sich nicht frei bewegen oder betätigen

---

und nicht Erwachsene erzogen werden können, wir es in der Politik aber nur mit Erwachsenen, bereits Erzogenen zu tun hätten. Wer versuche, Erwachsene zu erziehen, wolle diese zwingen ohne Gewalt zu gebrauchen, würde aber in Wahrheit Gewalt, Zwang und Überredung anwenden, so Arendt (KdE, S. 258; vgl. auch IwV, S. 83).

konnten, die nicht in jedem Augenblick ihres Lebens Herr ihrer Zeit und ihres jeweiligen Aufenthaltsortes waren. (VA, S.22f.)

Auch das erwähnte Vor-politische, Präpolitische (vgl. Kapitel 2.2.1) umfasst ein zeitliches Moment. Vor der Gründung der Polis seien bereits die Gesetze verfasst worden, außerdem sei der Zwang, den der „Herr über die Familie und ihre Sklaven ausübte" (VA, S. 42) präpolitisch. Sie unterscheidet des Weiteren zwischen vorpolitischer und außerpolitischer Autorität und definiert eine „vorpolitische und prähistorische Bedingung dessen, daß es so etwas wie Geschichte im Dasein der Menschen gibt" (VA, S. 227). Diese Bedingung, die ebenfalls eng mit Zeitlichkeit verknüpft ist, ist Arendt zufolge der Umstand, dass „die Spanne menschlichen Lebens zwischen Geburt und Tod schließlich sich zu einer erzählbaren Geschichte formiert mit Anfang und Ende [...]" (VA, S. 227). Dies bedeutet dabei nicht, dass diese Geschichten von selber entstehen, wie das Wort „formiert" an dieser Stelle vielleicht vermuten ließe, sondern die Geschichten benötigen immer eine Person, die sie verdinglicht, die sie erzählt.[52]

Die Geistestätigkeiten, v. a. Denken und Urteilen, so könnte man nun erwarten, benötigten lokale Privatheit, eine Art Rückzugsraum – eventuell vergleichbar mit dem von Virginia Woolf auch für Frauen geforderten „room of one's own" (Woolf 2000). Arendt betont, dass allen Geistestätigkeiten ein „Rückzug" eigen sei, der darin bestünde, dass sich das Denken immer mit Abwesendem beschäftige (LdG, S. 195). Aus Eintragungen in Arendts *Denktagebuch* wird deutlich, dass die Beantwortung der Frage nach dem Topos des Denkens nicht ganz einfach war:

[...] neither in the public realm where we are concerned with the world and with what is common to us, nor in the private where we are concerned with our own and with what we want to hide from the world, nor in the social realm.

52 | (Zu Arendts Geschichtsbegriff vgl. u. a. Mönig 2009; Schröter 2014; Vowinckel 2001).

> Hence: Where? In the desert? We are concerned with something common but hidden (invisible) by everyday life, be it public or private or social. (DT, S. 753)

Im ersten, noch zu Lebzeiten fertiggestellten und posthum erschienen Teil „Das Denken“ in *Vom Leben des Geistes*, formuliert sie, ausgehend von Platos Frage nach dem ‚topos noetos‘ (vgl. LdG, S. 250) die Frage: „Wo sind wir, wenn wir denken?“. Noch „Sokrates, der den Markt so liebte“, habe „nach Hause gehen, und allein sein [müssen], wenn er den anderen Gesellen“, also das Selbst, den Freund, den er für das „Zwiegespräch des Denkens“ benötigte, habe treffen wollen (LdG, S. 188). Doch Arendt zufolge kann Denken immer und überall passieren, es ist stets „außer der Ordnung“ (LdG, S. 193). Das denkende Ich sei nirgends (LdG, S. 250). Sowohl die Räumlichkeit als auch die Zeitlichkeit seien, wenn man von der mittelalterlichen Deutung der von Arendt beschriebenen Zeiterfahrung ausgehe, „in den geistigen Tätigkeiten vorübergehend außer Kraft gesetzt“ (LdG, S. 251). Unseren „Platz, wenn wir denken“ fänden wir in der „Lücke zwischen Vergangenheit und Zukunft“ (LdG, S. 205). Das Denken richte sich dabei auf etwas Abwesendes, ebenso wie Wollen und Urteilen. Das Wollen und das Urteilen richten sich jedoch, im Gegensatz zum Denken, das „zum Verallgemeinern neigt“ (LdG, S. 209), auf „einzelnes“. Das Wollen beschäftigt sich mit etwas Zukünftigem, das noch nicht, das Urteilen mit etwas Vergangenem, das nicht mehr ist. Zeitliche Aspekte spielen also für Arendts gesamte Theorie eine Rolle, für die Definition des Privaten sind sie generell von großer Bedeutung.

Die von mir hier verwendeten Dimensionen dienten dazu, herauszuarbeiten, was Hannah Arendt unter Privatheit versteht. Dabei habe ich versucht, Unterscheidungen anzuwenden und zu treffen, die, wie Arendts eigene, nicht immer trennscharf sind, aber analytisch das Verständnis für das Dargelegte schärfen sollen. Auch Arendt kategorisierte das Gegebene etwa mit der Einteilung der Geistestätigkeiten in Denken, Wollen und Urteilen. Das Urteilen als letzter Teil ihres Buches *Vom Leben des Geistes* blieb dabei unvollendet. Es gibt jedoch Vortragsmitschriften und Entwürfe, die Rückschlüsse darauf erlauben, was Arendt zu schreiben gedachte. Ableitbar aus diesen ist, dass Beispiele, anhand derer geurteilt werden kann (vgl. auch Kapitel 3.4.2), eine große Rolle spielen sollten, um das Urteilen zu üben. In Kapitel 4 dieser Arbeit werde ich deshalb aktuelle Beispiele thematisieren. Außerdem wird es darum gehen, den Wert des Privaten herauszuarbeiten.

4 Der Wert des Privaten und das Urteilen an Beispielen

Bisher habe ich aufgezeigt, was unter Privatheit verstanden wird und welche Dimensionen verletzt werden können (vgl. Kapitel 2 und 3). In diesem Kapitel werde ich darlegen, was den Wert des Privaten ausmacht. Dabei zeige ich, dass auch für Arendts Privatheitsbegriff gilt, dass das Private nicht nur eine (Schutz-)Funktion und einen Wert für das Individuum hat, sondern auch für die Gemeinschaft. Außerdem hinterfrage ich anhand von Beispielen die von Arendt betonte Schutzfunktion des Privaten aus der Sicht des zweiten Jahrzehnts des 21. Jahrhunderts.[1] Arendt selbst benennt als Wert des Privaten explizit Verborgenheit: „the value of the home and of privacy is precisely obscurity" (PRPI, S. 108). Diese „Verborgenheit" ist ihrer Meinung nach notwendig, um Spontaneität und Verschiedenheit sowie die Fähigkeit einen Anfang machen zu können, zu schützen.

Zusätzlich zu Arendts historischen Beispielen dienen aktuelle Fälle im Folgenden dazu, noch konkreter zu verdeutlichen, was überhaupt verletzt wird. Weiter soll gezeigt werden, wie diese Verletzungen vonstatten gehen können und wer die Privatheit der Einzelnen bedroht. Dies können z.B. der eigene Staat sein oder auch fremde Staaten bzw. deren jeweilige Geheimdienste, Unternehmen, aber auch z.B. andere Internetnutzerinnen und -nutzer.

1 | Genau genommen etwa vierzig Jahre nach Arendts Tod und siebzig Jahre nach der Befreiung des Konzentrationslagers Auschwitz sowie nach Ende des zweiten Weltkriegs.

Beispiele stellen für Arendt die Grundlage für – moralische – Urteile dar. Das Urteilen ist dabei die Geistestätigkeit, die verhindern können soll, dass das wieder geschieht, was nie hätte geschehen dürfen. In Arendts eigenen Worten heißt das, dass wir

> urteilen und [...] Recht von Unrecht [unterscheiden], indem wir in unserem Kopf eine zeitlich und räumlich abwesende Person oder einen Fall vergegenwärtigt haben, die zu Beispielen geworden sind. Es gibt viele derartige Beispiele. Sie können weit zurück in der Vergangenheit liegen oder zum Lebenden gehören. Sie müssen nicht geschichtlich wirklich sein. (ÜdB, S. 148)

Arendt geht es um das Beurteilen, in wessen Gesellschaft ich mich befinde (vgl. Kapitel 3.4.2). Beispiele sind dabei „Wegweiser moralischen Denkens" (ÜdB, S. 147).

Da in der aktuellen Debatte neben technischen und rechtlichen Möglichkeiten, Privatheit zu schützen, auch diskutiert wird, dass wir moralische und ethische Positionen brauchen (vgl. z.B. van der Sloot 2014), liefern diese Beispiele die Grundlage, moralische Urteile zu treffen und so zu bestimmen, ob wir etwas im entsprechenden Fall gegen die Verletzungen von Privatsphäre unternehmen müssen. Die angeführten Fälle haben dabei unterschiedlichen Stellenwert. Cybermobbing und die sexualisierte Gewalt an der Odenwaldschule sind Straftaten und somit nicht nur moralisch verwerflich, sondern auch illegal (4.1.2).[2] Behavioral Advertising und personalisierte Suche (4.2.2) hingegen sind legale Unternehmensstrategien, und deren Praxis auf den Prüfstand gehört, da sie moralisch fragwürdig sind und – wie ich mithilfe von Arendts Kritik zeigen werde – die Gefahr beinhalten können, unsere Autonomie zu untergraben. Die Tätigkeiten von Geheimdiensten (Kapitel 4.3.2) unterliegen besonderen rechtlichen Bedingungen, in Deutschland z.B. dem Bundesverfassungsschutzgesetz.

2 | Der Straftatbestand bei Cybermobbing kann laut Dirk Heckmann z.B. „Beleidigung oder Verleumdung, üble Nachrede, [oder] auch Stalking" sein (vgl. Mennig 2013).

Zunächst werde ich also den Wert des Privaten für das Individuum und die Gemeinschaft herausstellen (4.1), bevor ich argumentiere, welche Probleme mit gesellschaftskonformem Sich-Verhalten, Objektivierung und Vergessen-werden einher gehen können (4.2). Ich schließe meine Arbeit mit einer Betrachtung des Zusammenhangs zwischen Privatheit, Sicherheit und Freiheit (4.3).

4.1 Kollektiver und individueller Wert des Privaten

Das Private zu schützen bringt nicht nur einen Vorteil für das Individuum, sondern auch einen Vorteil für die Gemeinschaft mit sich (vgl. z.B. Regan 1995). Für das einzelne Individuum scheint evident, warum seine Angelegenheiten privat sein sollen. So wurde beispielsweise von den Theoretikern der liberalen Tradition gefordert, dass Eigentum geschützt werden müsse (vgl. auch Kapitel 2.1.1). Es stellt sich jedoch die Frage, was dieser Schutz der Gemeinschaft, z.B. dem Staat bringt.

Der kollektive Wert, die sog. „soziale Dimension" scheint eine Art Neu- oder zumindest Wiederentdeckung in der Privatheitsforschung zu sein.[3] Für Arendt wäre die Bezeichnung soziale Dimension des Privaten vermutlich ein Widerspruch in sich gewesen, da sie im Englischen für das Wort „gesellschaftlich" „social" verwendet, das Gesellschaftliche ihrer Meinung nach aber wie oben ausgeführt eben erst entstand, als Tätigkeiten, die zuvor im Verborgenen vollzogen wurden oder wie sie meint „natürlicherweise" die Dunkelheit des Privaten benötigten, in der Neuzeit an die Öffentlichkeit kamen. In Schriften zu politischen Er-

3 | So betrachten im Sammelband *Social Dimensions of Privacy* einige namhafte Privatheitsforscherinnen und -forscher neben aktuellen Themen auch alte Themen neu, wie etwa Priscilla Regan „Privacy and the common good: revisited" oder Judith Wagner DeCew „Feminist critique of Privacy – past arguments and new social understandings" (vgl. Rössler und Mokrosinska 2015).

eignissen ihrer Zeit kann sie diese Trennung, die aus ihrer historischen Analyse resultiert, jedoch nicht unbedingt aufrechterhalten, wie sich in der Auseinandersetzung um „Little Rock" zeigte (vgl. Kapitel 3.4).[4] Auch im umgangssprachlichen Gebrauch mag die Übersetzung „soziale Privatheit" ein wenig seltsam anmuten.

Dennoch lassen sich bei Arendt Argumente dafür finden, dass das Eigene (auch) um des Gemeinsamen willen geschützt werden müsse. In der Antike beispielsweise sei der gesellschaftliche Wert des Privaten laut Arendt bekannt gewesen, denn

> [...] es war nicht so sehr der Respekt vor Privatbesitz, der die Polis daran hinderte, den privaten Bereich ihrer Bürger zu ruinieren, als das Gefühl dafür, daß ohne ein gesichertes Eigentum niemand sich in die Angelegenheiten der gemeinsamen Welt mischen konnte, weil er ohne eine Stätte, die er wirklich sein eigen nennen konnte, in ihr gleichsam nirgends lokalisiert war. (VA, S. 40)

Voraussetzung für die Teilnahme an Politik war also, wie in Kapitel 3.1 bereits herausgestellt, ein eigener Raum, der die Bürger von den Lebensnotwendigkeiten befreite, um politisch agieren zu können (vgl. auch Kapitel 2.2.2).

In „Die Krise in der Erziehung" (KdE) betont Arendt außerdem, dass nicht nur das Kind vor der Welt, sondern die Welt auch vor dem Ansturm der Neuen geschützt werden müsse. Dieser Schutz für die Welt ist etwas spezifisch Menschliches, es geht um die „Neuen", nicht um die werdenden Menschen.[5] Wir Menschen sind die einzige Gattung,

---

4 | Vgl. hierzu auch z.B. den in Kapitel 3.3.1 herausgestellten Gebrauch des Wortes „privat-gesellschaftlich" (EUtH, 974f.).

5 | Das Kind sei ein werdender Mensch, so wie „eine kleine Katze eine werdende Katze" sei, so Arendt (KdE, S. 266). Mit jedem Menschen komme ein neuer Anfang in eine ihm fremde Welt, der von Arendt betonte „Doppelaspekt". Arendt scheint die Komplexität von Pädagogik und des Generationenverhältnisses zu unterschätzen. Bereits Schleiermacher untersuchte die Frage, was denn

die alles, was sie geschaffen hat, auch wieder zerstören kann (vgl. VA, 9f.).[6]

In diesem Abschnitt werde ich die von Arendt geforderte und als Merkmal ausgemachte Schutzfunktion des privaten Raumes untersuchen. Hierbei geht es um lokalen Schutz, aber auch darum, das spezifisch Menschliche zu schützen: Natalität und damit einhergehend Spontaneität und Verschiedenheit.

Dies alles gilt als Vorbedingung des Politischen – der „Sinn von Politik" ist Freiheit, wie Arendt behauptet. Der Grund, weshalb wir Politik überhaupt erst brauchen, ist die Verschiedenheit der Menschen, deren Ort das Private ist und die sich durch Handeln und Sprechen in der Öffentlichkeit offenbaren. Die Zusammenhänge zwischen Privatheit und Öffentlichkeit sind also – wie Arendt selbst auch betont – interdependent (VA, S. 75).[7]

---

eigentlich die ältere von der jüngeren Generation wolle (Schleiermacher 2000, S. 9).

6 | Dies klingt wie eine ‚differentia specifica' des Menschen. Vgl. zu Arendts Anthropologie oben Kapitel 2.2.4.

7 | Laut Seyla Benhabib verdanken wir Arendt gerade den Einblick in diese Interdependenz (Benhabib 1998, S. 328), was Beate Rössler jedoch bezweifelt (Rössler 2001, S. 148). Das wechselseitige Verhältnis hätten erst die feministischen Theoretikerinnen reflektiert (Rössler 2001, S. 148). Zu untersuchen wäre, wie zusammenpasst, dass das Private, das Öffentliche und das Gesellschaftliche, die, wie ich in Kapitel 2 und 3 herausgearbeitet habe, graduelle Phänomene sind, die auf unterschiedlichen Achsen verortet sind, gleichzeitig doch interdependent sein können. Arendt äußert explizit: „Es scheint im Wesen der zwischen den Bereichen des Privaten und des Öffentlichen obwaltenden Bezüge zu liegen, daß das Absterben des Öffentlichen in seinen Endstadien von einer radikalen Bedrohung des Privaten begleitet wird." (VA, S. 75), wie auch ihre Diagnose der Entstehung des Bereichs der Gesellschaft suggeriert.

4.1.1 Schutz von Kind und Welt: Arendts Kritik an ‚progressive education'

Der oben thematisierte Vortrag Arendts über „Die Krise in der Erziehung" (vgl. Kapitel 3.4 und 3.5) trug in einer früheren Fassung den Untertitel: „Gedanken zur ‚Progressive Education'" (vgl. IwV, S. 289)[8]. Arendt kritisiert die „fortschrittliche Erziehung", die eine „Revolutionierung des gesamten Erziehungssystems bewirkt" habe. Es seien aufgrund „irgendwelcher" Theorien, die Arendt, wie sie sagt, an dieser Stelle nicht bewerten will, die „Regeln des gesunden Menschenverstands" (KdE, S. 259) beiseite geschoben worden. Dies sei, so Arendt, fatal, vor allem aber „in einem Lande, das im Politischen sich so weitgehend auf seinen Common sense" verlasse wie Amerika (KdE, S. 259). Sobald in öffentlichen Fragen der gesunde Menschenverstand versage oder auf Antworten verzichte, hätten wir es mit einer Krise zu tun. Im Vorgriff auf ihre später weiter ausgeführten Ideen über das *Leben des Geistes* (LdG) definiert sie den gesunden Menschenverstand als den „Gemeinsinn, durch den wir in eine uns allen gemeinsame Welt eingepaßt" seien und „mit dessen Hilfe wir uns in ihr" bewegten (KdE, S. 260; vgl. auch bereits EUtH, S. 41). In dem Maße, in dem dieser „common sense" nicht mehr zureiche, die „öffentlich politische Welt und ihre Ereignisse zu verstehen", wachse die „Ideologieanfälligkeit der modernen Massen" (EUtH, S. 41; vgl. auch EUtH, S. 629). Das Problem an einer modernen Krise sei, dass ein Stück Welt, etwas, das uns allen gemeinsam sei, zugrunde gehe. Das „Versagen des Gemein-

---

8 | Im Folgenden verwende ich, wie Arendt, den Begriff progressive education. Sie führt allerdings nicht näher aus, auf welche Pädagoginnen oder Pädagogen und Bewegung sie sich genau bezieht, eventuell kritisiert sie im Wesentlichen John Deweys Ansatz. Ihre Kritik daran, dass man nur wissen könne, was man selber gemacht habe, findet sich allerdings auch in *Vita activa*, also nicht nur in Bezug auf Erziehung.

sinns“ zeige dabei, „wie eine Wünschelrute an, wo ein solcher Einsturz passiert“ sei (KdE, S. 259).[9]

Arendt behandelt an dieser Stelle ein ihrer Meinung nach eigentlich privates bzw. gesellschaftliches Thema, da die Schule für Kinder und Jugendliche den Übergang zwischen dem Privaten und dem Öffentlichen gestalte, sie gleichsam auf die Welt vorbereiten würde (vgl. Kapitel 3.4.1 und 3.5). Dennoch beklagt sie in diesem Zusammenhang den Verlust des Gemeinsinns in „öffentlichen“ Fragen, in einem Staat, der sich „im Politischen“ auf ihn verlassen würde. Sie erläutert dies jedoch mit der Feststellung, dass gerade in den USA als Einwanderungsland, die Erziehung politisch eine „wichtigere Rolle als in anderen Ländern“ (KdE, S. 256) spielen würde. Diese läge jedoch nicht nur an der Einwanderung, sondern auch daran, dass Amerika die Neuordnung der Welt vornehmen, d.h. Armut und Knechtschaft habe abschaffen wollen (KdE, S. 256). In Europa sei die „progressive education“ Experiment geblieben, das „hie und da an einzelnen Schulen und Landerziehungsheimen ausprobiert wurde, um sich dann teilweise auch in größerem Maßstab spürbar zu machen“, während es in Amerika in den 1930er Jahren in kürzester Zeit „alle Traditionen und alle bewähr-

---

9 | Der Gemeinsinn kann also „versagen“ (KdE, S. 259), allerdings sieht Arendt in ihm dennoch in ihrer – unvollendeten – Auseinandersetzung mit Kant die Möglichkeit, als Basis des Urteilens zu dienen. Der Gemeinsinn sei für Kant der Sinn gewesen, „der uns in eine Gemeinschaft mit Anderen einpaßt, uns zu ihren Mitgliedern macht und uns in die Lage versetzt, Dinge welche unseren fünf privaten Sinnen gegeben sind, zu kommunizieren.“ (ÜdB, S. 140). „Der Gemeinsinn kann aufgrund seiner Einbildungskraft, in sich alle diejenigen anwesend haben, die abwesend sind.“ (ÜdB, S. 141). Mithilfe des Gemeinsinns könne eine Person nach Kant „an der Stelle jedes Anderen denken“ (ÜdB, S. 141). „Der entscheidende Punkt ist, daß mein Urteil in einem bestimmten Fall nicht nur von meiner Wahrnehmung abhängt, sondern davon, daß ich mir etwas repräsentiere [vergegenwärtige], was ich nicht wahrnehme“ (ÜdB, S. 141f., Zusatz im Orig.).

ten Lehr- und Lernmethoden über den Haufen geworfen" hätte (KdE, S. 259).

Arendt bleibt teilweise in der Begründung ihrer Thesen unkonkret. So greift sie auf eine Art ‚common knowledge' zurück, als sie sagt, dass Kinder berühmter Eltern „so oft" missrieten (KdE, S. 267).[10] Sie argumentiert an dieser Stelle erneut metaphorisch, dass der Ruhm in den „Privatraum der vier Wände" dringe, und so das Licht der Öffentlichkeit und seine „Erbarmungslosigkeit" dort hineinbringe, sodass der geborgene Lebensraum der Kinder, in dem sie gedeihen könnten, zerstört würde (vgl. KdE, S. 267). Arendt kritisiert „die progressive education" hinsichtlich selbstbestimmter Gruppen, ohne erwachsenen Erzieher. Die „Tyrannei durch die Majorität" (KdE, S. 263) führe in reinen Kindergruppen, ohne eine erwachsene Bezugsperson dazu, dass Kinder sich im schlimmsten Falle nicht wehren könnten und den übrigen Kindern ausgeliefert seien.[11] Arendt kritisiert auch das von Rousseau

10 | Die mangelnde Konkretheit mag aber auch darin begründet liegen, dass es sich bei dem entsprechenden Text um das Manuskript eines Vortrags handelte, den Arendt „im Rahmen der ‚Geistigen Begegnungen in der Böttcherstraße' in Bremen" gehalten hat (IwV, S. 289). Der Titel der Vortragsreihe lässt auf ein breiteres und nicht unbedingt ein Fachpublikum schließen.

11 | Dass Arendt reine sich selbst überlassene Kindergruppen ablehnte, mag auch wiederum vor dem Hintergrund des Nationalsozialismus zu verstehen sein. Nach der sog. „Gleichschaltung" aller Jugendverbände, die bereits 1933 geschah, sollten in der Hitlerjugend Jugendliche durch Jugendliche „geführt" werden (vgl. hierzu etwa eine Rede des oben bereits zitierten Nationalsozialisten Robert Ley 1938, S. 228). „Jugend führt Jugend" war ursprünglich ein Prinzip der Reformpädagogik, genauer gesagt der Jugendbewegung, z.B. des Wandervogels, das sich u. a. gegen bürgerliche Konventionen richtete (Berg 1991, S. 168). Während des Nationalsozialismus wurde es zum politischen Prinzip gemacht, wobei die Nazis ausnutzten, dass die Jugendlichen leichter indoktrinierbar waren. Erwachsene, auch wenn sie Parteimitglieder gewesen wären, hätten eventuell doch andere Informationen und Weltbilder vermittelt, vgl. auch

beeinflusste Erziehungsideal, „in dem Erziehung ein Mittel der Politik und der politischen Tätigkeit selbst als eine Form von Erziehung verstanden wurde“ (KdE, S. 257). Sie beklagt zudem den Autoritätsverlust, der in US-amerikanischen Schulen herrsche.

Innerhalb des präpolitischen, also vor der Öffentlichkeit geschützten Raumes der Schule müssen Kinder in einer Gruppe also nochmal geschützt werden und zwar voreinander. Deshalb solle man Kindergruppen nicht sich selbst überlassen, so Arendt. Arendt hat nicht bedacht oder zumindest nicht thematisiert, wie oft Kinder im Privaten und Gesellschaftlichen vor Erwachsenen geschützt werden müssen (vgl. auch Benhabib 1998, S. 332f.). Der Begriff „Sexueller Missbrauch von Schutzbefohlenen“ (§174 StGB der BRD) zeigt, dass der (Privatheits-)Schutz, die Unverletzlichkeit von Leib und Leben in bestimmten Fällen eben nicht gewährt wird. Dabei ist der Begriff „Missbrauch“ irreführend. Treffender wäre Gewalt gegenüber Schutzbefohlenen. Da Kinder Subjekte und keine Gebrauchsgegenstände sind und ihnen kein Gebrauchswert zukommt, gibt es keinen regulären „Gebrauch“ und somit auch keinen Missbrauch (vgl. auch zur Zweck-Mittel-Relation Kapitel 4.2.1).

Die wissenschaftliche Aufarbeitung der sexualisierten Gewalt an der Odenwaldschule gibt Arendts Kritik an der ‚progressive education‘, auf Deutsch ‚Reformpädagogik‘,[12] zu einem Teil Recht. So argumentieren beispielsweise Damian Miller und Jürgen Oelkers, dass die Grenzüberschreitungen durch die Auflösung der Hierarchien vereinfacht wurden, der Erzieher trat als „Freund“ der Kinder auf (Miller und Oelkers 2014, S. 16), die Wohngruppen im Internat trugen den Name „Famili-

---

unten zu Arendts Kritik, dass Kinder nicht zu Revolutionären erzogen werden können und sollten.

12 | Dass Arendt auf die „Landerziehungsheime“ (KdE, S. 259) verweist, lässt vermuten, dass sie in Bezug auf Europa die Reformpädagogik meint, vgl. auch oben.

en" und waren in einer familienähnlichen Struktur organisiert (Maeder 2014, S. 128). Ein Opfer des Schulleiters Gerold Becker sagte aus, dass dieser seinen Schülern gegenüber „nie autoritär" gewesen sei (Miller und Oelkers 2014, S. 16).[13] Christoph Maeder argumentiert, dass es sich bei den Fällen von sexualisierter Gewalt an der Odenwaldschule nicht um einzelne perverse Täter handle. Statt dessen entspräche die Odenwaldschule den Eigenschaften totaler Herrschaft nach Erving Goffman (vgl. Maeder 2014; vgl. Goffman 1981, S. 11, 16f.). Damian Miller und Jürgen Oelkers betonen, dass es keine „besinnungslosen Triebtäter" gewesen seien, keine „Ausrutscher von Einzeltätern", sondern die „anhaltende sexuelle Gewalt und andere Machtmissbräuche" durch Männer verübt wurden, die „sich hinter einer reformpädagogischen Fassade verstecken konnten" (Miller und Oelkers 2014, S. 7).

Das Problem war hier also nicht die Tyrannei der Majorität innerhalb einer Kindergruppe, sondern das systematische Ausnutzen – von Schwächen – des Systems. Dieses schien durch Intransparenz und seinen guten Ruf, eine angebliche „Erziehung vom Kinde aus" zu wollen, über jegliche Kritik erhaben, da es ja gerade an dieser vorbildlichen Einrichtung und bei dieser Pädagogik nicht sein könne, dass Missbrauch stattfände (vgl. Miller und Oelkers 2014, S. 7). Auch Arendt selbst betont, dass eine „Schädigung des werdenden Kindes" sonderbar anmute, da die ‚progressive education' ja behaupte, „ausschließlich dem Wohl des Kindes zu dienen"(KdE, S. 268), wobei sie die Schädigung darin sah, Kinder zu früh der Öffentlichkeit auszusetzen, sei es auch eine Scheinöffentlichkeit (KdE, S. 267f.).

Was Arendt dabei also nicht sah, war, dass der oder die Erziehende in diesem System gerade die eigene Vormachtstellung ausnutzen konnte und kann, von der Arendt meint, dass sie in Form einer natürlichen Hierarchie gerade in den Bereich des Privaten gehöre. Entgegen

13 | Vgl. auch Arendts Kritik an der mangelnden Autorität der Lehrkräfte, die nur noch im Lehren ausgebildet würden, nicht aber fachlich (KdE, S. 263).

Arendts Annahme, dass Kinder miteinander gegen die Erziehungsperson revoltieren könnten, ist dies in einem System, in dem der oder die Erwachsene einzelnen Kindern Gewalt antut, nicht unbedingt möglich. Da die Opfer sich aufgrund von Unterdrückung und aus Scham heraus nicht äußern, konnten sich die Kinder und Jugendlichen eben in diesen Fällen nicht zusammenschließen und sich wehren. Ähnlich verhält sich dies auch bei sexualisierter Gewalt aus dem Familien- und Bekanntenkreis, deren Existenz Arendt auch nicht benannt hat, als sie ein vor den Zugriffen des Staates geschütztes System forderte. Nicht nur in Bezug auf die Situation von Sklaven und Frauen in der Antike, sondern auch in *Die Ungarische Revolution und der totalitäre Imperialismus* stellt sie selber ebenfalls fest, dass es Umstände geben kann, in denen der private Rückzugsraum eben keine Geborgenheit mehr liefert (UR, S. 7).[14] Wie jedoch auch Seyla Benhabib argumentiert (vgl. Kapitel 3.2.1), wird deutlich, dass es Arendt in Bezug auf einen privaten Raum auf Schutz und Geborgenheit ankam.

Hannah Arendts Forderung, Kinder vor der Öffentlichkeit zu schützen, mag verglichen mit ihren Thesen in *Vita activa* (VA) widersprüchlich wirken. Ihre dortige Beschreibung von Natalität und der Fähigkeit, eine Revolution zu starten, mit der alle Menschen geboren werden, könnte zunächst vermuten lassen, dass sie Kinder als Revolutionärinnen und Revolutionäre sieht, die einen Neuanfang wagen. Stattdessen sollen in der Erziehung jedoch Autorität, Tradition und Konservatismus eine Rolle spielen. Revolution könne nicht gelehrt werden; wer es versuche, schlage Kindern die Chance auf den Neuanfang aus

14 | Dies formuliert sie in ihrer Analyse der ungarischen Revolution, es geht hier um den Zugriff des totalitären Staates auf das Private, nicht um Verbrechen und Vergehen von Personen, die sich aufgrund von familiären oder anderen Beziehungen mit ihren Opfern im Privatraum befinden.

der Hand (vgl. KdE, S. 258).[15] Dies mag zunächst einleuchten, jedoch bedenkt Arendt nicht, dass für die neoi, die „Neuen", wie Kinder im Griechischen genannt worden seien, im Generationenverhältnis alles, das wir ihnen vorgeben alt ist. Selbst wenn wir vorgeben, sie zu „Revolutionären von morgen" erziehen zu wollen, ist dieses für uns Neue für die Kinder von den Erwachsenen Erdachtes. Für diejenigen, die neu in die Welt kommen, ist alles bereits alt, wie Arendt an anderer Stelle klar formuliert, da alle Menschen immer schon in eine „bestehende Menschenwelt" (VA, S. 226) hineingeboren werden. Das Problem liegt aus Arendts Sicht offensichtlich bei denjenigen, die denken, sie könnten etwas Neues weitergeben.

Dieser scheinbare Widerspruch bzw. die Ableitung der Konsequenzen aus diesen Thesen erinnert an eine bereits von Kant auf den Punkt gebrachte Antinomie der Erziehung (Benner 1987, S. 192): „Wie kultiviere ich die Freiheit bei dem Zwange?" (Kant 2000b, A32). Kant geht in der 1803 von Friedrich Theodor Rink herausgegebenen Vorlesung „Über Pädagogik" davon aus, dass Zwang in der Erziehung nötig sei, und dabei die Frage, „wie man die Unterwerfung unter den gesetzlichen Zwang mit der Fähigkeit, sich seiner Freiheit zu bedienen, vereinigen könne", eines der „größten Probleme der Erziehung" sei (Kant 2000b, A32). Auch was das Alter von zu Erziehenden anbelangt, finden sich Parallelen bei Arendt und Kant. Arendt sagt im Interview mit Joachim Fest explizit, dass im „vierzehnten, fünfzehnten Lebensjahr" Gehorsam, der für Kinder notwendig sei, ein Ende haben sollte (Arendt und Fest 2007, S. 7). Sie betont an anderer Stelle, dass es wichtig sei, dass eine „klare Grenze" zwischen Kindern und Erwachsenen gezogen werden müsse. Diese Grenze sei allgemein nicht auszumachen; als „Al-

---

15 | Vgl. hierzu auch die Unterscheidung zwischen Natalität als pädagogischer und als politischer Kategorie (Hellekamps 2006; Mönig 2012, ‚vgl. auch oben Kapitel 2.2.4).

tersgrenze“ wechsle sie, so Arendt, sie sei in verschiedenen Zivilisationen und sogar von Person zu Person unterschiedlich (KdE, S. 276).[16]

Kant sieht 16 Jahre, die Geschlechtsreife, den Moment da der Mensch „selbst Vater werden kann“ [sic!] als Grenze an, als den Moment, zu dem keine Erziehung mehr ausgeübt werden sollte, allenfalls „eine versteckte Disziplin“ (Kant 2000b, A31). Wie Kant ist Arendt der Meinung, dass Erwachsene nicht erzogen werden können und dürfen (Kant 2000b, A31; A32; KdE, S. 258, 276). Kinder sollen, laut Arendt, im Gegenzug nicht mit politischen Fragen behelligt werden, damit Kinder nicht stellvertretend für Erwachsene deren Probleme lösen (vgl. auch Kapitel 3.5).

Elisabeth Young-Bruehl erwähnt, dass Arendts Faustregel nach der Jugendliche in politischen Angelegenheiten mobilisiert werden sollten, besagte, dass sie 18 Jahre sein müssten (Young-Bruehl 2004, S. 317). So habe Arendt etwa die Unterstützung für eine Untergruppe des „Student Mobilization Committee to End the War in Vietnam“ zurückgezogen, als sie erfuhr, dass dort „high school students“ involviert sein würden. Arendt zeigte sich nicht einverstanden „with the advisability of mobilizing children in political matters“ (Young-Bruehl 2004, S. 317).[17]

Neben der Altersgrenze lehnte Arendt auch allgemein die Vermischung von politischen Fragen und Bildungsfragen ab. Ihre Unterstützung für die Studierendenproteste der 1968er war geteilt: einerseits befürwortete sie die Aktionen, andererseits war sie skeptisch hinsichtlich der Politisierung der Universitäten und befürchtete, dass die Studieren-

16 | Diese Grenze kann auch intrakulturell über den Verlauf der Zeit verschoben werden. So wurde die heutige Volljährigkeit von 18 Jahren, die zuvor bei 21 Jahren lag, 1975 vom Deutschen Bundestag beschlossen (§2 BGB). Vielleicht hätte Arendt die Zwischenstufe des Erwachsenwerdens ausdrücken können, wenn sie, anstatt nur von Kindern zu reden, das Wort Jugendliche verwendet hätte.

17 | US-amerikanische Jugendliche besuchen die High School je nach Bundesstaat in der Regel im Alter von 14 bis 18 Jahren.

den die Universität zerstören könnten.[18] Der beste Geldgeber für Universitäten sei ihrer Meinung nach jedoch immer noch der Staat, wie sie Karl Jaspers zu seiner Schrift *Die Idee der Universität* schreibt. Den möglichen Einwand, was mit staatlich finanzierten Hochschulen in einer Diktatur geschehen würde, nimmt sie vorweg. Diese würden unter einem „diktatorialen Regime [...] in jedem Fall ‚gleichgeschaltet' werden, ganz gleich ob sie vom Staat bezahlt waren oder nicht. In diesem Sinne gibt es keine Sicherung, weil es eine unpolitische Sicherung gegen Politik überhaupt nicht" gäbe (AJ, S. 85).

Arendts Befürchtung ist ihrer analytischen, theoretischen Trennung zwischen Politik, Gesellschaft und Privatem geschuldet sowie ihrer Annahme, dass es rein politische Angelegenheiten gäbe und deshalb eben auch Fragen, die nicht im Politischen verhandelt werden sollten. Universitäten sind ein Beispiel, bei denen sie ihre Theorie, die sie aus ihrer Erfahrung heraus entwickelte, auch auf die Analyse der Praxis, der „praktischen Politik" (VA, S. 13) anwendet, wie auch „Little Rock" (Arendt 1986a) und ihr erläuternder Vortrag zur „Krise in der Erziehung" (KdE) ein Kommentar zu aktuellen politischen Ereignissen waren.

Das Ende der „Krise in der Erziehung" (KdE) ähnelt einer Art Zusammenfassung ihrer Thesen in *Vita activa* (VA). Was alle anginge sei

> der Bezug zwischen Erwachsenen und Kindern überhaupt, oder noch allgemeiner und genauer gesprochen, unsere Haltung zu der Tatsache der Natalität: daß wir alle durch Geburt in die Welt gekommen sind und daß diese Welt sich ständig durch Geburt erneuert (KdE, S. 276).

---

18 | Vgl. hierzu auch ihre Einschätzung zu Platos Akademie als eine Art öffentlicher Raum, s. o. Kapitel 2.2.2.

Dies dürfe deshalb nicht „der Pädagogik, einer Spezialwissenschaft, überlassen bleiben" (KdE, S. 276).[19] Sie betont den kollektiven Wert dessen, was im Privaten stattfinden soll, in diesem Fall die Erziehung. Die bestehende Welt benötige Schutz vor den Neuankömmlingen. In der Erziehung entscheide sich daher, ob wir die „Welt genug lieben" würden, „um die Verantwortung für sie zu übernehmen und sie gleichzeitig vor dem Ruin zu retten, der ohne Erneuerung, ohne die Ankunft von Neuen und Jungen, unaufhaltsam wäre" (KdE, S. 276). Gleichzeitig betont sie den individuellen Wert des Privaten, konkret für die Kinder, da sich außerdem in der Erziehung entscheide, ob wir „unsere Kinder genug lieben [würden], um sie weder aus unserer Welt auszustoßen und sich selbst zu überlassen", wie es Arendts Einschätzung nach durch ‚progressive education' geschieht,

> noch ihnen ihre Chance, etwas Neues, von uns nicht Erwartetes zu unternehmen, aus der Hand zu schlagen, sondern sie für ihre Aufgabe der Erneuerung einer gemeinsamen Welt vorzubereiten (KdE, S. 276).

Die Liebe zur Welt als Handlungsmaßstab erscheint seltsam, zumal Arendt die Liebe in politischen Belangen als unzureichendes Kriterium betrachtet. In Erziehungsfragen, also privaten Angelegenheiten findet sie dies aber offensichtlich angemessen.

Heutzutage können Kinder ihre Privatheit in einem Maße selber, aber auch gegenseitig zerstören, wie es zu Arendts Zeiten noch nicht

---

19 | Dieser Hinweis ist gegebenenfalls auch noch einmal als (rhetorische) Rechtfertigung ihres Vortrags zu sehen, den sie mit der Feststellung beginnt, dass sie über etwas sprechen werde, für das sie keine Expertin sei. Allerdings interessiere sie „an der Frage der Erziehung" „die Tatsache, daß sie, wenigstens in Amerika, zu einem politischen Problem ersten Ranges geworden" sei (KdE, S. 255). Hier wird erneut Arendts Einteilung von Ereignissen und Tätigkeiten in bestimmte Bereiche deutlich. Für sie gehörte vor der Krise, die sie in Amerika ausmacht, Erziehung in den Bereich des Privaten, oder zumindest des Gesellschaftlichen.

möglich war. Dies geschieht, wenn sie Informationen über sich oder andere im Internet preisgeben. Die Warnung vor der „Tyrannei" durch eine Mehrheit erhält dabei erschreckende Aktualität, wenn wir an Cybermobbing unter Kindern und Jugendlichen denken, die beispielsweise in sozialen Netzwerken oder mit ihren Mobiltelefonen ohne das Wissen von Erwachsenen einzelne „tyrannisieren" können, wie ich darlegen werde.

4.1.2 Beispiel Cybermobbing

Ein aktuelles Beispiel, wovor Kinder geschützt werden können und offensichtlich auch müssen, ist Cybermobbing.Die Internetplattform Klicksafe definiert Cybermobbing als „das absichtliche Beleidigen, Bedrohen, Bloßstellen oder Belästigen anderer mithilfe von Internet- und Mobiltelefondiensten über einen längeren Zeitraum hinweg." (Landeszentrale für Medien und Kommunikation (LMK) Rheinland-Pfalz 2015).[20] Wie bei anderen „Online"-Phänomenen hat hier eine Entgrenzung von Raum und Zeit stattgefunden. Die betroffenen Kinder und Jugendlichen können sich nicht räumlich und / oder zeitlich nach Hause flüchten, oft finden die gravierendsten Angriffe außerhalb der Schulzeit statt – wobei der psychische Druck auch schon im Prä-Internetzeitalter nicht außerhalb der eigenen vier Wände blieb. Cybermobbing geschieht per SMS, E-Mail, Instant-Messaging oder über soziale Netzwerke wie beispielsweise Facebook.[21]

---

20 | Fallzahlen sind schwer zu ermitteln, u.a. da es in der Bundesrepublik Deutschland laut dem Bündnis gegen Cybermobbing derzeit kein eigenes Gesetz gegen Cybermobbing gibt (vgl. allerdings Bündnis gegen Cybermobbing e.V. 2014).

21 | Die offizielle Altersgrenze zur Benutzung von Facebook, die rechtlich auf dem US-amerikanischen „Children's Online Privacy Protection Act" (COPPA) basiert, liegt bei 13 Jahren, (vgl. Federal Trade Commission 2015). Facebooks „Erklärung der Rechte und Pflichten" enthält unter Punkt 4 „Registrierung und

Dieses Kompositum, das aus zwei Wörtern besteht, die zu Arendts Lebzeiten noch nicht verwendet wurden,[22] umfassen ein Phänomen, bei dem die „Tyrannei durch die Majorität" (KdE, S. 263) einer Gruppe von Heranwachsenden neue Formen annimmt. Es kann dabei allerdings auch Fälle geben, in denen die „Tyrannei" nicht von der Majorität, sondern von einem einzelnen Täter oder einer einzelnen Täterin ausgeht. Anstelle von Schulhofschlägereien, dem Auflauern auf dem Schulweg,

---

Kontosicherheit" die folgende „Verpflichtung" „5. Du wirst Facebook nicht verwenden, wenn du unter 13 Jahre alt bist." (Facebook Inc. 2015a), im englischen Original: „You will not use Facebook if you are under 13." (Facebook Inc. 2015b). Wobei die Formulierung „Du wirst nicht [...] " an die wörtliche Übersetzung der zehn Gebote aus dem Hebräischen erinnert und gleichzeitig einen Zwang auferlegt, der wie in Hypnose ausgesprochen nach Gehirnwäsche klingt, anstelle von anderen – zumindest im Deutschen denkbaren – Formulierungen, die zwar Regeln aufstellen, aber nicht derart absolut, etwa ohne direkte Ansprache. Hier wird das modale Futur I als Imperativ verwendet, was im Deutschen möglich ist, aber in Geschäftsbedingungen nicht üblich. Zudem wird die Userin bzw. der User im Internetslang geduzt, was für Nutzungsbedingungen irritierend ist, vgl. z.B. Twitter, die das „Sie" verwenden (Twitter Inc. 2016). Die Verantwortung wird dabei gleichzeitig dem einzelnen Kind auferlegt, nicht den Erziehungsberechtigten. Es muss sich gleichsam selber vor der Welt schützen. Die Befehlsform unterstreicht außerdem die auch schon bezüglich anderer Fälle kritisierte Bevormundung durch Facebook, wie z.B. das Zensieren von Fotos stillender Mütter als anstößigem Inhalt. Dabei ist selbstverständlich jegliche Nutzung von Facebook freiwillig, mag der Gruppenzwang dort angemeldet und „aktiv" zu sein, auch hoch sein.

22 | Im Englischen wird der Begriff „cyberbullying" verwendet (Wikipedia contributors 2014). Die Bloggerin Sue Scheff schlug 2013 in der *Huffington Post* vor, im englischen Sprachgebrauch das Wort „cyber-mobbing" für eine Steigerung von „cyberbullying" zu verwenden, wenn es sich nicht mehr um „average online bullying" handle, sondern eine Gruppe – im konkreten Falle ein „Lynchmob" – das Mobbing ausübe (vgl. Scheff 2013).

Mobbing im Klassenraum oder Ähnlichem hat sich die Gewalt in die virtuelle Kommunikationswelt verlagert.[23]

An Fällen von Cybermobbing zeigt sich, dass Kinder auch und gerade in der veränderten Form der Öffentlichkeit, im Netz geschützt werden müssen, was Arendts Forderung entspricht, dass Kindergruppen nicht „sich selbst überlassen" werden dürfen, da das Kind sich in diesem Fall in „der absoluten Minorität" gegenüber „der absoluten Majorität aller anderen" befindet (KdE, S. 262). Allerdings reichen Arendts Kritikpunkte an der progressive education, nicht aus, um Cybermobbing und ähnliche Tyrannei unter Kindern und Jugendlichen zu verhindern. Die meisten „Grenzverletzungen" dieser Art finden jedoch offensichtlich in der Tat „unter Gleichaltrigen" statt (Preuß 2014).

Ein anderer Fall, bei dem ein Jugendlicher unfreiwillig der medialen Öffentlichkeit ausgesetzt wurde, betrifft den US-amerikanischen Teenager „♯AlexfromTarget". Er erlangte Berühmtheit und hatte plötzlich über eine halbe Million Twitter-Followers, weil eine Teenagerin ihn bei seinem Job im Supermarkt fotografiert und sein Bild bei Twitter gepostet hatte. Diskutiert wurde dies vorrangig als „virales" Phänomen. Allerdings wurden auch Stimmen laut, dass die fotografierende Teenagerin Alex' „Recht am eigenen Bild" verletzt hatte, sowie ihr Verhalten als Stalking eingestuft werden könnte.[24]

---

23 | Dabei ist, wie für diese gesamte Arbeit zu bemerken, dass eine Trennung zwischen Online- und Offline-Welt oft nicht (mehr) möglich ist, vgl. auch den Begriff On*life* (Floridi 2015).

24 | Die plötzliche Bekanntheit des Teenagers Alex rief im Internet auch – so zweideutig wie nicht nur digitaler Ruhm ist – Neid hervor. Wie Caitline Dewey im Blog „The Intersect" der *Washington Post* schrieb: „Alex may be 'Internet famous', but the Internet owns him. He doesn't own his fans … and he certainly isn't the agent of his own enormous, newfound fame." (Dewey 2014). Das „Recht am eigenen Bild" ist allerdings eine europäische Rechtskonstruktion und nicht identisch mit der US-amerikanischen Rechtslage.

Laut Arendt hingen das helle Licht der Öffentlichkeit und die erzählbaren Geschichten auch mit Ruhm und Heldentum zusammen. Sie betont in Ihrer „Lessing-Rede", dass es „keineswegs selbstverständlich" sei, dass ein Mensch, in der Öffentlichkeit erscheine und die Öffentlichkeit ihn überhaupt akzeptiere und bestätige. „Nur das Genie" werde von seiner Begabung selbst in die Öffentlichkeit gedrängt und brauche sich „zu ihr nicht erst zu entschließen" (Arendt 2012a, S. 12). Dass Menschen die Öffentlichkeit benötigen, um in ihr zu erscheinen, damit ihnen Wirklichkeit zukommt, ist auch heute noch durchaus so. Allerdings gibt es durch die digitale Öffentlichkeit häufiger und weitreichendere Fälle, in denen Menschen, wie der Teenager Alex, – zumindest temporär – zu Ruhm und sogar Weltruhm gelangen, bei denen keine besondere Leistung zu erkennen ist und die sich nicht zum Erscheinen im Öffentlichen entschlossen haben.

Kinder und Jugendliche müssen also, wie Arendt betont, langsam und schrittweise auf das „helle Licht der Öffentlichkeit" vorbereitet werden. Arendt selbst äußert sich allerdings nicht explizit dazu, wie dies aussehen solle und betont nur, dass der Staat „the unchallengeable right to prescribe minimum requirements for future citizenship" hätte (Arendt 2003b, S. 211). Darüber hinaus dürfe er nur das Unterrichten von Unterrichtsfächern und Berufen fördern und unterstüzen „which are felt to be desirable and necessary to the nation as a whole" (Arendt 2003b, 211f.). Dies bedeutet also nur den Inhalt der Erziehung des Kindes und nicht „the context of association and social life which invariably develops out of his attendance at school" (Arendt 2003b, 212, vgl. auch oben Kapitel 3.4.1). Andernfalls würde das Existenzrecht von Privatschulen (vgl. auch Kapitel 3.4) in Frage gestellt werden (Arendt 2003b, S. 212).

Für Hannah Arendt kann die Spontaneität von Kindern und Jugendlichen geschützt werden, wenn sie durch das gesellschaftliche Zwischenreich der Schule langsam auf die Öffentlichkeit der Welt vorbereitet wurden. Sie können im Politischen einen Anfang machen, wie sie ihn zuvor in der Welt qua biologischer Geburt gemacht haben. Sie können spontan handeln und u. U. sogar eine Revolution starten – wenn sie nicht durch die Massengesellschaft zu bloßen sich-verhaltenden Wesen werden.

4.2 Konformismus, Objektivierung, Vergessen

Im Folgenden werde ich Arendts Kritik an der abendländischen philosophischen Tradition, dass versucht worden sei, das menschliche Handeln durch eine dem Herstellen ähnliche Tätigkeits- und Regierungsform zu ersetzen, erläutern und auf unsere aktuelle Situation beziehen. Arendt kritisiert außerdem die moderne Massengesellschaft, in der Menschen sich nur noch verhalten würden, anstatt zu handeln. Auf beide Umstände hätten die totalitären Bewegungen aufbauen können. Wer frei mit anderen Menschen handeln kann, ist eine Gefahr für das System, da er oder sie unvorhergesehene Aktionen starten kann. Den totalitären Systemen ist daher daran gelegen, Handeln durch „sich Verhalten" zu ersetzen. Dieses ist vorhersehbar, da Menschen nur noch „funktionieren". Auch Arendts Kritik an den empirischen Gesellschafts- und Sozialwissenschaften hängt damit zusammen, dass diese das menschliche Verhalten untersuchen. Ebenso ist ihre Kritik an Statistik zu verstehen (vgl. Kapitel 3.4).

Daran, dass Menschen sich nach bestimmten, sich wiederholenden und deshalb voraussagbaren Mustern verhalten, sind heute insbesondere Unternehmen interessiert, die Produkte verkaufen wollen. Als aktuelles Beispiel werde ich deshalb „behavioral advertising" anführen, Werbung, bei der das (Kauf-)Verhalten von Konsumentinnen und Konsumenten ausgewertet wird, was durch das Internet für die Unternehmen sehr leicht geworden ist. Zygmunt Bauman weist daraufhin, dass Firmen auf diese Weise sogar Geld sparen können, da ein Aspekt der früheren Marketingarbeit wegfällt (vgl. Bauman und Lyon 2013, 154f.).

4.2.1 Handeln garantieren: Arendts Kritik an bloßem Verhalten

Seit Plato sei, so Arendt, versucht worden, „Politik überhaupt abzuschaffen“ (VA, S. 281). Dieser Versuch, ein „Tun im Modus des Herstellens an die Stelle des Handelns zu setzen“, sei Teil der „Polemik gegen die Demokratie“ (VA, S. 279). Deren Argumente seien auch als Argumente gegen das Politische überhaupt verwendet worden. Dies hinge mit den Aporien, in die Handeln führe (VA, S. 241ff.), zusammen, da diese sich auf die „Bedingtheit menschlicher Existenz durch Pluralität zurückführen [ließen], ohne die es weder einen Erscheinungsraum noch einen öffentlichen Bereich gäbe“ (VA, S. 279). Der „Versuch, der Pluralität Herr zu werden,“ sei deswegen „immer gleichbedeutend mit dem Versuch, die Öffentlichkeit überhaupt abzuschaffen“ (VA, S. 279). Die totalitären System gingen noch einen Schritt weiter und versuchten zusätzlich, das Private zu beseitigen (vgl. EUtH, S. 975 vgl. auch Kapitel 3.3.1).

Die Eigenschaften des Handelns erläutert Arendt ausführlich in *Vita activa*: seine Folgen seien unabsehbar (VA, S. 311ff.), es zeichne sich durch Spontaneität aus, eine Besonderheit seien das Anfangen und Anfangen-Können (VA, S. 215f.), das wiederum mit der Grundbedingung der Natalität verknüpft sei (VA, S. 18), dem Handeln eigne ein Prozesscharakter (VA, S. 293ff.), außerdem sei es nicht planbar und das Getane sei unwiderruflich (VA, S. 300ff.). Wir handelten immer in die Natur (VA, S. 294) und in eine bereits von Menschen gemachte Welt hinein, in das „Bezugsgewebe menschlicher Angelegenheiten“ (VA, S. 222ff.), was zur Schrankenlosigkeit des Handelns führe, da es sich immer im „Medium der Vielen, also in dem im engeren Sinnen politischen Bereich“ bewege (VA, S. 237). Mit der Grundbedingung der menschlichen Pluralität hänge außerdem zusammen, dass wir niemals in Isolation handeln können (VA, S. 234). Das Handeln führe des Weiteren, im Gegensatz zum Herstellen nicht zu einem einzigen greifbaren Produkt, für den es einen Verantwortlichen oder eine Verantwortliche gibt. Sein einziges Produkt seien erzählbare Geschichten (VA, S. 226ff., vgl. auch Kapitel 3.5).

In der modernen Massengesellschaft, in die sich die Klassengesellschaft verwandelte (vgl. u. a. VA, S. 277; EUtH, S. 663ff., 696, 703, 707), wodurch Menschen an Orientierung verloren, und die eine Konsumgesellschaft, d.h. eine Arbeitsgesellschaft ist (VA, S. 150), verhielten Menschen sich nur noch gesellschaftskonform anstatt zu handeln. Dies habe, in Verbindung mit dem „Zerfall des Nationalstaates" die Bedingungen dazu geschaffen, dass die voneinander isolierten Individuen bereit waren, den totalitären Ideologien des 20. Jahrhunderts zu folgen (EUtH, S. 16). Dabei wendet Arendt ein, dass die totalitären Systeme als neue Staats- und Herrschaftsform durchaus in der Lage gewesen seien, „auf ihre Weise die Probleme der Massengesellschaft" zu lösen (VA, S. 274; vgl. auch EUtH, S. 906). Die isolierten, vereinzelten Menschen in der Massengesellschaft hätten keine Beziehungen mehr zueinander (EUtH, S. 975) und keine Orientierung mehr in der Welt, seien in ihr nicht mehr zu Hause (EUtH, S. 698, 966, 970, 975). Die totalitäre Propaganda komme insofern den „Bedürfnissen der geistig und physisch heimatlos gewordenen Massen" (EUtH, S. 906) entgegen. Bereits die totalitären Bewegungen vor der Machtergreifung realisierten „das Zerrbild, das die heimatlos und asozial gewordenen Massen sich von der Gesellschaft gemacht" hätten (EUtH, S. 781). Die Tatsache, dass „totale Herrschaft, obwohl offen verbrecherisch, von der Unterstützung der Massen getragen" werde, hält Arendt für „zweifellos [...] sehr beunruhigend", weshalb es aber auch nicht überraschen würde, dass sowohl Wissenschaftler als auch Politiker diese Tatsache nicht sehen wollten, „wobei die einen statt dessen an die magische Propaganda und Gehirnwäsche glauben und die anderen zu schlichter Verleumdung greifen, wie z.B. Adenauer in mehreren Fällen." (EUtH, S. 629). „Große Anhäufungen von Menschen" entwickelten, so Arendt, eine „nahezu automatische Tendenz zu despotischen Herrschaftsformen, sei es nun die despotische Herrschaft eines Mannes oder der Despotismus von Majoritäten" (VA, S. 55).

Sowohl die philosophische Tradition als auch die totalitären Staaten trachteten dabei danach aus den Vielen Einen zu machen (EUtH, S. 907, 958, 970, VA, 279f., 284). Dieser Herrschaftsbegriff stamme, so Arendt, aus dem „Haushaltsbereich der Familie“ (VA, S. 284).[25] Durch die Aufhebung der Pluralität und das Ersetzen des unvorhersagbaren Handelns durch planbares Herstellen werde versucht, Unwägbarkeiten auszuweichen. Das totale System benötigt „Menschenmaterial“ und sich verhaltende isolierte Individuen, damit es funktioniert. Keine Individuen im Sinne von einzigartigen, sondern von vereinzelten Wesen, die in die Verlassenheit (vgl. auch Kapitel 2.2.1) gedrängt wurden, wie Arendt ausführt. Totale Herrschaft versuche „alle Menschen in ihrer unendlichen Pluralität und Verschiedenheit so zu organisieren, als ob sie alle zusammen nur einen einzigen Menschen darstellten“ (EUtH, S. 907). Hierzu müsse es gelingen, „jeden Menschen auf eine sich immer gleichbleibende Identität von Reaktionen zu reduzieren, so daß jedes dieser Reaktionsbündel mit jedem anderen vertauschbar“ sei (EUtH, S. 907). Das Wesen totaler Herrschaft sei Terror (EUtH, S. 954), so Arendt, „in Übereinstimmung mit außermenschlichen Prozessen und ihren natürlichen und geschichtlichen Gesetzen“ (EUtH, S. 955). Anstelle des Zauns des Gesetzes, in dessen Rahmen Menschen sich in Freiheit bewegen könnten, trete das „eiserne Band des Terrors“, das Menschen derart stabilisiere, dass jedes spontane Handeln verhindert würde, da Anhänger totalitärer Bewegungen Freiheit für gefährlich hielten (EUtH, S. 955). Die Menschenmassen werden durch dieses Band, nachdem alle „noch verbleibenden Beziehungen zwischen Menschen“ (vgl. auch Kapitel 3.4.2) zerstört wurden, voneinander isoliert und für politische Aktionen eingesetzt (EUtH, S. 975), sie werden in „eine entfesselte Bewegung“ gerissen (EUtH, S. 978). Das Prinzip totalitärer Herrschaft sei die Präparierung von potentiellen Opfern. Es

25 | Das Bild, dass aus Vielen Einer wird, erinnert an den Souverän in Hobbes' *Leviathan* (Hobbes 2008; vgl. auch EUtH, 318ff.).

solle sowohl Vollstrecker als auch Opfer darauf vorbereiten, dass die Vollstrecker des heutigen Tages diejenigen sein können, die am darauffolgenden Tag eliminiert werden (EUtH, S. 961). Was die totalitären Regime im Allgemeinen mit der Bevölkerung versucht haben, sei, so Arendt, in Konzentrationslagern als Experiment durchgeführt worden. Menschen wurden zu bloßen Objekten degradiert, zu lebenden Leichnamen präpariert (vgl. EUtH, S. 929). Dies hätten die Nazis geschafft, indem sie zunächst die „juristische Person", darauf die „moralische Person" und schließlich die Individualität zerstörten (EUtH, S. 934). Das Ziel sie die „Ertötung der Spontaneität" gewesen, d.h. der „Fähigkeit des Menschen, von sich aus etwas Neues zu beginnen" (EUtH, S. 935).[26]

Die Grunderfahrung menschlichen Zusammenseins im Totalitarismus ist die Verlassenheit (EUtH, S. 975), die sich von Einsamkeit unterscheidet (vgl. Kapitel 2.2.1). Sie wurde in den Konzentrationslagern, dem schlimmsten und äußersten Fall, tatsächlich realisiert. Die Pluralität, deren Ort die Öffentlichkeit ist, steht der Individualität gegenüber, deren Ort das Private ist, beide sind menschlich und unverzichtbar für politisches Handeln in konstitutionellen Staaten. Das Handeln wurde von der Tradition dadurch bedroht, dass sie versuchte, es durch Herstellen zu ersetzen. Die Massengesellschaft forderte außerdem von ihren Mitgliedern konformes Sich-Verhalten.

Objektformel und Objektvierung

Mit Arendts Kritik an der Tradition geht ihre von Kant beeinflusste Kritik der Übertragung des Zweck-Mittel-Verhältnisses in den politischen Bereich einher (VA, S. 185). Dies speist sich erneut aus ihrer

---

26 | An dieser Stelle spricht Arendt noch vom Menschen im Singular, vgl. jedoch ihre Argumentation in *Vita activa*, dass die politische Tradition immer nur den Menschen im Singular betrachtet habe, während es jedoch in der Politik um die Menschen im Plural ginge (vgl. VA, vgl. auch Kapitel 2.2.1 und 2.2.4).

Totalitarismusanalyse und der Frage, wie ein erneutes Aufkommen dieser Herrschaftsform vermieden werden könne. Auch das Bundesverfassungsgericht bezog sich in Entscheidungen sowohl auf die totalitäre Erfahrung (Schreyer und Schwarzmeier 2005, S. 57) als auch auf Kants Annahme, dass der Mensch niemals als bloßes Mittel betrachtet werden dürfe. Dabei ist in der Forschung umstritten, inwiefern Kant diesbezüglich der liberale Theoretiker war, als der er heute in dieser Hinsicht angesehen wird (vgl. Hirsch 2012, S. 494), wenn seine – damals zeitgemäßen – Äußerungen etwa zu Frauen bedacht werden. Arendt betont, dass auch Kant, nie aus der „Aporie des utilitaristischen Denkens" herausgekommen sei (VA, S. 186).

Das Bundesverfassungsgericht bekräftigt im Urteil zur lebenslangen Freiheitsstrafe aus dem Jahr 1977 (BVerfGE, *45, 187*), wie auch Arendt mit ihrem Pluralitätsbegriff, dass der Mensch ein Gemeinschaftswesen sei. Er sei ein „geistig-sittliches Wesen", „das darauf angelegt ist, in Freiheit sich selbst zu bestimmen und sich zu entfalten. Diese Freiheit versteht das Grundgesetz nicht als diejenige eines isolierten und selbstherrlichen, sondern als die eines gemeinschaftsbezogenen und gemeinschaftsgebundenen Individuums" (unter Verweis auf BVerfGE, *33, 303*, S. 304). Die Freiheit des Einzelnen könne „im Hinblick auf diese Gemeinschaftsgebundenheit nicht ‚prinzipiell unbegrenzt' sein." Das, was Arendt Pluralität nennt, wird also als Begründung angeführt, dass sich der einzelne „diejenigen Schranken seiner Handlungsfreiheit gefallen lassen [muss], die der Gesetzgeber zur Pflege und Förderung des sozialen Zusammenlebens in den Grenzen des bei dem gegebenen Sachverhalt allgemein Zumutbaren zieht". Dabei muss die „Eigenständigkeit der Person gewahrt bleiben" (BVerfGE, *30, 1*, S. 20).

Unter Bezugnahme auf ein früheres Urteil zum Mikrozensus (BVerfGE, *27, 1*), argumentiert das Bundesverfassungsgericht außerdem, dass jeder Einzelne auch in der Gemeinschaft grundsätzlich „als gleichberechtigtes Glied mit Eigenwert anerkannt werden" müsse. Daher widerspräche es der menschlichen Würde, den Menschen zum bloßen Objekt im Staate zu machen [..]. Der Satz, ‚der Mensch muß immer Zweck an sich selbst bleiben', gilt uneingeschränkt für alle Rechtsgebiete; denn die unverlierbare Würde des Menschen als Person besteht gerade darin, daß er als selbstverantwortliche Persönlichkeit anerkannt bleibt. (BVerfGE, *45, 187*)

An dieser Stelle wird Kant zitiert, der in der *Grundlegung zur Metaphysik der Sitten* formuliert:

Denn vernünftige Wesen stehen alle unter dem Gesetz, daß jedes derselben sich selbst und alle andere [sic!] niemals bloß als Mittel, sondern jederzeit zugleich als Zweck an sich selbst behandeln *solle*. Hierdurch aber entspringt eine systematische Verbindung vernünftiger Wesen durch gemeinschaftliche objektive Gesetze, d. i. ein Reich, welches, weil diese Gesetze eben die Beziehung *dieser Wesen* auf einander, als Zwecke und Mittel, zur Absicht haben, ein Reich der Zwecke (freilich nur ein Ideal) heißen kann. (Kant 1997a, BA74, 75; vgl. auch Kant 1977, §38, A 140)

Diese sogenannte „Objektformel" geht auf den Rechtswissenschaftler Günter Dürig zurück (vgl. Will 2011). In späteren Urteilen wird jedoch betont, dass die „Leistungskraft" der Objektformel begrenzt sei (BVerfGE, *109, 279*).

Wie oben ausgeführt (vgl. Kapitel 2.2.3) befindet Arendt, dass, wer nur im Privaten lebe, Objekt bleibe, da er nicht von anderen gehört und gesehen werde. Allerdings bezieht sich dies auf politisches Handeln, Freiheit, Gleichheit und Öffentlichkeit, da sie an anderer Stelle betont, dass außer in einer Extremsituation unter totaler Herrschaft (vgl. Kapitel 3.3.1) ein Mensch immer in Beziehung zu anderen Menschen stehe.[27] Mit dem Menschsein hängt für Arendt auch das „Jemand"-Sein zusammen, dessen Gegenteil ein „Niemand" oder ein „austauschbares Ding" wäre (ÜdB, S. 21). Die „Herrschaft des Niemand" (ÜdB,

---

27 | Zur feministischen Perspektive auf Objektivierung vgl. Papadaki (Papadaki 2014).

S. 22) ist die Bürokratie, das „größte begangene Böse“ ist dasjenige, das von „Niemanden“ begangen wurde, „das heißt von menschlichen Personen, die sich weigern, Personen zu sein“ (ÜdB, S. 101; vgl. auch Elbe 2015).[28] Vollkommene Passivität und absolutes Schweigen seien so gut wie unmöglich (VA, S. 214, vgl. Kapitel 2.2.1). Allerdings sei ein nur im Privaten verbrachtes Leben möglich. Ein Beispiel hierfür sind Sklaven, denen in der Antike ihr Menschsein abgesprochen wurde (vgl. Kapitel 3.1).[29] Wenn diese Sklaven nur im Verborgenen Tätigkeiten verrichten, die der Erhaltung des Lebens dienen und eben nicht in der Agora handelnd und sprechend erscheinen, ist es, aus Arendt'scher Perspektive, fragwürdig, ob je über sie Geschichten erzählt werden, die der Erinnerung an sie Dauerhaftigkeit verleihen könnte. Sie würden vergessen werden.

Das Recht und die Gefahr, vergessen zu werden

In den aktuellen Datenschutzdebatten wird vielfach ein „Recht, vergessen zu werden“ gefordert, um beispielsweise kompromittierende Fotos von „Jugendsünden“ aus dem Internet entfernen zu können. Der Grund hierfür ist, dass im Internet u. a. mit Hilfe von Suchmaschinen jahrelang und dauerhaft mit wenig Aufwand Informationen und Daten über Menschen abgerufen werde können, die vormals weitaus schwieriger zugänglich waren, da z.B. auf ältere Ausgaben von Tageszeitungen nur über Archive und Bibliotheken zugegriffen werden konnte. Am 13. Mai 2014 entschied der Europäische Gerichtshof (EuGH), dass Suchmaschinenbetreiber, in diesem Fall die Firma Google Inc., verpflichtet

---

28 | An ihrem Begriff der Person wird deutlich, dass Arendt eine Anthropologie formuliert, wenn sie dies auch, wie in Kapitel 2.2.4 ausgeführt nicht wollte.

29 | Arendt unterscheidet in dieser Hinsicht zwischen biologischem und politischem Leben (vgl. auch 2.2.4), sie trifft die „klassische Unterscheidung“ zwischen ‚zoe‘ und ‚bios‘, „privatem Leben und politischer Existenz (Agamben 2002, S. 197).

sind, auf Antrag Links zu Informationen über Bürgerinnen und Bürger zu löschen. Diese Entscheidung kommt zu einem Teil dem „right to be forgotten" nahe.[30] Kai von Lewinski argumentiert jedoch, dass es bei diesem Urteil nicht um das „Recht auf Vergessenwerden" ginge, das „ohnehin nur eine politische Catching Phrase im Rahmen der [...] EU-Datenschutz-Grundverordnung" sei (Lewinski 2015, S. 2). Der EuGH unterscheide zwischen mehreren Öffentlichkeit*en*. Eine Besonderheit sei, dass Suchmaschinen Informationen verknüpfbar und strukturierbar machen, weshalb die Gefahr von Persönlichkeitsprofilen bestünde. Da hier das Problem besteht, dass der Staat als eine Art „Zensurhelfer" auftreten könnte, wenn unliebsame Äußerungen gelöscht werden müssen, folgert Lewinski, dass die Lösung in einem übergreifenden Informationsrecht liegen werde. Insgesamt verdeutlicht dieses Urteil den Zusammenhang zwischen Persönlichkeitsschutz und Äußerungsfreiheit (vgl. auch Lewinski 2015, S. 2).

Mit der sog. Datenschutz-Grundverordnung des Europäischen Parlaments und des Rates wurde 2016 das „Recht auf Löschung (‚Recht auf Vergessenwerden')" festgeschrieben (Europäische Union 2016b, Artikel 17). Artikel 17 legt fest, dass die betroffene Person das Recht habe, „von dem Verantwortlichen zu verlangen, dass sie betreffende personenbezogene Daten unverzüglich gelöscht werden". Der Verantwortliche sei unter bestimmten Umständen verpflichtet, „personenbezogene Daten unverzüglich zu löschen" (Europäische Union 2016b,

30 | Sog. „Google Spain-Urteil", EuGH v. 13.5.2014 – Rs. C-131/12. Bürgerinnen und Bürger können „unter bestimmten Voraussetzungen die Entfernung des Links aus der Ergebnisliste erwirken". Es muss dabei abgewogen werden zwischen dem Interesse der Person, die den Antrag stellt, und dem Interesse der Öffentlichkeit an den entsprechenden Informationen (vgl. Gerichtshof der Europäischen Union 2014), vgl. auch das Löschformular der Firma Google Inc. (Google Inc. 2015[a]). Das Urteil bezieht sich jedoch nur auf europäisches Recht, insofern kann es vorkommen, dass Links z.B. über www.google.com weiterhin auffindbar sind (Reißmann 2014), vgl. auch Kapitel 4.3.1.

Artikel 17). Des Weiteren wurden Ausnahmen von diesem Recht formuliert, z.B. für den Fall, dass die Datenverarbeitung „zur Ausübung des Rechts auf freie Meinungsäußerung und Information" erforderlich ist (Europäische Union 2016b, Artikel 17).

Peter Schaar geht davon aus, dass das „Recht auf Vergessenwerden" uns lange Zeit davor geschützt habe,

> [...] dass wir mit eventuellem Fehlverhalten noch nach langer Zeit konfrontiert werden. Selbst Veröffentlichungen über verurteilte Straftäter sind zu einem wesentlich späteren Zeitpunkt nur noch mit Einwilligung des Betroffenen zulässig. Zudem dürfen die personenbezogenen Daten nur in dem jeweiligen Sachzusammenhang verwendet werden. (Schaar 2009, S. 51)

Dieses Vergessenwerden gäbe es heute nicht mehr, so Schaar, was die veröffentlichten Daten anbelange (Schaar 2009, S. 51).

Vergessen zu werden kann jedoch auch ein Bedrohungsszenario darstellen. In oben genanntem Beispiel zur Methode der Ochrana (vgl. Kapitel 3.3.1) bemerkt Hannah Arendt, dass es das eigentliche Ziel der Geheimpolizei sei, jedwede Erinnerung an den Verdächtigen auszulöschen. Die „einzige Spur", die die sog. ‚Unerwünschten' und ‚Lebensuntauglichen' hinterließen, sei die „Erinnerung derer, die sie kannten, liebten, und zu deren Welt sie gehörten". Aus diesem Grund sei eine der wichtigsten und „schwierigsten Aufgaben der totalitären Polizei, auch diese Spur mit den Toten auszulöschen" (EUtH, S. 898). Erst wenn sich niemand mehr an einen Menschen erinnere, dieser vollständig vergessen wurde, ist er als politischer Feind vollständig ausgelöscht und stellt keine Gefahr mehr für das System dar. Es sollte kein Mensch mehr am Leben gelassen werden, der die Geschichte der Verstorbenen hätte erzählen können.[31] Die „Hinterbliebenen [dürften] niemals Sicherheit über Leben und Tod ihrer Angehörigen erhalten" (EUtH, S. 900). Die

---

31 | Zur Bedeutung von Geschichten für das Festhalten der Ergebnisse des Handelns und damit für die Menschheitsgeschichte (vgl. VA, S. 222ff., vgl. auch Kapitel 3.5).

Bevölkerung habe „daran gewöhnt werden müssen, dass der Verhaftete aus der Welt der Lebenden nicht nur so verschwindet, als wäre er gestorben, sondern als hätte es ihn nie gegeben." (EUtH, S. 900). Ein Mörder sei, im Gegensatz zu den „modernen Massenmördern" nur daran interessiert, „die Spuren der eigenen Identität zu verwischen" (EUtH, S. 901). Ein Mensch sei jedoch dann erst „wirklich ermordet", wenn er „aus der Welt der Lebenden so ausgelöscht [sei] [...], als ob er nie gelebt hätte" (EUtH, S. 901).

Arendt beschreibt auch hier wieder die Bedeutung von zwischenmenschlichen Beziehungen (vgl. Kapitel 3.4), da es nicht um irgendeine Erinnerung geht, sondern u. a. um diejenige derer, die die Menschen „liebten". Auch der Versuch, menschliche Existenzen im Konzentrationslager zu vernichten, ist in diesem Kontext zu verstehen. Es handele sich um „Höhlen des Vergessens", in die „jeder jederzeit hineinstolpern" konnte, „um in ihnen zu verschwinden" (EUtH, S. 900).

Allerdings haben die Nazis, wie oben bereits erwähnt (vgl. Kapitel 3.3.1), im Gegensatz zur sowjetischen Herrschaft akribisch Buch geführt, über alle Menschen, die sie getötet haben, wobei diese Daten der Öffentlichkeit erst nach dem Ende des Regimes zugänglich waren. Erinnerung sei „die der totalen Herrschaft so gefährliche Gabe" und Arendt zitiert „ausländische Beobachter", die meinten, dass, „‚wenn es stimmt, daß Elefanten niemals vergessen, die Russen uns wie das genaue Gegenteil von Elefanten erscheinen ... Sowjetrussische Psychologie scheint Vergessen wirklich möglich zu machen'" (EUtH, 899f., Auslassung im Orig.). Von den Taten der Nazis hingegen zeugen Listen der Verstorbenen, auf denen und durch die die Nazis zumindest deren Namen „verdinglicht" und somit im Arendt'schen Sinne dauerhaft gemacht haben.

Dass nicht alle Informationen mit wenigen Klicks auffindbar sind, ist jedoch nicht vollständig mit dem Vergessen-machen der totalitären Systeme vergleichbar. Die Informationen sind weiterhin vorhanden, ihr Auffinden jedoch erschwert. Zudem handelt es sich nicht direkt um Zensur, da die Informationen veröffentlicht wurden und ex post erst unauffindbar gemacht werden müssen. Diese Auffindbarkeit bezieht sich auf bestimmte Suchbegriffe, u. U. können über eine abweichende Eingabekombination von Schlagworten oder eine andere Suchmaschine Informationen trotz der „Löschung“ gefunden werden. Die Meinungs- und Pressefreiheit bleibt also gewahrt.

Dem Vergessenwerden steht heute die massenhafte Sammlung und Speicherung von Informationen durch Geheimdienste und Unternehmen gegenüber.

4.2.2 Beispiel Behavioral Advertising

Arendts Vorbehalte gegenüber der Sprachlosigkeit der Wissenschaften, gegenüber dem Versuch der von ihr kritisierten Gesellschaftswissenschaften, menschliches Verhalten vorherzusagen, und gegenüber dem Versuch der Tradition und der totalitären Systeme, Handeln durch Herstellen und Sich-Verhalten ersetzen zu wollen, spiegeln sich in Datenschutzdebatten wider. So werten beispielsweise Unternehmen, also nichtstaatliche Akteure, unter der Bezeichnung „behavioral advertising“ oder „behavioral targeting“ Daten aus, um Kundinnen und Kunden gezielt Werbung aufgrund ihrer Interessen und bisherigen Käufe zukommen zu lassen. „Behavioral Advertising“ wurde 2012 von der Obama-Administration definiert als „the practice of collecting information about consumers' online interests in order to deliver targeted advertising to them“ (*Consumer Data Privacy in a Networked World* 2012, S. 11); unter Bezugnahme auf einen Bericht der Federal Trade Commission, wird konkretisiert, dass „Online behavioral advertising involves the tracking of consumers' online activities in order to deliver tailored advertising.“ (*Federal Trade Commission Staff Report: Self-Regulatory Principles For Online Behavioral Advertising* 2009, S. 2). Dieses Beispiel belegt auch, dass die in Kapitel 3 thematisierten einzelnen Dimensionen des Privaten nicht immer trennscharf sind, im vorliegenden Fall wird zunächst die informationelle Dimension des Privaten verletzt, wenn die Daten gespeichert und verwendet werden, und in einem weiteren Schritt wird versucht, die dezisionale Dimension zu beeinträchtigen, wenn Kaufentscheidungen der Einzelnen beeinflusst werden. Eine Werbeart, für die es keiner Datenerhebung bedarf, wäre z.B. Plakatwerbung.

Sowohl durch das Benutzen von Suchmaschinen, als auch beispielsweise von Treuekarten von Geschäften, werden Daten über das Such- bzw. Kaufverhalten – potentieller – Kundinnen und Kunden gesammelt, um es zu analysieren und ihnen sog. „personalisierte" Werbung zukommen zu lassen. Diese Fälle betreffen nicht unbedingt politisches Handeln, wie Arendt es versteht, dennoch wird in der Debatte um dezisionale Privatheit und autonome Bürgerinnen und Bürger befürchtet und zum Teil auch empirisch nachgewiesen, dass Menschen durch diese Beeinflussung ihr Verhalten ändern.[32] In einer Fußnote zum Zusam-

---

32 | Auch wenn die Wirkung von Werbung umstritten ist (Voigtländer und Voth 2015, S. 1), so soll sie dennoch Kaufverhalten unmittelbar beeinflussen. Besondere Umstände entstehen hier durch die sog. „Filter Bubble" (Pariser 2012), die für die jeweilige Person vermeintlich relevante Informationen anzeigt, die aus dem bisherigen Surf-Verhalten im Internet, d.h. besuchten Seiten und z.B. via die „like"-Buttons bei Facebook angegebenen Vorlieben, errechnet wurden (vgl. auch Bauman und Lyon 2013, 150ff.). Werbung sollte in der Regel als Werbung gekennzeichnet sein, doch auch hier denken uninformierte Internetnutzerinnen und Internetnutzer gegebenenfalls, die angezeigten Suchergebnisse seien „neutral" und für alle von jedem Computer aus gleich. Dabei berechnet der Suchmaschinenbetreiber Google bereits seit 2009 die „Treffer" von Suchanfragen (vgl. Horling und Kulick 2009) aus 57 Merkmalen (Pariser 2012), z.B. der Geolocation und den Informationen über den verwendeten Browser. Diese „personalisierte Suche" nimmt explizit Einfluss auf unsere Informationsbeschaffung, also die Grundlage unserer Meinungsbildung. Im Jahr 2015 betonen Firmen wie Google und Facebook, dass sie die „Privatsphäre" der Nutzerinnen und Nutzer schützen wollen (vgl. z.B. Google Inc. 2015[b]), ohne jedoch auf ihr grundsätzliches Geschäftsmodell zu verzichten, mit den Daten der Kundinnen und Kunden Geld zu verdienen.

menhang zwischen Terror und Propaganda bemerkt Arendt, dass oft übersehen werde, dass „nicht nur politische Propaganda, sondern bereits die moderne Massenreklame ein Element der Drohung in sich" enthalte (EUtH, S. 726). Arendt führt dies nicht näher in Bezug auf Reklame aus, argumentiert allerdings, dass gleichzeitig Terror auch ohne Propaganda wirksam sei. Dies sei gültig für den „politischen Terror" in einer Tyrannis. Der totalitäre Terror, der Menschen nicht nur von außen, sondern auch „von innen zwingen will", da „das politische Regime mehr will als Macht"(EUtH, S. 726), bedürfe der Propaganda. Werbung zwingt Menschen also offensichtlich „nur" von außen. Die Effektivität von Nazi-Propaganda hinsichtlich antisemitischer Vorurteile bei der Generation, die zwischen 1933 und 1945 in Deutschland aufwuchs, zeigt sich anhand der Auswertung von in den 1990er und 2000ern durchgeführten Befragungen. Die Propaganda wurde offensichtlich besonders gut in Städten und an Orten aufgenommen, an denen bereits zuvor antisemitische Einstellungen geäußert worden waren (vgl. Voigtländer und Voth 2015). Die Autoren zählen auf, dass Versuche, öffentliche Meinungen, Haltungen und Überzeugungen zu modifizieren die Bandbreite von Werbung und Beschulung bis hin zu Gehirnwäsche beinhalten würden. Am effizientesten habe sich der Studie zufolge „Nazi schooling" gezeigt (Voigtländer und Voth 2015, S. 1).

Dass Werbung versucht unser Kaufverhalten zu beeinflussen, ist dabei nicht neu oder überraschend, sondern vielmehr Aufgabe von Marketingstrategien, die darauf abzielen, unsere Aufmerksamkeit auf das jeweilige Produkt zu lenken und es uns zu verkaufen – oder es zumindest zu kennen und gegenüber den Konkurrenzprodukten zu bevorzugen (Bauman und Lyon 2013, S. 154; vgl. hierzu auch Mönig 2017). So äußerte beispielsweise ein Statistiker der Firma Target, dass Target anhand von Treuekartendaten bewusst schwangere Frauen als Werbezielscheibe herausfiltern würde. Diese stünden gemeinsam mit ihrer Familie vor einem neuen Lebensabschnitt, in dem viele – sofern es das erste Kind ist – zuvor nicht benötigte Produkte und Waren angeschafft werden müssen. Ziel der Werbestrategie ist dabei, die Familien darauf aufmerksam zu machen, dass Target Baby- und Kinderartikel im Sortiment führt, damit die junge Familie von Anfang an auch diese Produkte dort einkauft (Duhigg 2012).[33]

Neben den „Verhaltenswissenschaften" kritisiert Hannah Arendt in *Vita activa* auch die Naturwissenschaften. Deren Wissenschaftler hätten ihre Sprache verloren (VA, S. 11) und könnten die Prozesse des Weltalls, die sie in die Natur hineinleiten würden (VA, S. 342), nicht mehr beschreiben. Sie hätten nur noch eine mathematische Symbolsprache zur Verfügung, die sich aber nicht mehr in Gesprochenes zurückführen lasse, deshalb lebten sie in einer „sprach-losen [sic!] Welt" (VA, 11f.), einer Welt in der die Sprache ihre Macht verloren habe. Gefährlich sei dies, weil nur das, worüber wir miteinander sprechen könnten, für Menschen im Plural einen Sinn ergebe (VA, 11f.). Arendts Befürchtung erinnert an ebenfalls nicht vorhersagbare Algorithmen, insbesondere Machine Learning, und andere Big Data-Anwendungen heute, deren Ausmaße weder Laien noch Expertinnen oder Experten erfassen können. Auch einzelne Programmiererinnen und Programmierer kennen beispielsweise oft nur Ausschnitte des Programmcodes und haben keinen Überblick über das gesamte Softwareprojekt.[34] Insofern werden wirklich, wie Arendt feststellt, Prozesse losgelassen, deren Ausgang unbekannt ist, eine Eigenschaft, von der sie schreibt, dass die-

33 | Die Reaktionen der Käuferinnen und Käufer auf diese ausgewählte Werbung sind unterschiedlich. So gibt es Stimmen, die befürworten, dass sie keine Werbung von Produkten sehen möchten, die sie nicht interessieren und die sie nicht kaufen wollen. Andererseits gibt es Hinweise, dass Kundinnen und Kunden erschrocken darüber waren, dass sie beispielsweise gezielt Werbung für Babyprodukte zugestellt bekamen, woraufhin andere Artikel neben diesen präsentiert wurden (vgl. Duhigg 2012).

34 | Ein Beispiel für nicht übersehbaren Code war die sog. „Heartbleed"-Sicherheitslücke in der freien Software-Bibliothek OpenSSL, relevant u. a. für das Verschlüsselungsprotokoll ‚https' (vgl. z.B. Bundesamt für Sicherheit in der Informationstechnik 2014).

se charakteristisch für das menschliche Handeln sei. Menschen werden in diesem Zusammenhang eben nicht mehr als Subjekte betrachtet, sondern werden zu Objekten, deren Verhalten ausgewertet wird (vgl. auch Kapitel 4.2.1). Dabei wird auch versucht, ihr Handeln auszuwerten. Das „was" einer ist, z.B. Mitglied einer bestimmten Partei kann bereits leicht erfasst werden (vgl. Kapitel 3.3.2).[35] Mittlerweile gibt es wirklich technische Prozesse, über die diejenigen, die sie gemacht haben, keine Kontrolle mehr haben, wie Arendt bereits in den 1950ern fürchtete. Allerdings betont sie ihrerseits, dass Wissenschaftler im Prinzip gar nicht anders könnten, als so weit zu gehen, wie sie können, da dies eine Eigenschaft der Wissenschaft sei (VA, S. 11f.).[36]

Arendt warnt auch davor, dass, sollte sich bewahrheiten, dass es uns als „erdgebundene[n] Wesen, die handeln, als seien sie im Weltall beheimatet", auf immer unmöglich sei, „die Dinge, die [...] [wir] solcherweise tun, auch zu verstehen, d.h. denkend über sie zu sprechen", nichts anderes übrigbliebe, als „Maschinen zu ersinnen, die uns das Denken und Sprechen abnehmen" würden (VA, S. 10). Hier verdeutlicht sich erneut ein Zusammenhang zwischen Denken, Verstehen und einem Heimatgefühl. Als Maschinen und Mechanismen, die uns das Denken und Sprechen abnehmen würden, können heute Computer und Algorithmen verstanden werden. Was Computer für uns überneh-

---

35 | In der Debatte um die sog. „Vorratsdatenspeicherung" (vgl. Kapitel 3.5 und 4.3.1) wird argumentiert, dass nur Metadaten, Verbindungsdaten gespeichert würden, also z.B. die Dauer und Häufigkeit von Telefonaten mit bestimmten Nummern. Diese sind dabei einfacher auswertbar als die Inhalte von Kommunikation und geben auch Aufschluss über das Leben und die Beziehungen von Menschen, vgl. etwa auch die Methode der Ochrana in Kapitel 3.3.

36 | Die Frage wie weit sie wirklich gehen könnten, müsse die Politik klären, wie Arendt in Bezug auf die Atombombe ausführt. Da dies jedoch eine „politische Frage ersten Ranges" sei, dürfe sie weder den „Berufspolitikern", noch den „Berufswissenschaftlern" überlassen, sondern müsse ausgehandelt werden (VA, S. 10).

men, ist bisher wohl eher logisches Schlussfolgern, wissenschaftliches Schließen, wie Arendt es selbst vom Verstehen abgrenzt.

Die Formulierung, dass wir handeln würden, als seien wir im Weltall beheimatet, klingt nach einer seltsamen Unterscheidung zwischen Erde und Weltall.[37] Auch hier fällt auf, dass Arendt den Begriff „beheimatet" benutzt. Es geht ihr also auch hier um die Heimat der Menschen in der Natur und der sich ständig verändernden Welt. Der Unterschied zwischen Erde und Welt, den Arendt betont, liegt zwischen dem natürlich Gegebenen und dem, was Menschen herstellen, womit sie sich in der Welt einrichten. In ihren Ausführungen zum Handeln betont Arendt noch einmal, dass Mathematik und Wissenschaften sich nicht in Sprache ausdrücken ließen, hier jedoch nennt sie als Grund, dass „die natürliche Sprache sich als zu umständlich für ihre Zwecke" erweise, weshalb hier, „aber auch bei bestimmten Kollektivarbeiten" dauernd Zeichensprachen verwendet würden (VA, 218f.). Sprache ist für Arendt also nicht nur spezifisch menschlich, da für bloße Kommunikationszwecke, also z.B. das Mitteilen von Hunger und anderen Bedürfnissen, Laute ausreichen würden. Zeichensprache hat für Arendt allerdings nur eine begrenzte Einsatzfähigkeit und schränke die Möglichkeit, sich auszudrücken ein.[38] In Zusammenhang mit

37 | Vgl. auch Arendts Bemerkung, dass es „im Wesen der Sache" liege, dass die Astrophysik, „eine Wissenschaft vom Weltall" (VA, S. 343), „die kosmische Universalwissenschaft" (VA, S. 341), und nicht die Geophysik, „eine Naturwissenschaft", die „letzten Geheimnisse von Erde und Natur" aufdecken könne (VA, S. 343). Auch hier unterstellt sie, oder scheint sie anzunehmen, dass das All nicht Teil der Natur und die Erde nicht Teil des Alls sei.

38 | Arendt konnte Ergebnisse heutiger wissenschaftlicher Experimente mit Kleinkindern und Menschenaffen nicht kennen, denen zufolge Zeichensprache sowohl phylo- als auch ontogenetisch am Anfang des Spracherwerbs steht. Vielleicht stimmen diese Forschungsergebnisse Arendt jedoch sogar zu. Kleinkinder und Menschenaffen können in der Tat (noch) nicht über Politik diskutieren. In Bezug auf Menschen kann jedoch die „geteilte Aufmerksamkeit" belegen,

diesen Ideen Arendts über Sprache und der Frage danach, was ihre Privatheitsvorstellungen heute noch für eine Relevanz haben, drängt sich die Frage auf, ob dies wirklich bedeutet, dass Sprache in ihrer vollen Ausprägung nur im Politischen vorkommt. Es würde vielleicht heißen, dass im Privaten, im antiken oikos eine Laut- und Zeichensprache ausgereicht hätte, da es hier ja nur um den Erhalt der Lebensnotwendigkeiten ging. Dies würde auch zu Arendts Unterscheidung zwischen Macht und Gewalt und präpolitischer und politischer Autorität passen, da ihrer Meinung nach Gewalt, Hierarchie und Ungleichheit im Privaten beheimatet sind (vgl. Kapitel 2). Nicht nur im Sinne der von ihr betonten Verschiedenheit, sondern eben auch im Sinne der von ihr beschriebenen Angleichung, die erst im Politischen geschieht und die Voraussetzung für politisches Handeln ist.

4.3 Privatheit, Sicherheit, Freiheit

Viele Überwachungs-, Kontroll- und Durchsuchungsmaßnahmen, die Privatheitsverletzungen darstellen, geschehen im Namen der Sicherheit eines Staates. Überdeutlich wurde dies im Juni 2013 als der ehemalige Geheimdienstmitarbeiter Edward Snowden Informationen über die Ausmaße von Überwachungsmaßnahmen US-amerikanischer und britischer Geheimdienste an ausgewählte Journalistinnen und Journalisten

---

dass Kleinkinder eben nicht nur ihre eigenen Bedürfnisse kommunizieren, sondern auch aufmerksam gegenüber ihren Mitmenschen sind und ihnen „helfen" wollen (vgl. Tomasello 2009). Arendt definierte nicht näher, was sie unter „Zeichensprache" verstand. Zumindest in Bezug auf Gebärdensprachen muss jedoch betont werden, dass diese derart komplex sind, dass es durchaus möglich ist beispielsweise über Politik zu diskutieren, wie etwa auch die Übersetzung der ARD-Nachrichtensendung „Tagesschau" in Gebärdensprache belegt.

weitergab.[39] Vor dem Hintergrund diese sog. „NSA-Skandals" stellt sich die Frage nach der Aktualität weiterer Thesen Arendts. Wie in Kapitel 3.3.1 hervorgehoben, ist ein zentraler Unterschied zwischen tyrannischer und totaler Herrschaft für Arendt der Versuch, das Private zu infiltrieren und das Privatleben der Bürgerinnen und Bürger gleichsam abzuschaffen. Dies deutet eventuell bereits auf „totalitäre" Tendenzen in den heutigen Maßnahmen liberal-demokratischer Staaten hin. Auslöser für die verstärkten Überwachungsmaßnahmen waren insbesondere die terroristischen Attentate vom 11. September 2001 auf das World Trade Center in New York City, das Pentagon in Arlington County, Virginia und der versuchte Anschlag auf Washington, D. C. Im selben Jahr jährte sich das Erscheinen von *Elemente und Ursprünge totaler Herrschaft* zum 50. Male. Wie Wolfgang Heuer bemerkt, haben der Anschlag und die darauf folgenden Kriege keinen Zweifel mehr daran gelassen, dass es eine Aktualität der Arendt'schen Thesen aus diesem Werk gäbe (vgl. Heuer 2005). Totalitäre Tendenzen seien, so Arendt, in der heutigen Welt „überall zu finden" (EUtH, S. 943).

4.3.1 Das Private schützen: Arendts Kritik an omnipräsenten totalitären Tendenzen

Die Privatheit von Bürgerinnen und Bürgern wird, verstärkt seit den erwähnten Anschlägen, durch Gesetze und Maßnahmen, die der jeweils eigenstaatlichen, aber auch der internationalen „Sicherheit" dienen, eingeschränkt (Solove 2011, S. 1f.). Hierbei wird von Seiten der Politik oft von einem notwendigen Kompromiss, einer Abwägung zwischen Sicherheit und Privatheit gesprochen,[40] die nicht nur zu Las-

39 | Die ersten Hinweise gab Snowden u. a. an Glenn Greenwald, der diese in *The Guardian* veröffentlichte (vgl. Greenwald 2014).

40 | Vgl. hierzu etwa die Aussagen des 44. US-Präsidenten Barack Obama (Amtszeit von 2009 bis 2017): „[...] how are we striking this balance between the need to keep the American people safe and our concerns about privacy?

ten der Privatsphäre und des Datenschutzes, sondern auch der Freiheit geht.

Arendt identifizierte nicht nur die beiden totalitären Systeme im 20. Jahrhundert, sondern ging „zeitlebens von einer Gefährdung durch den Totalitarismus“ aus, weil die „Elemente und Ursprünge dieser neuen Herrschaftsform in der Moderne selber zu finden seien und das nicht nur *vor* dem Totalitarismus, sondern auch danach“ (Heuer 2005, Hervorhebung von mir, JMM). Sie wies jedoch darauf hin, dass mit dem Wort ‚totalitär‘ „sparsam und vorsichtig“ umgegangen werden müsse (EUtH, S. 636).[41]

Kurt Sontheimer begründet Arendts Aktualität mit ihrer Beobachtung, dass das Auftreten der totalitären Systeme dazu geführt habe, dass die politischen Systeme, die beanspruchten, freiheitlich zu sein, ebenfalls in Gefahr stünden

> vom totalitären Bazillus infiziert zu werden. [...] [D]ie Einschränkung der Freiheit und die Unterdrückung der menschlichen Spontaneität und die Korrumpierung der Macht durch Gewalt [blieben] auch für die Politik sogenannter freiheitlicher Systeme eine ständige Bedrohung [...] (Sontheimer 2007, IVff.).

In ihnen lauere „die Gefahr, daß Zwang (auch sogenannte Sachzwänge) und Gewalt das freie Handeln des Menschen erstick[t]en“ (Sontheimer 2007, IVff.). Arendt schreibt, dass moderne Menschen aufgrund der „allenthalben zunehmenden Verlassenheit“ in die totalitären Bewegungen gejagt würden (EUtH, S. 978). Die „Bedingungen unter denen wir uns heute im politischen Feld beweg[t]en“ würden von den „verwüstenden Sandstürmen“ der totalitären Bewegungen bedroht (EUtH, S. 978).

Because there are some tradeoffs involved. [...] I think it's important to recognize that you can't have 100 percent security and also then have 100 percent privacy and zero inconvenience. We're going to have to make some choices as a society“ (The White House 2013; vgl. auch Solove 2011).

41 | Zum Totalitarismusbegriff und seiner „begrifflichen Unschärfe“ vgl. Vollnhals (Vollnhals 2006).

In einer Aufzählung dessen, was wir über totalitäre Herrschaft wissen und wissen können und dessen, was wir nicht wissen, bringt Arendt auf den Punkt, was die totalitären Elemente auch heute noch zu einer Bedrohung macht. Wir ahnten beispielsweise nicht,

> [b]is zu welchem Ausmaße [...] eine wirkliche Veränderung der menschlichen Natur und eine effektive Veränderung des individuellen Charakters möglich sind [...]. Noch weniger ahnen wir, wie viele Menschen unseres Jahrhunderts bereit wären, totale Herrschaftsmethoden zu akzeptieren bei voller Einsicht in ihre Ungeheuerlichkeit [...]. Wir wissen auch nicht, aber wir können es ahnen, wie viele Menschen sich in Erkenntnis ihrer wachsenden Unfähigkeit, die Last des Lebens unter modernen Verhältnissen zu tragen und zu ertragen, willig einem System unterwerfen würden, das ihnen mit der Selbstbestimmung auch die Verantwortung für das eigene Leben abnimmt. (EUtH, S. 906)

Neben den konkreten politischen Umständen, die Arendt beschreibt, könnten ihre Analysen auch helfen, „den Blick für die Moderne zu schärfen" (Heuer 2005). Wolfgang Heuer zufolge habe der 11. September 2001 die „Zeit großer Vereinfachungen" eingeläutet, nach „40 Jahren Kaltem Krieg" seien die „Fähigkeiten der unterscheidenden Analyse eingerostet" (Heuer 2005).

Arendt selbst brachte aufgrund dieser von ihr vorgenommenen Unterscheidungen den Zusammenhang zwischen Privatheit, Freiheit und Sicherheit folgendermaßen auf den Punkt:

> What is necessary for freedom is not wealth. What is necessary is security and a place of one's own shielded from the claims of the public. What is necessary for the public realm is that it be shielded from private interests which have intruded upon it in the most brutal and aggressive form. (PRPI, S. 108)

Sie bezieht sich dabei auf die Sicherheit der einzelnen Person, und nicht auf die Sicherheit eines Staates, wobei es laut Barack Obama sein könne, dass das eine das andere bedingt (The White House 2013).[42]

---

42 | Begrifflich sei mit „Sicherheit" in den 1950er und 1960er Jahren zunächst die Sicherheit von Staaten vor Staaten gemeint gewesen. Danach fand ein Be-

Menschen brauchen Sicherheit vor Eingriffen durch andere, den Staat und die Gesellschaft. Zugleich und hierzu benötigen sie den eigenen Platz, der vor dem Öffentlichen abgeschirmt ist. Auch für den Bereich des Öffentlichen ist von Bedeutung, dass er abgeschirmt wird gegenüber privaten Interessen. Hier findet sich die Betonung der proprietären Dimension des Privaten in ihrer historischen Analyse wieder (vgl. Kapitel 3.1). Dass für Freiheit dabei nicht Reichtum entscheidend ist, liegt an dem von ihr betonten Unterschied zwischen Eigentum und Reichtum, und damit zusammenhängend auch an ihrer Kritik daran, dass Privatinteressen seit der Neuzeit Politik (mit)bestimmten. Dies bezieht sich sowohl auf die befürchtete „Tyrannei der Intimität" (Sennett 2002), als auch auf den Akkumulationsprozess des Kapitals in der modernen Massengesellschaft sowie die Orientierungslosigkeit der Massen (vgl. auch Rampp 2014, S. 52), die im schlimmsten Fall in deren Verlassenheit münden würde (vgl. Kapitel 2.2.1 und 4.2.1). Arendts Argument erinnert hier an heutige Lobbyismus-Kritik (vgl. auch ÜR, S. 347). Die privaten Interessen, die die öffentliche Sphäre intrudiert haben, verwiesen auf ein größeres Interesse am Menschen, als an der Welt, wobei das Interesse an der gemeinsamen Welt jedoch laut Arendt das sein müsse, was unser politisches Handeln leitet (vgl. auch Kapitel 3.2). Wer kein Interesse an der Welt habe, sei nicht geeignet Politik zu betreiben.

Im Einklang mit dieser Kritik an Privatinteressen sah Hannah Arendt selbst die Gesellschaft als größere Gefahr für das Private, als die Politik:

> As the public realm has shrunk in the modern age, the private realm has been very much extended, and the word that indicates this extension ist *intimacy*. Today this privacy is very much threatened again, but the threats are rather from society than from government. (PRPI, S. 108, Hervorhebung im Orig.)

---

deutungswandel statt, der auch beinhalte, die Sicherheit des Individuums zu schützen. (Rampp 2014).

Arendt schien hier auf ihre eigene Analyse anzuspielen, derzufolge totale Momente, die spezifisch für die Moderne seien, in der Massengesellschaft hervorragende Bedingungen fänden, um zu gedeihen, auf die freiheitlich-demokratische Staatsform jedoch zu vertrauen. Da „die Politik" in Form der Geheimdienste bei Unternehmen Daten abfragt, ohne dass Anfangsverdachtsmomente bestünden, ist diese Formel wohl auch für demokratische Systeme zu einfach. Der verletzende Akteur ist hierbei der Staat, der auf die von Firmen erhobenen Informationen zugreift. Die Firmen sind dabei nach Arendts Einteilung eine gesellschaftliche Instanz.[43]

Ähnlich äußerte sich Arendt bereits in einer Fußnote in *Vita activa*:

> Die Bedrohung der Freiheit in der modernen Gesellschaft kommt nicht vom Staat, wie der Liberalismus annimmt, sondern von der Gesellschaft, in welcher die Jobs verteilt werden und welche den individuellen Anteil an dem gesellschaftlichen Gesamtvermögen festsetzt. (VA, S. 433)

Allerdings betont sie hier die Freiheit anstelle der Privatheit. Wenn allerdings die Privatheit auch in Gefahr ist, wenn die Öffentlichkeit verschwindet (vgl. Kapitel 4.1.1), und Freiheit eine Angelegenheit der Öffentlichkeit ist, dann können wir davon ausgehen, dass diese Feststellung auch für das Private gilt. Arendt grenzt politische Handlungsfreiheit im Öffentlichen ab von Willensfreiheit (VA).[44]

---

43 | Die rechtliche Lage in den USA schützt mit dem 4. Zusatzartikel der amerikanischen Verfassung die einzelne Privatperson, sobald jemand jedoch Informationen an andere weitergibt, darf der Staat über diese verfügen (vgl. hierzu z.B. Sandfuchs 2015).

44 | Vgl. auch ihre Aufsätze „Freiheit und Politik" (Arendt 1994e, *Zwischen Vergangenheit und Zukunft. Übungen im politischen Denken I*, im Folgenden zit. als ‚ZVuZ', S. 201ff.) sowie „Revolution und Freiheit" (ZVuZ, S. 227ff.), zur Willensfreiheit vgl. den zweiten Teil zu *Vom Leben des Geistes* (LdG), vgl. zu ihrem Freiheitsbegriff außerdem *Über die Revolution* (ÜR; vgl. außerdem

Arendt beschreibt metaphorisch einen Raum, zu dem keiner Zugang haben darf, damit wir nicht ständig unter Beobachtung stehen. Sie verwendet zur Umschreibung dessen, was passieren würde, wenn sich alles immer in der Öffentlichkeit abspielen würde, den Begriff der „Verflachung" (vgl. Kapitel 2.2.3).

Auch Rössler argumentiert, dass wir unser Verhalten ändern würden, oder uns zumindest „*in dem Bewusstsein* bewegen", dass wir gefilmt werden, wenn wir unter ständiger Überwachung, z.B. durch Videokameras auf öffentlichen Plätzen stünden (Rössler 2003, S. 88, Hervorhebung im Orig.). Sie betont, dass es sich auch dann um eine Verletzung der informationellen Privatheit und somit der Autonomie der beobachteten Personen handle, wenn diese davon wüssten (Vgl. Kapitel 4.3.1). Neben der Videoüberwachung öffentlicher Plätze (vgl. z.B. Rössler 2001, 2003), dienen der Überwachung von Personen heute auch z.B. GPS-Daten. Wie ich im Folgenden ausführen werde, unterscheiden sich Einzelne darin, ob sie damit einverstanden sind, dass ihre Bewegungen (zurück-)verfolgt werden.

Machtasymmetrien und Freiwilligkeit

Zur Unterscheidung zwischen freiwilliger und unfreiwilliger Überwachung verwendet Beate Rössler die Bezeichnungen ‚voluntative' und ‚kognitive' Symmetrie und Asymmetrie in Bezug auf das Wissen und die Zustimmung, ob eine Person überwacht wird (Rössler 2003).[45]

---

u.a. Heuer u. a. 2011, S. 278f.). Laut Beate Rössler sei Hannah Arendts Privatheitsbegriff – im Gegensatz zu denen anderer Theoretikerinnen und Theoretiker – jedoch nicht ausreichend, um als Basis für Autonomie zu dienen, da sich ihr Freiheitsbegriff nur auf die Öffentlichkeit beziehe (Rössler 2001, S. 194).

45 | Wobei die Frage nach der Zustimmung unter Umständen schwierig zu klären ist. Rösslers Hinweis auf die „Berechtigung", den Zugang zu kontrollieren, drückt die politische Dimension aus, da z.B. das Grundrecht auf freie Religionswahl und -ausübung politisch, gesetzlich garantiert sein muss, damit Menschen wirklich *frei* wählen können. Ein anderes Beispiel hierfür wäre legaler Zugang

Wenn die beobachtete Person über die Aufzeichnung ihrer Handlungen informiert und mit ihr einverstanden ist, handelt es sich um voluntative und kognitive Symmetrie[46], ist sie nicht einverstanden, liegt voluntative Asymmetrie vor. Wenn eine Person weiß, dass ihre Tätigkeiten beobachtet werden, sie aber nicht einverstanden ist, bezeichnet Rössler dies als kognitive Symmetrie,[47] weiß sie nicht, dass sie beobachtet oder überwacht wird, so handelt es sich um kognitive Asymmetrie. Diese (a)symmetrischen Verhältnisse sind in verschiedenen Kombinationen denkbar, und sind insofern unterschiedlich zu bewerten. Das versteckte Monitoring von Handlungen und Kommunikation der Bürgerinnen und Bürger durch den eigenen, liberal-demokratischen Staat würde beispielsweise eine kognitive und – vermutlich auch – voluntative Asymmetrie bedeuten, die, sofern diese Überwachung willkürlich, ohne richterlichen Beschluss und ohne Verdacht auf ein Verbrechen erfolgt, de-

---

zu Verhütungsmitteln bzw. Abtreibung, der in der US-amerikanischen Debatte um dezisionale Privatheit eine große Rolle gespielt hat (vgl. u. a Cohen 1993, und Kapitel 3.4). Die Betroffenen müssen aber auch faktisch dazu in der Lage sein, z.B. den Beruf ergreifen zu können, den sie ausüben möchten, ohne dass etwa wirtschaftliche Probleme im Wege stehen, wie mangelnde Finanzierungsmöglichkeiten eines Studiums (vgl. hierzu u. a. Berlin 1995, 202f.).

46 | Als Beispiel hierfür nennt Rössler die Fernsehserie *Big Brother*, wobei sie allerdings darauf hinweist, dass fragwürdig ist, ob es sich hierbei wirklich um authentische, private Handlungen der Personen im sog. Container handelt und nicht viel mehr um Inszenierungen (Rössler 2003, 28ff.).

47 | Diese liegt z.B. vor, wenn ein öffentlicher Platz mit Hilfe von Videokameras überwacht wird und eine Person sich dessen, wenn sie sich über den Platz bewegen will oder muss, um an ihr Ziel zu gelangen, bewusst ist. Dabei besteht allerdings ein Unterschied, ob die Videokameras das Geschehen aufzeichnen oder „nur" übertragen, was einen temporalen Aspekt umfasst (vgl. Kapitel 3.5), da die Aufzeichnungen wiederholt abgespielt werden können, was z.B. zur nachträglichen Verbrechensaufklärung genutzt werden kann. Die Live-Übertragung hingegen kann nur im entsprechenden Moment verfolgt werden.

mokratischen Grundprinzipien widerspräche.[48] Die (A-)Symmetrie betont auch Kai von Lewinski: Die einzelne Person müsse gegen die „Datenmacht“ vor „asymmetrischen Informationsbeziehungen geschützt werden“ (Lewinski 2012, S. 23). Datenschutz sei, auch wenn es aus juristischer Perspektive meist allein als Frage der Grundrechte gesehen werde, neben einem Persönlichkeits- und Abwehrrecht gegenüber dem Staat, „die Begrenzung jener Machtungleichgewichte, die durch die Informationsballung bei einzelnen Akteuren“ bestünden (Lewinski 2012, S. 32).

In ihrer Unterscheidung zwischen ‚privat‘ und ‚öffentlich‘ sowie ‚intim‘ und ‚gesellschaftlich‘ betont Arendt, dass es essentiell für das biologische Gedeihen von Menschen sowie die Ausprägung ihrer Einzigartigkeit und, damit verbunden, für das Gelingen politischen Handelns sei, dass Staaten nicht auf „Privates“ zugreifen dürfen. Wie ich gezeigt habe (vgl. Kapitel 4.2), lässt sich ihre Kritik an der Massengesellschaft sowie an „Verhaltenswissenschaften“ auch auf den Eingriff und Zugriff von Unternehmen auf unsere privaten Daten und Informationen anwenden. In einem totalitären System nach Arendt würde es sich, dem System inhärent, um kognitive Symmetrie handeln, wenn der Staat versucht, Handeln zu beeinflussen (vgl. Kapitel 4.2). Dies geschieht – vermutlich – zunächst unwillentlich, es läge also eine Form von kognitiver Symmetrie und voluntativer Asymmetrie vor. Es ist jedoch auch denkbar, dass Bürgerinnen und Bürger (noch) nicht über die Überwachungsmaßnahmen informiert sind, oder nicht über deren Ausmaß. So könnte z.B. in Bezug auf Arendts zitierte Beschreibung der Methode der Ochrana sein (vgl. Kapitel 3.3), dass ein Verdächtiger, bzw. Angeklagter nicht weiß, dass er im Visier der Behörden ist,

48 | Dies könnte im Endeffekt der Demokratie sogar schaden, bzw. schadet ihr, wenn wir – wie Rössler, aber auch das Bundesverfassungsgericht – davon ausgehen, dass eine Demokratie autonom und authentisch handelnde Bürgerinnen und Bürger braucht (vgl. Rössler 2001, 103ff.).

wenn er kein Verbrechen begangen hat, sondern als Gegner definiert wurde (EUtH, 898f.).[49] Und wenn sich tatsächlich, wie in Kapitel 3.3 bereits angedeutet, „der Nachbar [...] als gefährlicher erweist als die Polizei" (EUtH, S. 874), da der eine Nachbar den anderen denunziert, könnte eventuell sogar voluntative und kognitive Symmetrie vorliegen, zumindest bei einem der Nachbarn, der, wenn er den anderen überwacht, auch wiederum davon ausgehen muss, dass er selber auch überwacht wird.

Das Recht, überall und immer Rechte zu haben

Arendts vieldiskutierte Forderung nach einem Recht, Rechte zu haben (EUtH, S. 614; vgl. auch z.B. Menke 2008)[50] scheint von einer erschreckenden Aktualität zu sein,[51] aber gleichzeitig vor dem Hintergrund (beispielsweise) des deutschen Grundgesetzes aus juristischer Perspektive obsolet. Die technischen Bedingungen insbesondere des Internets lassen allerdings die rein nationalstaatliche Geltung von Recht fragwürdig werden. Es werden zudem Unterschiede gemacht zwischen eigenen Bürgerinnen und Bürgern, den Bürgerinnen und Bürgern verbündeter Staaten, befreundeter sowie feindlicher Staaten. Deutsche Bundesbürgerinnen und -bürger und auch Menschen ohne deutschen Pass sind im Grunde genommen durch das Grundgesetz und die durch

49 | Vgl. hierzu Arendts o. g. Unterscheidung zwischen einem „objektiven" „ideologisch definierten Gegner" (EUtH, 876f.) und einem Verdächtigen (vgl. auch Kapitel 3.3.1 und 4.3.2).

50 | Für eine konzise Kritik an Arendts Konzept vgl. Elbe (Elbe 2015, 450f.).

51 | Dies bezieht sich nicht nur auf Fragen der Privatheit, wenn das UNHCR mitteilt, dass im Juni 2015 weltweit 60 Millionen Menschen auf der Flucht seien (Vgl. UNHCR 2015), was etwa der Einwohnerzahl Italiens entspricht. Wie steht es z.B. um die im Mittelmeer ertrunkenen Flüchtlinge? Können ihre Angehörigen die EU verklagen? Können Mitarbeiterinnen und Mitarbeiter der italienischen Küstenwache, die im Oktober 2013 laut Augenzeugenberichten von Fischern nicht halfen, wegen unterlassener Hilfeleistung angezeigt werden?

es garantierten Grundrechte geschützt. Fraglich wird dies jedoch wenn z.B. aus technischen Gründen sich Mobiltelefone in Grenzgebieten in andere Netze einwählen – ist die Handyinhaberin dann nicht mehr geschützt? Was dürfen die Geheimdienste mit den Daten in dem Moment, in dem sich die Bürgerin oder der Bürger vermeintlich im Ausland befindet? In der EU-Datenschutz-Grundverordnung wird hierzu betont, dass der „Schutz natürlicher Personen bei der Verarbeitung personenbezogener Daten [...] ein Grundrecht" sei. Jede natürliche Person habe „das Recht auf Schutz der sie betreffenden personenbezogenen Daten [...] ungeachtet ihrer Staatsangehörigkeit oder ihres Aufenthaltsorts" (Europäische Union 2016b, S. 1,3). In Artikel 3 werden außerdem Fragen zum „Räumlichen Anwendungsbereich" (Europäische Union 2016b, Artikel 3) geregelt.[52]

In den USA wurde diskutiert, inwiefern beispielsweise die Kommunikation zwischen US-Bürgerinnen und -Bürgern und Bürgerinnen und Bürgern anderer Staaten geschützt ist und wird. In den USA sind „US-persons", d.h. Bürgerinnen und Bürger sowie Menschen mit ständigem Aufenthaltstitel durch das „Fourth Amendment" der Verfassung geschützt (vgl. Daskal 2015).[53] Interessant ist auch, dass Fragen, laut werden, ob das Vorgehen, d.h. die Spionageaktivitäten der US-amerikanischen Geheimdienste „rechtens" seien (Bräutigam 2013).

Im benannten Kampf gegen Terrorismus und für die „nationale Sicherheit", erscheint die sogenannte „Vorratsdatenspeicherung", die vom Europäischen Gerichtshof im April 2014 für ungültig erklärt wurde (Europäischer Gerichtshof 2014), für die aktuell jedoch ein neuer

---

52 | Vgl. auch die EU-Richtlinie zum „Schutz natürlicher Personen bei der Verarbeitung personenbezogener Daten" durch die zuständigen Strafverfolgungsbehörden (Europäische Union 2016a).

53 | Der US-PATRIOT Act wurde vom Senat zwar verlängert, jedoch wurde mit dem Freedom Act Sektion 215 gestrichen, die die unbegrenzte Speicherung von Daten von US-Bürgerinnen und Bürgern erlaubte (Kelly 2015).

Gesetzentwurf vorliegt,[54] wie die Grundlage dazu, von jeder Bürgerin und jedem Bürger ein Bewegungsprofil zu erstellen.[55] Dies entspricht sozusagen der beschriebenen Ochrana-Methode auf Vorrat – wenigstens für einen gewissen Zeitraum (vgl. Kapitel 3.5). Auch spielt z.B. bei der Diskussion um die Vorratsdatenspeicherung die Frage, wie lange Verbindungsdaten gespeichert werden dürfen eine Rolle. Wie bereits der Name verrät, soll „Quick Freeze" im Falle konkreter Verdachtsfälle anlassbezogene Vorratsdatenspeicherung zur Strafverfolgung möglich machen. Die Länge der „Mindestspeicherfrist" wird als entscheidender Faktor beim Schutz der informationellen Privatheit und bei der Ausübung der informationellen Selbstbestimmung gesehen, wie auch das Bundesverfassungsgericht im entsprechenden Urteil (BVerfGE, *125, 260*) betonte, dass die Speicherung von Verkehrsdaten nicht grundsätzlich verfassungswidrig sei.

Zentrale Akteure sind in diesem Szenario Geheimdienste, die ich im Folgenden als letztes Beispiel beleuchten werde.

4.3.2 Beispiel Geheimdienste

Der deutsche Bundestag setzte als Reaktion auf das Bekanntwerden der Spähaktivitäten des US-amerikanischen Geheimdienstes National Security Agency (NSA) im Juni 2013 im März 2014 den NSA-Untersuchungsausschusses durch den Deutschen Bundestag. Die Aufgabe des Ausschusses besteht darin, „Ausmaß und Hintergründe der Ausspähungen durch ausländische Geheimdienste in Deutschland" auf-

---

54 | Ein neues „Gesetz zur Einführung einer Speicherpflicht und einer Höchstspeicherfrist für Verkehrsdaten" („Gesetz zur Einführung einer Speicherpflicht und einer Höchstspeicherfrist für Verkehrsdaten vom 10. Dezember 2015" 2017) ist im Dezember 2015 in Kraft getreten. Der Titel unterstreicht den temporalen Aspekt von Privatheit (vgl. Kapitel 3.5).

55 | Vgl. dazu Jörg Zierckes Hinweis, dass das Bundeskriminalamt „keine (Nutzer-)Profile" speichere (Ziercke 2012, S. 136).

zuklären (Der Deutsche Bundestag 2015). Dass anlasslos die Kommunikation von Privatpersonen überwacht und ausgewertet wurde, wurde dabei offensichtlich als weniger skandalös empfunden als die explizite Überwachung des Parteihandys der amtierenden Bundeskanzlerin Angela Merkel. Hierzu äußerte diese, dass „Ausspähen unter Freunden", also zwischen den befreundeten Staaten USA und BRD „gar nicht ginge" (vgl. Merkel 2013)[56]. Die ehemalige Außenministerin der USA, Hillary Clinton, bedauerte die Überwachung von Merkels Handy, betonte jedoch, dass es für die Sicherheit der USA essentiell wäre, Informationen zu sammeln (Gross 2014). Insofern war es auch nicht verwunderlich, dass im Juli 2014 bei der Festnahme eines „Doppelagenten" bekannt wurde, dass auch der deutsche Auslandsgeheimdienst Bundesnachrichtendienst (BND) „befreundete" Staaten ausspioniere und erst durch eine Direktive des Bundeskanzleramtes verfügt werden musste, dass zufällig abgehörte Informationen, gelöscht werden müssen, wenn das eigentliche Abhörziel ein anderes ist.[57]

Während sich ein Teil der deutschen Bevölkerung empört zeigte, fanden laut Umfragen 50% der Bürgerinnen und Bürger Überwachung zum Schutz vor Terror legitim. Internetnutzerinnen und Internetnutzer fühlten sich einerseits in ihren Befürchtungen bestätigt, andererseits verraten,[58] der Chaos Computer Club sah sich in seinen schlimmsten Befürchtungen nahezu übertroffen und erstattete Strafanzeige gegen die Bundesregierung (Vgl. henning 2014). Der Gebrauch des Wortes „Skandal" in diesem Zusammenhang ist dabei interessant: Wo liegt

---

56 | Die Bundesanwaltschaft eröffnete ein Verfahren wegen des Abhörens von Merkels Parteihandy, da ein „begründeter Verdacht" bestünde. Das Verfahren wurde jedoch im Juni 2015 aufgrund mangelnder Beweise eingestellt (vgl. „‚Nicht gerichtsfest beweisbar'" 2015).

57 | Sog. „Beifang" (vgl. hierzu Blome u. a. 2014).

58 | Vgl. z.B. den Feuilleton-Artikel von Sascha Lobo in der *Frankfurter Allgemeinen Sonntagszeitung* vom 12.01.2014.

der Skandal, wenn ein Geheimdienst seine Arbeit macht, die ja gerade darin besteht, Informationen über eine eventuelle Bedrohungslage zu sammeln und auszuwerten? Da mit den gesammelten Informationen Macht einhergeht, sollte in demokratischen Staaten sein Vorgehen überprüft werden, z.B. parlamentarischer Kontrolle unterliegen – trotz aller ebenfalls der Arbeit inhärenten Geheimhaltung. Barack Obama versicherte als US-Präsident etwa, dass die Überwachungsprogramme unter der „very strict supervision by all three branches of government" stünden (Vgl. The White House 2013).

Die Vorsitzende der Partei „Die Linke", Katja Kipping, bezeichnete aus ihrer Oppositionsrolle heraus den BND als einen „Staat im Staate", der nicht genügend kontrolliert würde (vgl. Woratschka 2014). Auch Hannah Arendt spricht in ihrer Analyse der Tätigkeiten der Geheimpolizei von einem „Staat im Staate" (EUtH, S. 881; vgl. auch EUtH, S. 598), wie man die Geheimpolizei „bis zum Aufkommen totalitärer Herrschaftsformen" (EUtH, S. 881) bezeichnete. Die Aufgabe der Geheimdienste, die „Geheim*dienste* im üblichen Sinne", also im Gegensatz zur Geheim*polizei* [Hervorhebungen von mir, JMM] seien, so Arendt, „der Nachweis verdächtiger Personen und geheimer Organisationen". Diese würden jedoch im totalitären Staat gar nicht mehr vom Geheimdienst verlangt, da der Führer den nächsten „objektiven Gegner" festlegen würde (vgl. EUtH, 881, vgl. auch oben sowie Kapitel 3.3.1 und 4.3.2). Die „alten Methoden" der Geheimdienste würden in die gesamte Gesellschaft eingeführt, z.B. müsse jeder Untertan, der sich im Ausland befinde, „nach Hause [...] berichten, als sei er ein bezahlter Spion". Auf dem „eigenen Territorium" befindliche Ausländer würden hingegen als Spione diffamiert (EUtH, S. 904).[59]

Hannah Arendt setzte sich, unter Berufung auf die Bibel mit dem Wort „Skandal" auseinander; das Böse werde „als ein ‚Stolperstein',

59 | Vgl. auch Arendts weitere Ausführungen über die totalitäre Geheimpolizei (EUtH, S. 901–907).

als ‚skandalon' definiert, den menschliche Kraft nicht entfernen kann, so daß der wirkliche Übeltäter als der Mensch erscheint, der niemals hätte geboren werden dürfen [...]" (ÜdB, S. 121). Unter Bezugnahme auf Plato schreibt sie außerdem: „Das ‚skandalon' ist das, was – durch Vergeben oder Bestrafen – wiedergutzumachen nicht in unserer Macht steht und was deshalb ein Hindernis für alle weiteren Leistungen und Taten bleibt" (ÜdB, S. 121). Gerade vor dem Hintergrund der deutschen Geschichte des 20. Jahrhunderts ist es schwierig, davon zu sprechen, dass es überhaupt Menschen geben soll, die nicht hätten geboren werden dürfen, ebenso wie von der von Arendt angeführten, ebenfalls Jesus zugeschriebenen Metapher, dass Menschen wie „Unkraut" seien. Interessant sind aber Arendts weitere Erläuterungen, dass der Täter jemand sei, „[...] der die Weltordnung als solche verletzt." (ÜdB, S. 121). Wir gehen nicht davon aus, dass es sich um „ein Böses handelt, dem ich mit vollem Herzen zustimme, das ich bewußt tue" (ÜdB, S. 122), allerdings wird hier „zweifellos betont", dass „der Schaden, der der Gemeinschaft zugefügt wird, [...] die für alle bestehende Gefahr" ist (ÜdB, S. 122).

In diesem Kapitel ist deutlich geworden, dass es Beispiele gibt, anhand derer wir beurteilen können, ob Privatheit verletzt wurde oder nicht. Hierzu benötigen wir Maßstäbe, anhand derer wir das Aktuelle beurteilen können. Diese finden wir wiederum in der Geschichte des 20. Jahrhunderts. Unsere Privatheit kann dabei auf verschiedenen Ebenen von unterschiedlichen Akteurinnen und Akteuren beeinträchtigt werden. Zu beachten ist, dass Menschen stets Zweck-an-sich bleiben und nicht objektiviert werden, damit die Möglichkeit, frei und selbstbestimmt zu handeln garantiert bleibt.

5 Schluss

Die Frage nach Privatheit, Freiheit und ihrer Einschränkung aufgrund des Gemeinwohls ist seit der Neuzeit eine Angelegenheit der politischen Philosophie. Im 20. Jahrhundert brachte der Holocaust eine neue Qualität von menschlichen Untaten zu Tage und mit dem Totalitarismus wurde eine neue Staatsform institutionalisiert. Diese begnügte sich eben nicht nur, wie zuvor Tyrannei und Diktatur, damit, die Öffentlichkeit als Handlungsraum ihrer Bürgerinnen und Bürger zu zerstören, sondern infiltrierte auch deren Privatsphäre. Die herausragende Theoretikerin der moralischen Zusammenbrüche des vergangenen Jahrhunderts ist Hannah Arendt. Sie hat nicht nur die Rollen des Privaten und des Öffentlichen beschrieben, sondern aufgezeigt, warum beide Sphären geschützt werden müssen.

Heute stehen wir politisch und wissenschaftlich vor Herausforderungen, mit denen Arendt nicht konfrontiert war. Die sicherheitspolitische Debatte ist seit den terroristischen Anschlägen vom Beginn des 21. Jahrhunderts bestimmt von der Rhetorik einer ständigen Bedrohung der Staaten freiheitlich-demokratischer Grundordnung. Um diese Staaten und ihre Bürgerinnen und Bürger zu schützen, werden Sicherheitsvorkehrungen ausgeweitet, was vorgeblich nur auf Kosten der Privatheit geschehen kann. Die dadurch motivierten Tätigkeiten von Geheimdiensten bedeuten, dass in großem Umfang die entstehenden Informationen gesammelt und ausgewertet werden. Die Gefahren für Demokratien, für die einzelne Person innerhalb des Systems ebenso wie für den Staat, habe ich in dieser Arbeit unter Berücksichtigung von Hannah Arendts politischer Philosophie dargelegt.

Technische Weiterentwicklungen haben in verschiedenen Fällen zu einer verstärkten Bedrohung des Privaten geführt. Heute bietet das ubiquitäre Internet mit zuvor nicht gegebenen Möglichkeiten der Informationsveröffentlichung, -sammlung und -speicherung nie dagewesene Intrusionsmöglichkeiten in Privates. An den dadurch entstehenden Daten, deren Auswertung und Verkauf bares Geld bedeuten, haben Unternehmen, die als nicht-staatliche, gesellschaftliche Akteure verstärkt auftreten, Interesse, wie die aufgeführten Beispiele demonstrieren.

Die elektronische Vernetzung von Daten ermöglicht die vollständige Erfassung der Bewegungen und Beziehungen eines Menschen. Die Frage ist bei allen diesen Entwicklungen, wie wir Menschen verantwortungsvoll mit ihnen umgehen. Technik und Datenauswertung stellen als solche indes keine Bedrohung dar. Algorithmen können sinnvoll genutzt werden. Sobald jedoch Personen identifizierbar werden, brauchen wir technische, moralische und politische Lösungen, die zusammenspielen, wobei die Politik regulierend eingreifen muss, da Selbstregulierung seitens der Unternehmen in einer so gewinnversprechenden Umgebung nur eingeschränkt zu erwarten ist. Der Schutz des Privaten sollte bei technischen Entwicklungen immer bereits mitgedacht und implementiert werden, damit ein Rückschritt durch Fortschritt verhindert wird.

Arendt ist mit ihrem Denken zu Einsichten und an Wendepunkte gelangt, die uns helfen können weiterzudenken, zu verstehen und Politisches stets zu hinterfragen, außerdem Unterscheidungen zu treffen, der „Endgültigkeit" unseres Denkens und unserer Urteile zu misstrauen und nicht zu vergessen, dass Politik eine Sache der Vielen bleiben muss. Ihr methodischer Eklektizismus ist in der Privatheitsforschung dabei sogar von Vorteil, da Methoden- und Disziplinenpluralismus gerade bei diesem Thema unerlässlich sind, da die Fragen und Probleme dessen, was unter den weiten Begriff des Privaten fällt, nicht monodisziplinär beantwortet werden können, wie auch in dieser Arbeit u. a. durch Referenzen auf juristische Aspekte deutlich wurde.

Das Private zu definieren erweist sich dabei, aufgrund seiner Vielschichtigkeit, weiterhin als Herausforderung. In Kombination von Arendts Positionen mit den aktuellen Privatheitsforschungsergebnissen habe ich argumentiert, dass Privatheit geschützt werden muss, weil wir einen wörtlichen und bildlichen Raum brauchen, in dem wir wir selbst sein können, und uns, d.h. dieses Selbst, finden und erfinden können. Wir benötigen einen Ort, an dem niemand, außer denen, die wir darum bitten, unsere Entscheidungen beeinflusst. Trotz Arendts „Raumvokabular" enthält ihre Theorie mehr als nur eine lokale Dimension des Privaten, wie ich hier erarbeitet habe. Neben der von mir analysierten dezisionalen und informationellen Dimension ist auch der temporale Aspekt von wesentlicher Bedeutung für das Verständnis und den Schutz des Privaten, da seine Berücksichtigung und Abwägung Privatheitsverletzungen begrenzen und einschränken kann.

Zu klären bleibt, wie in Anschluss an meine Überlegungen zum sogenannten Recht, vergessen zu werden, Anonymität mit Arendt als Bedrohung begriffen werden kann, ohne dabei die Chancen, die Anonymität im Internet bieten kann, aufzugeben. Gerade wenn die Anonymisierung von Daten – auch zu wissenschaftlichen Zwecken – nicht oder nur schwer möglich ist, handelt es sich um ein anderes Begriffsverständnis als das Arendt'sche, da sie Anonymität in Verbindung mit der Verlassenheit des modernen Massenmenschen als etwas Negatives, nicht als etwas Schutzbietendes begreift. Eine zusätzliche Spur liefert der Bezug zu Arendts Begriff der Person, die nur durch das öffentliche Erscheinen konstituiert wird, und ihrem privaten Rückzugsraum.

Ich habe herausgearbeitet, dass das Private nach Arendt keine reine Dichotomie mit dem Öffentlichen darstellt, sondern ihre Unterscheidungen auf eigenen Achsen verortet werden können. Privatheit und Öffentlichkeit sind graduelle Phänomene, die Steigerungen und somit aber auch Verminderungen unterliegen können. Manche Dinge sind privater und manche öffentlicher als andere, es existieren verschiedene Grade, die sich zeitlich ändern können. Arendt beharrt normativ darauf, dass Privates und Öffentliches strikt voneinander getrennt bleiben. Damit ist, wie in meiner Arbeit gezeigt, das Private nicht nur die Kehrseite des Öffentlichen.

Geschützte Privatheit ist die Bedingung für selbstbestimmtes Leben, für Freiheit sowie für die Kultivierung von Verschiedenheit. Privat sind dabei erstens die Sphäre, in der ich bestimme, wer wann zu ihr wie Zutritt hat. Zweitens sind diejenigen Informationen privat, bei denen ich bestimme, wer wann und in welchem Ausmaße Zugriff auf diese hat, und bei denen ich darüber informiert sein muss, wer auf welche Informationen zugreifen konnte, wann und für wie lange. Drittens ist die Möglichkeit, Entscheidungen treffen zu können, ohne von Außenstehenden beeinflusst zu werden meine Privatangelegenheit.

Privatheit ist ein Gut. Wir müssen sparsam mit Veröffentlichungen von bestimmten privaten Dingen umgehen, gleichzeitig aber – auch wenn Arendt demgegenüber skeptisch war – das Private politisch machen und thematisieren, um es als geschützten Raum für alle Bürgerinnen und Bürger, insbesondere die Schutzbedürftigen zu bewahren. Der Schutz des Zuhauses, der eigenen Daten und der Unantastbarkeit des Körpers, der Wahl unserer Gesellschaft und unserer Zeit, ist dabei Aufgabe des Staates. Einen Teil dieser muss er in Form seiner Bildungsaufgabe unter dem Stichwort „privacy literacy" leisten, der Kompetenzförderung in Bezug auf Privatheit und Datenschutz sowie in Form von Exekutive und Legislative, um den unantastbaren Raum zu garantieren. Zum Teil obliegt dieser Schutz auch der eigenen Selbstverantwortung. Privatheitsschutz darf jedoch nicht von Bildungsstand und finanziellen Mitteln abhängen.

Arendts Warnung, dass totalitäre Tendenzen in allen Systemen zu finden seien, sollten wir ernst nehmen, zumal wenn, wie ich aufgezeigt habe, Versuche, unser Verhalten und unsere Selbstbestimmung zu beeinflussen heute alltäglich sind. Dass gesellschaftliche Strömungen und andere Staaten versuchen, die Demokratie zu bedrohen, muss diese abwehren und bis zu einem gewissen Grade aushalten. Demokratische Staaten brauchen autonom handelnde, unterschiedliche Bürgerinnen und Bürger, die dafür sorgen, dass der ‚agon' ausgefochten wird.

Dabei müssen die besten Lebensbedingungen, das gute Leben, für die größtmögliche Zahl an Menschen erreicht werden, und nicht nur für einige Wenige und nicht nur für sich bereichernde Konzerne. Denn der Schutz des Privaten bewahrt nicht nur mein Eigentum und garantiert die Freiheit des und der Einzelnen, sondern liefert die Bedingungen für eine ungestörte Lebensweise und Entscheidungsfindung und hat somit auch einen „sozialen“ Wert, d.h. einen Wert für die Gemeinschaft.

Was privat und somit schützenswert ist, muss politisch in Freiheit zwischen den Verschiedenen ausgehandelt werden, wobei sowohl unsere gemeinsame Öffentlichkeit, als auch unsere eigene Privatheit bewahrt werden muss. Der Schutz des Privaten ist eine der obersten Aufgaben der Demokratie zum Erhalt ihrer selbst. Dabei muss Paternalismus vermieden werden durch Abwägung der Interessen des Staates und der Einzelnen. Bei politischen Entscheidungen sollten wir, wie aus meiner Arbeit hervorgeht, nicht nur die terroristischen Akte der letzten Jahre, sondern auch die totalitären Systeme des 20. Jahrhunderts als – mahnende – Beispiele und Urteilsgrundlagen verstehen.

Genau hier ist die moralische Einschätzung wichtig, für die die Sprache Hannah Arendts das Vokabular sowie ihre Philosophie den Rahmen bieten. Wir müssen beurteilen, was wir tun, wie wir handeln wollen, was um uns herum passiert, und in wessen Gesellschaft wir uns befinden wollen. Mit dem von Arendt praktizierten „Denken ohne Geländer“ sowie vor dem Hintergrund ihres Appells, das moralische Urteilen nie zu verweigern, können, wie hier demonstriert, sich-ergebende Probleme diskutiert, beurteilt, beschrieben und behandelt werden.

Die lokale, informationelle, dezisionale und zeitliche Privatheit darf nur in absoluten Ausnahmefällen aufgrund besonderer Umstände eingeschränkt werden. Der Schutz des Privaten darf dabei nicht gegen die Wahrung von Gütern wie Sicherheit oder Freiheit abgewogen werden, da diese Güter nur gemeinsam verstanden werden können, da sie alle entscheidend für freiheitlich-demokratische Systeme sind.

6 Register

6.1 Sachindex

6.2 Personenregister

7 Literatur

Werke Arendts

Arendt, Hannah (1933), *Gegen Privatzirkel*, Jüdische Rundschau. Allgemeine jüdische Zeitung, 35 (3. Mai 1933), S. 174, http://sammlungen.ub.uni-frankfurt.de/download/pdf/2653764?name=Heft%2035%20351933 (abgerufen am 12. 05. 2015).

— (1958a), *Die Ungarische Revolution und der totalitäre Imperialismus*, München.

— (1958b), *The Origins of Totalitarianism*, Cleveland.

— (1958c), *Totalitarian Imperialism. Reflections on the Hungarian Revolution*, The Journal of Politics, 20 (Jan. 1958), S. 5–43, DOI: 10.2307/2127387.

— (1963), *Über die Revolution*, München.

— (1968), *Men in dark times*, San Diego.

— (1976a), *Die verborgene Tradition. Acht Essays*, Frankfurt am Main.

— (1976b), *Zueignung an Karl Jaspers*, in *Die verborgene Tradition. Acht Essays*, Frankfurt am Main, S. 7–11.

— (1977), „Public Rights and Private Interests. In Response to Charles Frankel“, in *Small comforts for hard times: humanists on public policy*, hrsg. v. Michael Mooney und Florian Stuber, New York, Kap. 8, S. 103–108.

— (1978), *The Life of the Mind*, hrsg. v. Mary McCarthy, Orlando.

— (1986a), *Little Rock. Ketzerische Ansichten über die Negerfrage und equality*, in *Zur Zeit. Politische Essays*, hrsg. v. Marie Luise Knott, Berlin, S. 95–117.

Arendt, Hannah (1986b), *Wir Flüchtlinge*, in *Zur Zeit. Politische Essays*, hrsg. v. Marie Luise Knott, Berlin, S. 7–21.

— (1986c), *Zur Zeit. Politische Essays*, hrsg. v. Marie Luise Knott, Berlin.

— (1989), *Die vollendete Sinnlosigkeit*, in *Nach Auschwitz. Essays & Kommentare I*, hrsg. v. Eike Geisel und Klaus Bittermann, Berlin, S. 7–30.

— (1994a), *Die Krise in der Erziehung*, in *Zwischen Vergangenheit und Zukunft. Übungen im politischen Denken I*, München, S. 255–276.

— (1994b), *Natur und Geschichte*, in *Zwischen Vergangenheit und Zukunft*, München, S. 54–79.

— (1994c), *Verstehen und Politik*, in *Zwischen Vergangenheit und Zukunft. Übungen im politischen Denken I*, München, S. 110–127.

— (1994d), *Was ist Autorität?*, in *Zwischen Vergangenheit und Zukunft. Übungen im politischen Denken I*, hrsg. v. Ursula Ludz, München, S. 159–200.

— (1994e), *Zwischen Vergangenheit und Zukunft. Übungen im politischen Denken I*, hrsg. v. Ursula Ludz, München.

— (1996), *Ich will verstehen. Selbstauskünfte zu Leben und Werk*, hrsg. v. Ursula Ludz, München.

— (1998a), *Das Urteilen. Texte zu Kants politischer Philosophie*, München.

— (1998b), *The Human Condition*, 2. Aufl., Chicago.

— (2002), *Denktagebuch. 1950 bis 1973*, hrsg. v. Ursula Ludz, München, Bd. 1-2.

— (2003a), *Prologue*, in *Responsibility and Judgment*, hrsg. v. Jerome Kohn, Speech Delivered upon Receiving Denmark's Sonning Prize, New York, S. 3–14.

— (2003b), *Reflections on Little Rock*, in *Responsibility and Judgment*, hrsg. v. Jerome Kohn, New York, S. 193–213.

— (2003c), *Vita activa. Oder vom tätigen Leben*, 2. Aufl., München.

— (2004), *Vor Antisemitismus ist man nur noch auf dem Monde sicher. Beiträge für die deutsch-jüdische Emigrantenzeitung ‚Aufbau' 1941–1945*, hrsg. v. Marie Luise Knott, München.

— (2006a), *Der Liebesbegriff bei Augustin. Versuch einer philosophischen Interpretation*, Hildesheim.

— (2006b), *Eichmann in Jerusalem. Ein Bericht von der Banalität des Bösen*, 15. Aufl., München.

— (2006c), *Elemente und Ursprünge totaler Herrschaft. Antisemitismus, Imperialismus, totale Herrschaft*, 11. Aufl., München.

— (2006d), *Macht und Gewalt*, 17. Aufl., München.

— (2006e), *Vom Leben des Geistes. Das Denken, Das Wollen*, hrsg. v. Mary McCarthy, 3. Aufl., München.

— (2007a), *Über das Böse. Eine Vorlesung zu Fragen der Ethik*, aus dem Nachlaß herausgegeben von Jerome Kohn, München.

— (2007b), *Was ist Politik? Fragmente aus dem Nachlaß*, hrsg. v. Ursula Ludz, mit einem Vorw. von Kurt Sontheimer, 3. Aufl., München.

— (2008), *Rahel Varnhagen. Lebensgeschichte einer deutschen Jüdin aus der Romantik*, 15. Aufl., München.

— (2012a), „Gedanken zu Lessing. Von der Menschlichkeit in finsteren Zeiten", in *Menschen in finsteren Zeiten*, hrsg. v. Ursula Ludz, 2. Aufl., München, S. 11–42.

— (2012b), „Laudatio auf Karl Jaspers", in *Menschen in finsteren Zeiten*, hrsg. v. Ursula Ludz, 2. Aufl., München, S. 90–100.

— (2012c), *Menschen in finsteren Zeiten*, hrsg. v. Ursula Ludz, 2. Aufl., München.

Arendt, Hannah und Heinrich Blücher (1996), *Briefe 1936–1968*, hrsg. v. Lotte Köhler, München.

Arendt, Hannah und Kurt Blumenfeld (1995), *... in keinem Besitz verwurzelt. Die Korrespondenz*, hrsg. v. Ingeborg Nordmann und Iris Pilling, Hamburg.

Arendt, Hannah und Joachim Fest (2007), *Hannah Arendt im Gespräch mit Joachim Fest. Eine Rundfunksendung aus dem Jahr*

1964, HannahArendt.net. Zeitschrift für politisches Denken, 3: *Power and Freedom*, hrsg. v. Ursula Ludz und Thomas Wild, http://www.hannaharendt.net/index.php/han/article/download/114/193 (abgerufen am 17.11.2009).

Arendt, Hannah und Karl Jaspers (1985), *Briefwechsel 1926–1969*, hrsg. v. Lotte Köhler und Hans Saner, München.

Weitere Primärliteratur

Aristoteles (2009), *Politik*, 3. Aufl., Reinbek bei Hamburg.

Augustinus, Aurelius (2009), *Was ist Zeit? Confessiones XI / Bekenntnisse 11*, Lateinisch - Deutsch, 2. Aufl., Hamburg.

Benjamin, Walter (1961), *Illuminationen*, hrsg. v. Siegfried Unseld, Frankfurt am Main.

— (1991), *Das Passagen-Werk*, V-1 Bde., Gesammelte Schriften, Frankfurt am Main.

Berlin, Isaiah (1995), *Freiheit. Vier Versuche*, Frankfurt am Main.

Brecht, Bertolt (1997), „An die Nachgeborenen", in *Die Gedichte von Bertolt Brecht in einem Band*, 9. Aufl., Frankfurt am Main, S. 722–725.

Constant, Benjamin (1819), *De la liberté des Anciens comparée à celle des Modernes. Discours prononcé à l'Athénée royal de Paris*, http://fr.wikisource.org/wiki/De_la_libert%C3%A9_des_Anciens_compar%C3%A9e_%C3%A0_celle_des_Modernes (abgerufen am 08.04.2015).

De Spinoza, Benedictus (1677), *Opera posthuma. Quorum series post praefationem exhibetur*.

Elias, Norbert (1995), *Über den Prozeß der Zivilisation*, Frankfurt am Main.

Foucault, Michel (2010), *Überwachen und Strafen. Die Geburt des Gefängnisses*, Frankfurt am Main.

Goffman, Erving (1981), *Asyle. Über die soziale Situation psychiatrischer Patienten und anderer Insassen*, 4. Aufl., Frankfurt am Main.

— (2012), *Wir alle spielen Theater. Die Selbstdarstellung im Alltag*, 11. Aufl., München.

Habermas, Jürgen (1990), *Strukturwandel der Öffentlichkeit. Untersuchungen zu einer Kategorie der bürgerlichen Gesellschaft*, Frankfurt am Main.

Hegel, Georg Wilhelm Friedrich (1986a), *Grundlinien der Philosophie der Rechts. Oder Naturrecht und Staatswissenschaft im Grundrisse*, Werke, 7, Mit Hegels eigenhändigen Notizen und den mündlichen Zusätzen, Frankfurt am Main.

— (1986b), *Wissenschaft der Logik/1,1*, Hamburg.

Hobbes, Thomas (2008), *Leviathan. Oder Stoff, Form und Gewalt eines kirchlichen und bürgerlichen Staates*, hrsg. und mit einer Einl. vers. von Iring Fetscher, übers. von Walter Euchner, Frankfurt am Main.

Jaeger, Werner (1973), *Paideia. Die Formung des griechischen Menschen*, Berlin.

Jaspers, Karl (1946), *Die Idee der Universität*, Berlin.

— (2006), *Geleitwort*, in Hannah Arendt, *Elemente und Ursprünge totaler Herrschaft. Antisemitismus, Imperialismus, totale Herrschaft*, 11. Aufl., München, S. 11–16.

— (2012), *Kleine Schule des philosophischen Denkens*, München.

Kafka, Franz (2000), „Das Schloss“, in *Romane und Erzählungen*, Köln, S. 11–429.

Kant, Immanuel (1977), *Die Metaphysik der Sitten*, hrsg. v. Wilhelm Weischedel, Werkausgabe Band VIII, Frankfurt am Main.

— (1992), *Über den Gemeinspruch: Das mag in der Theorie richtig sein, taugt aber nicht für die Praxis / Zum ewigen Frieden. Ein philosophischer Entwurf*, hrsg. v. Heiner F. Klemme, Hamburg.

— (1997a), *Kritik der praktischen Vernunft. Grundlegung zur Metaphysik der Sitten*, hrsg. v. Wilhelm Weischedel, 3. Aufl., Frankfurt am Main.

Kant, Immanuel (1997b), *Kritik der reinen Vernunft 1*, hrsg. v. Wilhelm Weischedel, 1.-3. Aufl. Frankfurt am Main.

— (2000a), *Schriften zur Anthropologie, Geschichtsphilosophie, Politik und Pädagogik*, hrsg. v. Wilhelm Weischedel, 10. Aufl., Werkausgabe, 2, Frankfurt am Main, Bd. XII.

— (2000b), *Über Pädagogik*, in *Schriften zur Anthropologie, Geschichtsphilosophie, Politik und Pädagogik*, hrsg. v. Wilhelm Weischedel, 10. Aufl., Werkausgabe, 2, Frankfurt am Main, Bd. XII, S. 695–761.

Ley, Robert (1938), *Soldaten der Arbeit*, München.

Locke, John (2007), *Zweite Abhandlung über die Regierung*, hrsg. v. Ludwig Siep, Frankfurt am Main.

Mill, John Stuart (2007), *Utilitarianism, Liberty and Representative Government*, Rockville, MD.

— (2009), *On Liberty. Über Freiheit*, hrsg. und mit einem Nachw. vers. von Bernd Gräfrath, übers. von Bruno Lemke, Stuttgart, S. 333–350.

Reiman, Jeffrey H. (1984), „Privacy, intimacy and personhood“, in *Philosophical Dimensions of Privacy: An Anthology*, hrsg. v. Ferdinand David Schoeman, New York, Kap. 13, S. 300–316.

Sennett, Richard (1983), *Verfall und Ende des öffentlichen Lebens. Die Tyrannei der Intimität*, Frankfurt am Main.

— (2002), *The Fall of Public Man*, London.

Warren, Samuel D. und Louis D. Brandeis (1984), „The right to privacy“, in *Philosophical Dimensions of Privacy: An Anthology*, hrsg. v. Ferdinand David Schoeman, New York, Kap. 4, S. 75–103.

Woolf, Virginia (2000), *A Room of One's Own*, London.

Sekundärliteratur

Agamben, Giorgio (2002), *Homo sacer. Die souveräne Macht und das nackte Leben*, Frankfurt am Main, Bd. 1.

Allen, Amy (1999), *Solidarity after identity politics: Hannah Arendt and the power of feminist theory*, Philosophy & Social Criticism, 25, 1, S. 97–118, DOI: 10.1177/019145379902500105.

Allen, Anita L. (1998), „Genetic Privacy: Emerging Concepts and Values“, in *Genetic secrets: Protecting privacy and confidentiality in the genetic era. Final report*, hrsg. v. M.A. Rothstein, New Haven, S. 31–59, DOI: 10.2172/656499.

— (2011), „Privacy and Medicine“, in *The Stanford Encyclopedia of Philosophy*, hrsg. v. Edward N. Zalta, Spring 2011.

Ariès, Philippe und Georges Duby Hrsg. (1989), *Geschichte des privaten Lebens*, Frankfurt am Main.

Ariès, Philippe, Georges Duby und Paul Veyne Hrsg. (1989), *Geschichte des privaten Lebens. Vom Römischen Imperium zum Byzantinischen Reich*, 2. Aufl., Frankfurt am Main, Bd. 1.

Bauman, Zygmunt und David Lyon (2013), *Daten, Drohnen, Disziplin. Ein Gespräch über flüchtige Überwachung*, übers. von Aus dem Englischen von Frank Jakubzik, edition suhrkamp, Berlin.

Benhabib, Seyla (1995), *Modelle des ‚öffentlichen Raums‘. Hannah Arendt, die liberale Tradition und Jürgen Habermas*, in *Selbst im Kontext: Kommunikative Ethike im Spannungsfeld von Feminismus, Kommunitarismus und Postmoderne*, Frankfurt am Main, S. 96–130.

— (1998), *Hannah Arendt. Die melancholische Denkerin der Moderne*, 2. Aufl., Hamburg.

— (2003), *The Reluctant Modernism of Hannah Arendt*, Lanham, MD.

Benn, Stanley Isaac und Gerald F. Gaus Hrsg. (1983), *Public and Private in Social Life*, London.

Benner, Dietrich (1987), *Allgemeine Pädagogik. Eine systematisch-problemgeschichtliche Einführung in die Grundstruktur pädagogischen Denkens und Handelns*, Weinheim.

Berg, Christa Hrsg. (1991), *Handbuch der deutschen Bildungsgeschichte. Von der Reichsgründung bis zum Ende des Ersten Weltkriegs. 1870-1918*, Bd. 4.

Bleicken, Jochen, Werner Conze, Christof Dipper u. a. (1975), *Freiheit*, in *Geschichtliche Grundbegriffe: Historisches Lexikon zur politisch-sozialen Sprache in Deutschland*, hrsg. v. Otto Brunner, Werner Conze und Reinhart Koselleck, Stuttgart, S. 425–542.

Blome, Nikolaus, Hubert Gude, Sven Röbel u. a. (2014), *Beifang im Netz*, Spiegel Online (18. Aug. 2014), http://www.spiegel.de/spiegel/print/d-128743698.html (abgerufen am 30. 07. 2015).

Bobbio, Norberto (1989), *The Great Dichotomy: Public/Private*, in *Democracy and Dictatorship. The Nature and Limits of State Power*, Minneapolis, S. 1–21.

Bohannon, John (2015), *Credit card study blows holes in anonymity*, Science, 347, 6221, S. 468, DOI: 10.1126/science.347.6221.468.

Bramstedt, Ernest Kohn (1945), *Dictatorship and political police. The technique of control by fear*, London.

Bräutigam, Frank (2013), *Sind die NSA-Spähaktionen rechtens?*, tagesschau.de (2. Juli 2013), http://www.tagesschau.de:80/inland/faq-nsa100.html (abgerufen am 16. 01. 2014).

Brocke, Edna (2008), „Afterword 'Big Hannah' – My Aunt", in *The Jewish Writings*, hrsg. v. Jerome Kohn und Ron H. Feldman, New York, S. 512–521.

Brunkhorst, Hauke (2000), „Equality and elitism in Arendt", in *The Cambridge Companion to Hannah Arendt*, hrsg. v. Dana Richard Villa, Cambridge, S. 178–198.

— (2007), *Macht und Verfassung im Werk Hannah Arendts*, Hannah-Arendt.net. Zeitschrift für politisches Denken. Journal for Political Thinking, 3, 1: *Power and Freedom*, http://www.hannaharendt.net/index.php/han/article/view/110/185 (abgerufen am 22. 02. 2017).

Brunner, Otto, Werner Conze und Reinhart Koselleck Hrsg. (1972 – 1997), *Geschichtliche Grundbegriffe: Historisches Lexikon zur politisch-sozialen Sprache in Deutschland*, Stuttgart.

Bundesamt für Sicherheit in der Informationstechnik (2014), *BSI stuft 'Heartbleed Bug' als kritisch ein*, 11. Apr. 2014, https://www.bsi.bund.de/DE/Presse/Pressemitteilungen/Presse2014/Heartbleed_11042014.html (abgerufen am 28. 06. 2017).

Bundesverfassungsgericht (1969), *27, 1*, Mikrozensus.

— (1970), *30, 1*, Abhörurteil.

— (1972), *33, 303*, Numerus clausus I.

— (1977), *45, 187*, Lebenslange Freiheitsstrafe.

— (1983), *65, 1*, Volkszählung.

— (2004), *109, 279*, Großer Lauschangriff.

— (2010), *125, 260*, Vorratsdatenspeicherung.

Bündnis gegen Cybermobbing e.V. (o.D.), *Gefangen Im Netz*, http://www.buendnis-gegen-cybermobbing.de (abgerufen am 21. 08. 2014).

Butler, Paul (2010), *Visualizing Friendships*, by Paul Butler for Facebook Engineering (Notes) on Monday, December 13, 2010 at 5:16pm, https://www.facebook.com/notes/facebook-engineering/visualizing-friendships/469716398919 (abgerufen am 18. 06. 2013).

Cohen, Jean L. (1993), „Zur Neubeschreibung der Privatsphäre", in *Zur Verteidigung der Vernunft gegen ihre Liebhaber und Verächter. Albrecht Wellmer zum 60. Geburtstag gewidmet*, hrsg. v. Christoph Menke, Frankfurt am Main, S. 300–332.

Consumer Data Privacy in a Networked World (2012), *A Framework for Protecting Privacy and Promoting Innovation in the Global Digital Economy*, The White House, 23. Feb. 2012, https://www.whitehouse.gov/sites/default/files/privacy-final.pdf (abgerufen am 22. 06. 2015).

Daskal, Jennifer (2015), *The Un-territoriality of Data*, The Yale Law Journal, 125, 2, http://www.yalelawjournal.org/article/the-un-territoriality-of-data (abgerufen am 01. 07. 2017).

De Coulanges, Numa Denis Fustel (1927), *La cité antique*, Paris, http://gallica.bnf.fr/ark:/12148/bpt6k6105986m?rk=21459;2 (abgerufen am 18. 06. 2017).

DeCew, Judith (2012), *Privacy, The Stanford Encyclopedia of Philosophy*, hrsg. v. Edward N. Zalta, http://plato.stanford.edu/archives/fall2012/entries/privacy/ (abgerufen am 27. 04. 2012).

der blaue reiter (2015), 35: *Verborgene Wirklichkeiten. Warum wir Geheimnisse brauchen.*

Der Deutsche Bundestag (o.D.), *1. Untersuchungsausschuss ("NSA")*, http://www.bundestag.de/bundestag/ausschuesse18/ua/1untersuchungsausschuss (abgerufen am 01. 03. 2015).

Dewey, Caitlin (2014), *How 'Alex from Target' became an unwitting Internet superstar*, The Washington Post, The Intersect, http://www.washingtonpost.com/news/the-intersect/wp/2014/11/03/how-alex-from-target-became-an-unwitting-internet-superstar/ (abgerufen am 06. 11. 2014).

Dietz, Mary G. (1995), „Feminist Receptions of Hannah Arendt", in *Feminist Interpretations of Hannah Arendt*, hrsg. v. Bonnie Honig, University Park, PA, Kap. 2, S. 17–50.

Dries, Christian (2011), *Günther Anders und Hannah Arendt – eine Beziehungsskizze*, in Günther Anders, *Die Kirschenschlacht. Dialoge mit Hannah Arendt und ein akademisches Nachwort*, hrsg. v. Gerhard Oberschlick, München, S. 73–116.

— (2012), *Die Welt als Vernichtungslager. Eine kritische Theorie der Moderne im Anschluss an Günther Anders, Hannah Arendt und Hans Jonas*, Bielefeld.

Duhigg, Charles (2012), *How Companies Learn Your Secrets. Your shopping habits reveal even the most personal information – like when you're going to have a baby.* The New York Times (16. Feb. 2012), http://www.nytimes.com/2012/02/19/magazine/shopping-habits.html?smid=pl-share (abgerufen am 02. 01. 2013).

Elbe, Ingo (2015), *„das Böse, das von Niemanden begangen wurde". Hannah Arendts Konzept der „Herrschaft des Niemand"*, http://www.rote-ruhr-uni.com/cms/IMG/pdf/Arendt.pdf (abgerufen am 10. 02. 2017).

Elshtain, Jean Bethke (1981), *Public Man, Private Woman. Women in Social and Political Thought*, Oxford.

Enserink, Martin und Gilbert Chin (2015), *The end of privacy*, Science, 347, 6221, S. 490–491, DOI: 10.1126/science.347.6221.490.

Europäische Union (2016a), *Richtlinie (EU) 2016/680 des Europäischen Parlaments und des Rates vom 27. April 2016 zum Schutz natürlicher Personen bei der Verarbeitung personenbezogener Daten durch die zuständigen Behörden zum Zwecke der Verhütung, Ermittlung, Aufdeckung oder Verfolgung von Straftaten oder der Strafvollstreckung sowie zum freien Datenverkehr und zur Aufhebung des Rahmenbeschlusses 2008/977/JI des Rates*, Europäische Union, 27. Apr. 2016, http://eur-lex.europa.eu/legal-content/DE/TXT/PDF/?uri=OJ:L:2016:119:FULL&from=DE (abgerufen am 20. 02. 2017).

— (2016b), *Verordnung (EU) 2016/679 des Europäischen Parlaments und des Rates vom 27. April 2016 zum Schutz natürlicher Personen bei der Verarbeitung personenbezogener Daten, zum freien Datenverkehr und zur Aufhebung der Richtlinie 95/46/EG. (Datenschutz-Grundverordnung)*, Europäische Union, 4. Mai 2016, http://eur-lex.europa.eu/legal-content/DE/TXT/PDF/?uri=OJ:L:2016:119:FULL&from=DE (abgerufen am 20. 02. 2017).

— (2017), *Vorschlag für eine Verordnung des europäischen Parlaments und des Rates über die Achtung des Privatlebens und den Schutz personenbezogener Daten in der elektronischen Kommunikation und zur Aufhebung der Richtlinie 2002/58/EG. (Verordnung über Privatsphäre und elektronische Kommunikation)*, Rat der Europäischen Union, 17. Jan. 2017, http://eur-lex.europa.eu/legal-content/DE/TXT/PDF/?uri=CONSIL:ST_5358_2017_INIT&from=DE.

Europäischer Gerichtshof (2014), „*Elektronische Kommunikation – Richtlinie 2006/24/EG – Öffentlich zugängliche elektronische Kommunikationsdienste oder öffentliche Kommunikationsnetze – Vorratsspeicherung von Daten, die bei der Bereitstellung solcher*

Dienste erzeugt oder verarbeitet werden – Gültigkeit – Art. 7, 8 und 11 der Charta der Grundrechte der Europäischen Union", 8. Apr. 2014, http://curia.europa.eu/juris/document/document.jsf?text=&docid=150642&pageIndex=0&doclang=de&mode=lst&dir=&occ=first&part=1&cid=327191 (abgerufen am 12. 01. 2015).

Facebook Inc. (2015a), *Nutzungsbedingungen*, 30. Jan. 2015, https://de-de.facebook.com/legal/terms (abgerufen am 26. 06. 2015).

— (2015b), *Terms of Service*, 30. Jan. 2015, https://facebook.com/legal/terms (abgerufen am 01. 03. 2015).

Federal Trade Commission (o.D.), *Complying with COPPA: Frequently Asked Questions*, https://www.ftc.gov/tips-advice/business-center/guidance/complying-coppa-frequen%20tly-asked-questions (abgerufen am 22. 06. 2015).

Federal Trade Commission Staff Report: Self-Regulatory Principles For Online Behavioral Advertising (2009), *Tracking, Targeting, and Technology*, Federal Trade Commission, 12. Feb. 2009, https://www.ftc.gov/sites/default/files/documents/reports/federal-trade-commission-staff-report-self-regulatory-principles-online-behavioral-advertising/p085400behavadreport.pdf (abgerufen am 22. 06. 2015).

Fetscher, Iring (1996), „Hannah Arendt über ‚produktive und unproduktive' Arbeit bei Adam Smith und Karl Marx. Eine Richtigstellung", in *Politisches Denken. Jahrbuch 1995/96*, hrsg. v. V. Gerhardt, H. Ottmann, M. P. Thompson u. a., S. 117–123.

Floridi, Luciano Hrsg. (2015), *The Onlife Manifesto. Being Human in a Hyperconnected Era.*

Francis, Leslie Hrsg. (2014), *Journal of Social Philosophy*, 45: *Special Issue: Technology and New Challenges for Privacy.*

Frankel, Charles (1977), „Private Rights and the Public Good", in *Small comforts for hard times: humanists on public policy*, hrsg. v. Michael Mooney und Florian Stuber, mit einer Einl. von Florian Stuber, mit einem Vorw. von James Gutmann, New York, Kap. 7, S. 87–102.

Fried, Charles (1968), *Privacy*, The Yale Law Journal, 77, 3, S. 475–493, DOI: 10.2307/794941.

Fritze, Lothar Hrsg. (2008), *Hannah Arendt weitergedacht. Ein Symposium*, Göttingen, https://download.digitale-sammlungen.de/pdf/1487837571bsb00084055.pdf (abgerufen am 23. 02. 2017).

Gajda, Amy (2007), *What If Samuel D. Warren Hadn't Married A Senator's Daughter?: Uncovering The Press Coverage That Led To 'The Right To Privacy'*, Illinois Public Law and Legal Theory Research Papers Series, Research Paper No. 07-06 (Nov. 2007), http://papers.ssrn.com/abstract=%201026680 (abgerufen am 13. 02. 2015).

Gavison, Ruth (1980), *Privacy and the Limits of Law*, The Yale Law Journal, 89, 3, S. 421–471, DOI: 10.2307/795891.

— (1992), *Feminism and the Public/Private Distinction*, Stanford Law Review, 45, 1, S. 1–45, http://www.jstor.org/stable/1228984.

— (2002), *Privacy*, http://www.gavison.com/a2612-privacy (abgerufen am 27. 02. 2013).

Gerichtshof der Europäischen Union (2014), *PRESSEMITTEILUNG Nr. 70/14. Urteil in der Rechtssache C-131/12, Google Spain SL, Google Inc. / Agencia Española de Protección de Datos, Mario Costeja González*, http://curia.europa.eu/jcms/upload/docs/application/pdf/2014-05/cp1400%2070de.pdf.

Gesetz zur Einführung einer Speicherpflicht und einer Höchstspeicherfrist für Verkehrsdaten vom 10. Dezember 2015 (o.D.), Bundesgesetzblatt, Teil I Nr. 51, ausgegeben zu Bonn am 17. Dezember 2015, https://www.bmjv.de/SharedDocs/Gesetzgebungsverfahren/Dokumente/BGBl_Hoechstspeicherfrist.pdf;jsessionid=6B799F26AD82E387BD861A038E554146.2_cid324?__blob=publicationFile&v=2 (abgerufen am 20. 02. 2017).

Geuss, Raymond (2001), *Public Goods, Private Goods*, Princeton.

Gines, Kathryn T. (2014), *Hannah Arendt and the Negro Question*, Bloomington.

Google Inc. (o.D.), *EU Privacy Removal*, https://support.google.com/legal/contact/lr_eudpa?product=websearch (abgerufen am 26.07.2015).

— (o.D.), *Personal info & privacy*, https://myaccount.google.com/intro/privacy? (abgerufen am 02.07.2015).

Gosepath, Stefan, Wilfried Hinsch und Beate Rössler Hrsg. (2008), *Handbuch der Politischen Philosophie und Sozialphilosophie*, Berlin.

Gräfrath, Bernd (2009), *Nachwort*, in John Stuart Mill, *Über die Freiheit*, Stuttgart.

Greenwald, Glenn (2014), *Glenn Greenwald on security and liberty*, The Guardian, http://www.theguardian.com/commentisfree/series/glenn-greenwald-security-liberty (abgerufen am 01.03.2015).

Gross, Terry (2014), *Hillary Clinton: The Fresh Air Interview* (12. Juni 2014), http://www.npr.org/templates/transcript/transcript.php?storyId=321313477 (abgerufen am 01.03.2015).

Hellekamps, Stephanie (2006), *Hannah Arendt über die Krise in der Erziehung — Wiedergelesen*, Zeitschrift für Erziehungswissenschaft, 9, 3 (Sep. 2006), S. 413–423.

Heller, Christian (2011), *Post-Privacy. Prima leben ohne Privatsphäre*, München.

Heller, Wlodzimierz (1993), „The Public and the Private in Hannah Arendt's Political Philosophy", in *Social system, rationality and evolution*, hrsg. v. Leszek Nowak, Amsterdam.

henning (2014), *Chaos Computer Club files criminal complaint against the German Government*, 3. Feb. 2014, http://www.ccc.de/updates/2014/complaint (abgerufen am 02.07.2015).

Herb, Karlfriedrich (2001), *Licht und Schatten. Zum Republikideal von Jean-Jacques Rousseau und Hannah Arendt*, Politisches Denken. Jahrbuch 2001, hrsg. v. Karl Graf Ballestrem, Volker Gerhardt, Henning Ottmann u. a., S. 59–68.

Herb, Karlfriedrich, Mareike Gebhardt, Kathrin Morgenstern u. a. (2014), *Raum und Zeit: Denkformen des Politischen bei Hannah Arendt*, Frankfurt am Main.

Herb, Karlfriedrich, Kathrin Morgenstern und Magdalena Scherl (2011), *Im Schatten der Öffentlichkeit: Privatheit und Intimität bei Jean-Jacques Rousseau und Hannah Arendt.* Jahrbuch für Recht und Ethik, 19, S. 275–298.

Heuer, Wolfgang (2005), *Rezension zu: Meints, Waltraud; Klinger, Katherine „Politik und Verantwortung. Zur Aktualität von Hannah Arendt"*, http://edoc.hu-berlin.de/e_histlit/2005-2/HTML/GA_2005-2.php#5694 (abgerufen am 16. 12. 2007).

Heuer, Wolfgang, Bernd Heiter und Stefanie Rosenmüller Hrsg. (2011), *Arendt-Handbuch. Leben – Werk – Wirkung*, Stuttgart.

Hirsch, Philipp-Alexander (2012), *Wege zur Freiheit? Offene Fragen der Kantischen Rechts- und politischen Philosophie. Bericht zu einer Tagung in Göttingen, 5. bis 8. Juli 2012*, Kant-Studien, 103. Jahrg. S. 494–498, DOI: 10.1515/kant-2012-0035.

Hofmann, Hasso (2007), *Öffentlich/privat*, in *Historisches Wörterbuch der Philosophie.* Hrsg. v. Joachim Ritter, Karlfried Gründer und Gottfried Gabriel, Darmstadt, Bd. 6, S. 1131–1134.

Hölscher, Lucian (1978), *Öffentlichkeit*, in *Geschichtliche Grundbegriffe: Historisches Lexikon zur politisch-sozialen Sprache in Deutschland*, hrsg. v. Otto Brunner, Werner Conze und Reinhart Koselleck, Stuttgart, Bd. 4, S. 413–468.

Horling, Bryan und Matthew Kulick (2009), *Personalized Search for everyone*, hrsg. v. Google Inc., 4. Dez. 2009, http://googleblog.blogspot.de/2009/12/personalized-search-for-everyone.html (abgerufen am 02. 07. 2015).

Jacobitti, Suzanne Duvall (1991), *The Public, the Private, the Moral: Hannah Arendt and Political Morality*, International Political Science Review / Revue internationale de science politique, 12, 4, S. 281–293, DOI: 10.1177/019251219101200403.

Jaeggi, Rahel (2008), *Wie weiter mit Hannah Arendt?*, hrsg. v. Hamburger Institut für Sozialforschung, Hamburg.

Jurczyk, Karin und Mechthild Oechsle (2008), „Privatheit: Interdisziplinarität und Grenzverschiebungen: Eine Einführung", in *Das Private neu denken. Erosionen, Ambivalenzen, Leistungen*, hrsg. v. Karin Jurczyk und Mechthild Oechsle, Münster, S. 8–47.

Kamenka, Eugene (1983), „Public/Private in Marxist Theory and Marxist Practice", in *Public and Private in Social Life*, hrsg. v. Stanley I. Benn und Gerald F. Gaus, London, Kap. 11, S. 267–280.

Kelly, Erin (2015), *Senate approves USA Freedom Act*, USA Today (2. Juni 2015), http://www.usatoday.com/story/news/politics/2015/06/02/patriot-act-usa-freedom-a%20ct-senate-vote/28345747/ (abgerufen am 05. 07. 2015).

King, Richard (2013), *Hannah Arendt and American Loneliness*. Society, 50; Jg. 2013-02-01, 1, S. 36–40, DOI: 10.1007/s12115-012-9616-y.

Krüger, Hans-Peter (2007), *Die condition humaine des Abendlandes. Philosophische Anthropologie in Hannah Arendts Spätwerk*, Deutsche Zeitschrift für Philosophie, 55, 4, S. 605–626.

Krummacher, Friedrich A. (1964), *Die Kontroverse. Hannah Arendt, Eichmann und die Juden*, München.

Kuberka, Tina (2005), *Versuche, in der Welt zu Hause zu sein. Hannah Arendt: Schreiben als Verstehen*, Frankfurt am Main.

Kumar, Krishan (1997), „Home: The Promise and Predicament of Private Life at the End of the Twentieth Century. Perspectives on a grand dichotomy", in *Public and private in thought and practice*, hrsg. v. Jeff Weintraub und Krishan Kumar.

Kuster, Friederike (2002), „Die Erfindung des bürgerlichen Geschlechterverhältnisses: Jean-Jacques Rousseau", in *Philosophische Geschlechtertheorien. Ausgewählte Text von der Antike bis zur Gegenwart*, hrsg. v. Sabine Doyé, Marion Heinz und Friederike Kuster, Stuttgart, S. 158–164.

— (2005), *Rousseau – die Konstitution des Privaten. Zur Genese der bürgerlichen Familie*, Deutsche Zeitschrift für Philosophie/Sonderband, Berlin, Bd. 11.

Landeszentrale für Medien und Kommunikation (LMK) Rheinland-Pfalz (o.D.), *(Cyber)Mobbing – was ist das?*, http://www.klicksafe.de/themen/kommunizieren/cyber-mobbing/cyber-mobbing-was-ist-das/ (abgerufen am 30. 07. 2015).

Lewinski, Kai von (2012), „Zur Geschichte von Privatsphäre und Datenschutz – eine rechtshistorische Perspektive", in *Datenschutz. Grundlagen, Entwicklungen und Kontroversen*, hrsg. v. Jan-Hinrik Schmidt und Thilo Weichert, Bonn, S. 23–33.

— (2014), *Die Matrix des Datenschutzes. Besichtigung und Ordnung eines Begriffsfeldes*, Tübingen.

— (2015), *Staat als Zensurhelfer. Staatliche Flankierung der Löschpflichten Privater nach dem Google-Urteil des EuGH*, AFP. Zeitschrift für Medien- und Kommunikationsrecht, 1, S. 1–6.

Lütkehaus, Ludger (2006), *Natalität. Philosophie der Geburt*, Zug.

Lyon, David (2015), *Surveillance after Snowden*, Cambridge.

Maeder, Christoph (2014), „Die Riskanz der Organisationswahl in der Reformpädgagogik", in *Reformpädagogik nach der Odenwaldschule – Wie weiter?*, hrsg. v. Damian Miller und Jürgen Oelkers, Weinheim, Kap. 7, S. 122–137.

Matzner, Tobias (2013), *Vita variabilis: Handelnde und ihre Welt nach Hannah Arendt und Ludwig Wittgenstein*, Würzburg.

Mazères, Jean-Arnaud (2005), *Public et privé dans l'oeuvre de Hannah Arendt: de l'opposition des termes aux termes de l'opposition*, Revue du droit public de la science politique en France et à l'étranger, 121, 4, S. 1047–1086.

Melamed, Yitzhak Y. (2012), „Omnis determinatio est negatio", in *Spinoza and German Idealism*, hrsg. v. Eckart Förster und Yitzhak Y. Melamed, Kap. 10, S. 175–196, DOI: 10.1017/CBO9781139135139.011.

Menke, Christoph (2008), „Die ‚Aporien der Menschenrechte' und das ‚einzige Menschenrecht'. Zur Einheit von Hannah Arendts Argumentation", in *Hannah Arendt und Giorgio Agamben. Parallelen, Perspektiven, Kontroversen*, hrsg. v. Friedrich Balke, Eva Geulen, Kai Kaufmann u. a., München, S. 131–148.

Mennig, Regina (2013), *Abwehr gegen Cybermobbing*, 25. Mai 2013, http://www.dw.com/de/abwehr-gegen-cybermobbing/a-16821500 (abgerufen am 05. 07. 2015).

Merkel, Angela (2013), *Pressestatement von Bundeskanzlerin Merkel vor der Sitzung des Europäischen Rates am 24. Oktober 2013*, 24. Okt. 2013, http://www.bundeskanzlerin.de/ContentArchiv/DE/Archiv17/Mitschrift/Pressekon%20ferenzen/2013/10/2013-10-24-merkel-er.html?nn=614982 (abgerufen am 01. 03. 2015).

Miller, Damian und Jürgen Oelkers Hrsg. (2014), *Reformpädagogik nach der Odenwaldschule – Wie weiter?*, Weinheim.

Mönig, Julia Maria (2009), „Erzählte Geschichte(n): Politische Implikationen in Hannah Arendts Geschichtsbegriff", in *Retrospektivität und Retroaktivität. Erzählen – Geschichte – Wahrheit*, hrsg. v. Marcus Andreas Born, Würzburg, S. 263–275.

— (2011), *Hannah Arendt (1906-1975)*, Zukunft braucht Erinnerung. Das Online-Portal zu den historischen Themen unserer Zeit, http://www.zukunft-braucht-erinnerung.de/hannah-arendt-1906-1975/ (abgerufen am 18. 01. 2015).

— (2012), *Possibly preventing catastrophes: Hannah Arendt on democracy, education and judging*, Ethics and Education, 7, 3, S. 237–249, DOI: 10.1080/17449642.2013.766540.

— (2015a), „Hannah Arendts Begriff des Privaten: mehr als eine rein lokale Dimension von Privatheit", in *Frauen – Gender – Wissenschaft. Beiträge von einem interdisziplinären Forschungssymposium*, hrsg. v. Susanne Günther, Steffi Krause, Claudia Krell u. a., Passau, S. 96–107, URN: urn:nbn:de:bvb:739-opus-27470.

— (2015b), „Vergangenheitsverdrängung, Gegenwartsanalyse und Zukunftssuche. Hannah Arendts Auseinandersetzung mit dem

Exil“, in *Exil interdisziplinär*, hrsg. v. Julia Maria Mönig und Anna Orlikowski, Würzburg, S. 77–92.

— (2017), „Verhaltensbeeinflussung und Autonomie“, in *Privatheit in der digitalen Gesellschaft*, hrsg. v. Steffen Burk, Martin Hennig, Benjamin Heurich u. a., Wiesbaden.

Moore, Adam D. (2008), *Defining Privacy*, Journal of Social Philosophy, 39, 3, S. 411–428, DOI: 10.1111/j.1467-9833.2008.00433.x.

Münker, Stefan (2009), *Emergenz digitaler Öffentlichkeiten. Die Sozialen Medien im Web 2.0*.

Nagl-Docekal, Herta (2008), „Feminismus“, in *Handbuch der Politischen Philosophie und Sozialphilosophie.* Hrsg. v. Stefan Gosepath, Wilfried Hinsch und Beate Rössler, Berlin, Bd. 1 A-M, S. 315–321, DOI: 10.1515/9783110210170.

‚Nicht gerichtsfest beweisbar‘ (2015), tagesschau.de (12. Juni 2015), http://www.tagesschau.de/inland/merkel-handy-nsa-103.html (abgerufen am 19. 06. 2015).

Nissenbaum, Helen Fay (2010), *Privacy in Context: Technology, Policy, and the Integrity of Social Life*, Stanford.

Ortner, Sherry B. (1998), „Is Female to Male as Natur Is to Culture?“, in *Feminism: The Public and the Private*, hrsg. v. Joan B. Landes, Kap. 1, S. 21–44.

Papadaki, Evangelia (Lina) (2014), „Feminist Perspectives on Objectification“, in *The Stanford Encyclopedia of Philosophy*, hrsg. v. Edward N. Zalta, Summer 2014.

Papier, Hans-Jürgen (2012), „Verfassungsrechtliche Grundlegung des Datenschutzes“, in *Datenschutz. Grundlagen, Entwicklungen und Kontroversen*, hrsg. v. Jan-Hinrik Schmidt und Thilo Weichert, Bonn, S. 67–77.

Pariser, Eli (2012), *Filter Bubble*, München.

Pateman, Carole (1989), *Feminist Critiques of the Public/Private Dichotomy*, in *The Disorder of Women: Democracy, Feminism and Political Theory*, Stanford, Kap. 6, S. 118–140.

Perica, Ivana (2016), *Die privat-öffentliche Achse des Politischen. Das Unvernehmen zwischen Hannah Arendt und Jacques Rancière*, Würzburg.

Pitkin, Hanna Fenichel (1981), *Justice: On Relating Private and Public*, Political Theory, 9, 3, S. 327–352, http://www.jstor.org/stable/191093.

Preuß, Roland (2014), *Die meisten Grenzverletzungen finden zwischen Gleichaltrigen statt*, Süddeutsche Zeitung (21. Aug. 2014), http://sz.de/1.2087971 (abgerufen am 21. 08. 2014).

Rampp, Benjamin (2014), „Zum Konzept der Sicherheit", in *Sicherheitsethik*, hrsg. v. Regina Ammicht Quinn, Wiesbaden, S. 51–61, DOI: 10.1007/978-3-658-03203-6_2.

Raulff, Ulrich (2001), *Wären wir nicht essbar wie Vieh, zerschlagbar wie Holz, brennbar wie Kohle. Das frechste und vorlauteste von Heideggers Kindern widerspricht dem Vater: Günther Anders' Aufzeichnungen über den Magier von Meßkirch*, Süddeutsche Zeitung (5. Dez. 2001), S. V2/13.

Regan, Priscilla M. (1995), *Legislating Privacy: Technology, Social Values, and Public Policy*, Chapel Hill.

Reißmann, Ole (2014), *Google vergisst nur in Europa*, Spiegel Online (30. Mai 2014), http://www.spiegel.de/netzwelt/netzpolitik/loeschantraege-an-google-suchmaschine%20-will-nur-in-europa-sperren-a-972523.html (abgerufen am 26. 07. 2015).

Rosenzweig, Beate (2010), „Von der Bedeutung des Privaten für die Politik: Grenzziehungen zwischen ‚oikos' und ‚polis' bei Platon und Aristoteles", in *Die Grenzen des Privaten*, hrsg. v. Sandra Seubert und Peter Niesen, Schriftenreihe der Sektion Politische Theorien und Ideengeschichte in der Deutschen Vereinigung für Politische Wissenschaft, Baden-Baden, Bd. 16, S. 25–40.

Rössler, Beate (2001), *Der Wert des Privaten*, Frankfurt am Main.

— (2003), „Der Wert des Privaten", in *Privat! Kontrollierte Freiheit in einer vernetzten Welt*, hrsg. v. Ralf Grötker, Hannover, S. 15–32, www.dpunkt.de/leseproben/1888/Kapitel%201.pdf (abgerufen am 29. 10. 2010).

— Hrsg. (2004), *Privacies. Philosophical Evaluations*, Stanford.

— (2008), *Privatheit*, in *Handbuch der Politischen Philosophie und Sozialphilosophie*, hrsg. v. Stefan Gosepath, Wilfried Hinsch und Beate Rössler, Berlin.

Rössler, Beate und Dorota Mokrosinska (2013), *Privacy and social interaction*, Philosophy and Social Criticism, 39, 8, S. 771–791, DOI: 10.1177/0191453713494968.

— Hrsg. (2015), *Social Dimensions of Privacy. Interdisciplinary Perspectives*, Cambridge.

Rousseau, Jean-Jacques (2001), *Emil. Oder Über die Erziehung*, Vollständige Ausgabe in deutscher Fassung besorgt von Ludwig Schmidts, 13. Aufl., Paderborn.

Salzberger, Florian (2016), *„Kein Mensch hat das Recht zu gehorchen". Hannah Arendts Philosophie des Umgangs im Anschluss an die Narrativitätskonzeption ihres Spätwerkes*, Freiburg, München.

Sandfuchs, Barbara (2015), *Privatheit wider Willen? Verhinderung informationeller Preisgabe im Internet nach deutschem und US-amerikanischem Verfassungsrecht*, Tübingen.

Saxonhouse, Arlene W. (1983), „Classical Greek Conception of Public and Private", in *Public and Private in Social Life*, hrsg. v. Stanley I. Benn und Gerald F. Gaus, London, Kap. 15, S. 363–384.

Schaar, Peter (2009), *Das Ende der Privatsphäre. Der Weg in die Überwachungsgesellschaft*, München.

— (2017), *Analyse: Amerika mauert sich ein. Privacy Shield vor dem Aus?*, heise online (28. Jan. 2017), https://www.heise.de/newsticker/meldung/Analyse-Amerika-mauert-sich-ein-Privacy-Shield-vor-dem-Aus-3609712.html (abgerufen am 09. 03. 2017).

Scheff, Sue (2013), *When Cyberbullying Turns Into Cyber-Mobbing: Death By Suicide*, The Huffington Post (24. Sep. 2013), http://www.huffingtonpost.com/sue-scheff/when-cyberbullying-turns-into-cyber-mob%20bing_b_3957416.html (abgerufen am 21. 08. 2014).

Schleiermacher, Friedrich Daniel Ernst (2000), *Texte zur Pädagogik*, Frankfurt am Main, Bd. 2.

Schmitz, Heinz-Gerd (2001), *Die perspektivische Konstitution des Politischen. Überlegungen zu Hannah Arendts Wirklichkeitsbegriff*, Politisches Denken. Jahrbuch 2001, hrsg. v. Karl Graf Ballestrem, Volker Gerhardt, Henning Ottmann u. a., S. 18–31.

Schößler, Franziska (2008), *Einführung in die Gender Studies*, Berlin.

Schreyer, Bernhard und Manfred Schwarzmeier (2005), *Grundkurs Politikwissenschaft: Studium der politischen Systeme. Eine studienorientierte Einführung*, 2., durchges. Aufl. Lehrbuch, Wiesbaden.

Schröter, Esther (2014), *Erzählen, (Lebens-)Geschichte und Identität im Werk Hannah Arendts*, Berlin.

Schulze Wessel, Julia (2006), *Ideologie der Sachlichkeit. Hannah Arendts politische Theorie des Antisemitismus.* Frankfurt a.M.

Schwartz, Paul M. und Daniel J. Solove (2014), *Defining 'Personal Data' in the European Union and U.S.* 13 Privacy and Security Law Reporter 1581, S. 1–6, http://docs.law.gwu.edu/facweb/dsolove/files/BNA-Schwartz-Solove-PII-US-EU-FINAL.pdf (abgerufen am 05.01.2015).

Seemann, Michael (2012), „Lasst die Daten, schützt die Menschen", in *Datenschutz. Grundlagen, Entwicklungen und Kontroversen*, hrsg. v. Jan-Hinrik Schmidt und Thilo Weichert, Bonn, S. 243–248.

Seitz, Jakob Stefan (2002), *Hannah Arendts Kritik der politisch-philosophischen Tradition unter Einbeziehung der französischen Literatur zu Hannah Arendt*, München.

Seubert, Sandra (2010), „Einleitung: Privatheit und Öffentlichkeit heute. Ein Problemaufriss", in *Die Grenzen des Privaten*, hrsg. v. Sandra Seubert und Peter Niesen, Baden-Baden, Bd. 16, S. 9–22.

Solove, Daniel J. (2011), *Nothing to Hide. The False Tradeoff Between Privacy and Security*, New Haven.

Sontheimer, Kurt (2007), *Vorwort*, in Hannah Arendt, *Was ist Politik? Fragmente aus dem Nachlaß*, hrsg. v. Ursula Ludz, 3. Aufl., München, S. I–VII.

Sourvinou-Inwood, Christiane (1995), „Männlich und weiblich, öffentlich und privat, antik und modern“, in *Pandora. Frauen im klassischen Griechenland*, hrsg. v. Ellen D. Reeder, Mainz, S. 111–120.

Spitz, David (1959), *Politics and the Realms of Being: a Reply*, Dissent, VI, 1, S. 56–57.

Swanson, Judith A. (1992), *The Public and the Private in Aristotle's Political Philosophy*, Ithaca.

Tappe, Inga (2015), „Was einer ist und wer einer ist. Anonymität und Identität in sozialen Medien aus philosophischer Sicht“, in *Anonymität und Transparenz in der digitalen Gesellschaft*, hrsg. v. Petra Grimm, Tobias O. Keber und Oliver Zöllner, Stuttgart.

The White House (2013), *Statement by the President*, 7. Juni 2013, https://obamawhitehouse.archives.gov/the-press-office/2013/06/07/statement-president (abgerufen am 28. 06. 2017).

Thomä, Dieter (2001), *Gegen Selbsterhitzung und Naturvergessenheit. Nachwort zur Aktualität des Philosophen Günther Anders*, in Günther Anders, *Über Heidegger*, hrsg. v. G. Oberschlick, München, S. 398–433, 471–476.

Thomson, Judith Jarvis (1975), *The Right to Privacy*, Philosophy and Public Affairs, 4, 4, S. 295–314, http://www.jstor.org/stable/2265075.

Thürmer-Rohr, Christina (2011), *Öffentlichkeit/Privatheit*, in *Arendt-Handbuch. Leben – Werk – Wirkung*, hrsg. v. Wolfgang Heuer, Bernd Heiter und Stefanie Rosenmüller, Stuttgart, Kap. IV. 25, S. 302–304.

Tomasello, Michael (2009), *Die Ursprünge der menschlichen Kommunikation*, Frankfurt am Main.

Trepte, Sabine (2012), „Privatsphäre aus psychologischer Sicht“, in *Datenschutz. Grundlagen, Entwicklungen und Kontroversen*, hrsg. v. Jan-Hinrik Schmidt und Thilo Weichert, Bonn, S. 59–66.

Tumin, Melvin (1959), *Pie in the Sky...: a Reply*, Dissent, VI, 1, S. 65–71.

Twitter Inc. (2016), *Allgemeine Geschäftsbedingungen*, Gültig ab: 30. September 2016, https://twitter.com/de/tos (abgerufen am 30. 06. 2017).

UNHCR (2015), *Weltweit fast 60 Millionen Menschen auf der Flucht*, 18. Juni 2015, http://www.unhcr.de/presse/pressemitteilungen/artikel/bfd756615888510be06d%20a4cd08fd99ea/weltweit-fast-60-millionen-menschen-auf-der-flucht.html (abgerufen am 21. 06. 2015).

Van der Sloot, Bart (2014), *Privacy as human flourishing. Could a shift towards virtue ethics strengthen privacy protection in the age of Big Data?*, Journal of Intellectual Property, Information Technology and Electronic Commerce Law, 5, 3, URN: urn:nbn:de:0009-29-40978.

Villa, Dana R. (2000), „Introduction: The development of Arendt's political thought", in *The Cambridge Companion to Hannah Arendt*, Cambridge, S. 1–21.

Voigtländer, Nico und Hans-Joachim Voth (2015), *Nazi indoctrination and anti-Semitic beliefs in Germany*, Proceedings of the National Academy of Sciences of the United States of America, published ahead of print June 15, 2015, http://www.pnas.org/content/early/2015/06/09/1414822112.full.pdf (abgerufen am 29. 06. 2015).

Vollnhals, Clemens (2006), *Der Totalitarismusbegriff im Wandel*, APuZ. Aus Politik und Zeitgeschichte. Beilage zur Wochenzeitung Das Parlament, 39 (21. Sep. 2006): *Hannah Arendt*, hrsg. v. Bundeszentrale für politische Bildung, http://www.bpb.de/apuz/29513/der-totalitarismusbegriff-im-wandel (abgerufen am 29. 06. 2017).

Vowinckel, Annette (2001), *Geschichtsbegriff und Historisches Denken bei Hannah Arendt*, Köln.

Weichert, Thilo (2011), *Warren/Brandeis – Das Recht auf Privatheit – Anmerkungen* (19. Dez. 2011), https://www.datenschutzzentrum.de/allgemein/20111219-Warren-Brandeis-Recht-auf-Privatheit.html (abgerufen am 22. 02. 2012).

Weingarten, Michael Hrsg. (2000), *Warum Hannah Arendt? Aufklärungsversuche linker Mißverständnisse*, Bonn.

Westin, Alan (1967), *Privacy and Freedom*, New York.

— (1984), „The origins of modern claims to privacy", in *Philosophical Dimensions of Privacy: An Anthology*, hrsg. v. Ferdinand David Schoeman, New York, Kap. 3, S. 56–74.

Wikipedia contributors (o.D.), *Cyberbullying*, https://en.wikipedia.org/w/index.php?title=Cyberbullying&oldid=621756260#Cyberbullying_vs._cyberstalking (abgerufen am 21. 08. 2014).

Will, Rosemarie (2011), *Bedeutung der Menschenwürde in der Rechtsprechung. Essay*, APuZ. Aus Politik und Zeitgeschichte. Beilage zur Wochenzeitung Das Parlament, 35-36 (Aug. 2011): *Bundesverfassungsgericht*, hrsg. v. Bundeszentrale für politische Bildung, S. 8–14.

Woratschka, Rainer (2014), *Kipping fordert rasche Aufklärung der Abhöraffäre*, Der Tagesspiegel (16. Aug. 2014), http://www.tagesspiegel.de/politik/bnd-hoert-ab-kipping-fordert-rasche-auf%20klaerung-der-abhoeraffaere/10341546.html (abgerufen am 03. 03. 2015).

Young-Bruehl, Elisabeth (2004), *Hannah Arendt. For Love of the World*, New Haven.

— (2006), *Why Arendt matters*, New Haven.

Zalta, Edward N. Hrsg. (2014), *The Stanford Encyclopedia of Philosophy*, Stanford, CA, http://plato.stanford.edu/ (abgerufen am 27. 09. 2014).

Ziercke, Jörg (2012), „Kriminalität im 21. Jahrhundert", in *Datenschutz. Grundlagen, Entwicklungen und Kontroversen*, hrsg. v. Jan-Hinrik Schmidt und Thilo Weichert, Bonn, S. 129–136.

Zinner, Paul E. (1962), *Revolution in Hungary*, New York.

SIGLEN

ABlü Hannah Arendt und Heinrich Blücher, *Briefe 1936–1968*, hrsg. v. Lotte Köhler, München 1996.

ABlum Hannah Arendt und Kurt Blumenfeld, *... in keinem Besitz verwurzelt. Die Korrespondenz*, hrsg. v. Ingeborg Nordmann und Iris Pilling, Hamburg 1995.

AJ Hannah Arendt und Karl Jaspers, *Briefwechsel 1926–1969*, hrsg. v. Lotte Köhler und Hans Saner, München 1985.

AM Hannah Arendt, *Vor Antisemitismus ist man nur noch auf dem Monde sicher. Beiträge für die deutsch-jüdische Emigrantenzeitung ‚Aufbau' 1941–1945*, hrsg. v. Marie Luise Knott, München 2004.

DT Hannah Arendt, *Denktagebuch. 1950 bis 1973*, hrsg. v. Ursula Ludz, München 2002, Bd. 1-2.

DU Hannah Arendt, *Das Urteilen. Texte zu Kants politischer Philosophie*, München 1998.

EiJ Hannah Arendt, *Eichmann in Jerusalem. Ein Bericht von der Banalität des Bösen*, 15. Aufl., München 2006.

EUtH Hannah Arendt, *Elemente und Ursprünge totaler Herrschaft. Antisemitismus, Imperialismus, totale Herrschaft*, 11. Aufl., München 2006.

IwV Hannah Arendt, *Ich will verstehen. Selbstauskünfte zu Leben und Werk*, hrsg. v. Ursula Ludz, München 1996.

KdE Hannah Arendt, *Die Krise in der Erziehung*, in *Zwischen Vergangenheit und Zukunft. Übungen im politischen Denken I*, München 1994, S. 255–276.

LA Hannah Arendt, *Der Liebesbegriff bei Augustin. Versuch einer philosophischen Interpretation*, Hildesheim 2006.

LdG Hannah Arendt, *Vom Leben des Geistes. Das Denken, Das Wollen*, hrsg. v. Mary McCarthy, 3. Aufl., München 2006.

LKJ Hannah Arendt, „Laudatio auf Karl Jaspers“, in *Menschen in finsteren Zeiten*, hrsg. v. Ursula Ludz, 2. Aufl., München 2012, S. 90–100.

LoM Hannah Arendt, *The Life of the Mind*, hrsg. v. Mary McCarthy, Orlando 1978.

MdT Hannah Arendt, *Men in dark times*, San Diego 1968.

MuG Hannah Arendt, *Macht und Gewalt*, 17. Aufl., München 2006.

OT Hannah Arendt, *The Origins of Totalitarianism*, Cleveland 1958.

PRPI Hannah Arendt, „Public Rights and Private Interests. In Response to Charles Frankel“, in *Small comforts for hard times: humanists on public policy*, hrsg. v. Michael Mooney und Florian Stuber, New York 1977, Kap. 8, S. 103–108.

RJ Hannah Arendt, *Prologue*, in *Responsibility and Judgment*, hrsg. v. Jerome Kohn, Speech Delivered upon Receiving Denmark's Sonning Prize, New York 2003, S. 3–14.

RV Hannah Arendt, *Rahel Varnhagen. Lebensgeschichte einer deutschen Jüdin aus der Romantik*, 15. Aufl., München 2008.

THC Hannah Arendt, *The Human Condition*, 2. Aufl., Chicago 1998.

TI Hannah Arendt, *Totalitarian Imperialism. Reflections on the Hungarian Revolution*, The Journal of Politics, 20 (Jan. 1958), S. 5–43, DOI: 10.2307/2127387.

ÜdB Hannah Arendt, *Über das Böse. Eine Vorlesung zu Fragen der Ethik*, aus dem Nachlaß herausgegeben von Jerome Kohn, München 2007.

UR Hannah Arendt, *Die Ungarische Revolution und der totalitäre Imperialismus*, München 1958.

ÜR Hannah Arendt, *Über die Revolution*, München 1963.

VA Hannah Arendt, *Vita activa. Oder vom tätigen Leben*, 2. Aufl., München 2003.

VT Hannah Arendt, *Die verborgene Tradition. Acht Essays*, Frankfurt am Main 1976.

WF Hannah Arendt, *Wir Flüchtlinge*, in *Zur Zeit. Politische Essays*, hrsg. v. Marie Luise Knott, Berlin 1986, S. 7–21.

WiP Hannah Arendt, *Was ist Politik? Fragmente aus dem Nachlaß*, hrsg. v. Ursula Ludz, mit einem Vorw. von Kurt Sontheimer, 3. Aufl., München 2007.

ZVuZ Hannah Arendt, *Zwischen Vergangenheit und Zukunft. Übungen im politischen Denken I*, hrsg. v. Ursula Ludz, München 1994.

ZZ Hannah Arendt, *Zur Zeit. Politische Essays*, hrsg. v. Marie Luise Knott, Berlin 1986.

8 Danksagung

Ich danke Prof. Dr. Christian Thies und Prof. Dr. Gerald Hartung für die Begutachtung der Arbeit. Christian Thies insbesondere für die ausführlichen hilfreichen Gespräche in der Endphase, Gerald Hartung dafür, dass er mich auf dem Weg von der „Erziehung“ zur „Privatheit“ begleitet hat. Besonderer Dank gebührt Prof. Dr. Guido Pollak für kritisches Feedback, anregende Diskussionen und erziehungswissenschaftliche Hinweise. Für die Betreuung meiner Arbeit möchte ich zudem Prof. Dr. Dirk Heckmann für juristischen Input sowie Prof. Dr. Christa Hackenesch (†) und Prof. Dr. Friederike Kuster danken. Mein aufgrund mehrfachen unfreiwilligen Betreuerwechsels schwieriger Weg zur Promotion wäre ohne keinen dieser Menschen möglich gewesen.

Ich danke allen Kolleginnen und Kollegen, Freundinnen und Freunden und meiner Familie für unzählige Gespräche und nicht bezifferbare Unterstützung, Anregungen nach Vorträgen, auf Konferenzen, in Kolloquien und Seminaren, vor allem den Teilnehmerinnen der Women in Philosophy of Education Konferenzen. Namentlich danken möchte ich Gisela Burk, Ulla Hendrix, Benjamin Heurich, Carmen Keckeis, Dr. Andreas Kapsner, Dr. Innokentij Kreknin, Henrike Lerch, Dr. Tobias Matzner, Dr. Annekatrin Meißner, Dr. Anna Orlikowski, Florian Püschel, Prof. Dr. Beate Rössler, Dr. Barbara Sandfuchs, Dr. Denise Wilde, Jeannette Windheuser und Dr. Christine Winter. Florian Püschel außerdem für Korrekturen vor der Drucklegung.

Für philosophische, kollegiale und freundschaftliche Unterstützung in der Abschlussphase danke ich den Teilnehmerinnen und Teilnehmern des Oberseminars „Aktuelles Forum Philosophie“ an der Universität Passau sowie Anja Böll, Benjamin Buchbauer, Sophie Haring,

Greta Jasser, Marie Jasser, Dr. Martina Schließleder, Jan Schriever, Andreas Spengler, Kathrin Waldmann und Tobias Waldmann. Für Ablenkung und gleichzeitige Inspiration zu Forschungsfragen danke ich Marina, Tim, Tom, Henry und Benjamin.

Mein besonderer Dank gilt Dr. Tobias Winchen dafür, dass er mich mit technischen Lösungen bekannt gemacht hat, die Konzentration auf Philosophie ermöglichen, da ein Computer manches vielleicht doch besser kann als ein Mensch sowie für diesbezüglichen technischen Support und unbeschreibliche Unterstützung.

Für die Finanzierung eines Promotionsstipendiums im Rahmen des Graduiertenkollegs „Privatheit. Formen, Funktionen, Transformationen" bedanke ich mich bei der Deutschen Forschungsgemeinschaft. Der FONTE Stiftung zur Förderung des geisteswissenschaftlichen Nachwuchses danke ich für den großzügigen Druckkostenzuschuss.

Philosophie

Björn Vedder
Neue Freunde
Über Freundschaft in Zeiten von Facebook

März 2017, 200 S., kart.
22,99 € (DE), 978-3-8376-3868-4
E-Book
PDF: 20,99 € (DE), ISBN 978-3-8394-3868-8
EPUB: 20,99 € (DE), ISBN 978-3-7328-3868-4

Jürgen Manemann
Der Dschihad und der Nihilismus des Westens
Warum ziehen junge Europäer in den Krieg?

2015, 136 S., kart.
14,99 € (DE), 978-3-8376-3324-5
E-Book
PDF: 12,99 € (DE), ISBN 978-3-8394-3324-9
EPUB: 12,99 € (DE), ISBN 978-3-7328-3324-5

Hans-Willi Weis
Der Intellektuelle als Yogi
Für eine neue Kunst der Aufmerksamkeit im digitalen Zeitalter

2015, 304 S., kart.
22,99 € (DE), 978-3-8376-3175-3
E-Book
PDF: 20,99 € (DE), ISBN 978-3-8394-3175-7
EPUB: 20,99 € (DE), ISBN 978-3-7328-3175-3

Leseproben, weitere Informationen und Bestellmöglichkeiten finden Sie unter www.transcript-verlag.de

Philosophie

Franck Fischbach
Manifest für eine Sozialphilosophie
(aus dem Französischen übersetzt von Lilian Peter, mit einem Nachwort von Thomas Bedorf und Kurt Röttgers)

2016, 160 S., kart.
24,99 € (DE), 978-3-8376-3244-6
E-Book
PDF: 21,99 € (DE), ISBN 978-3-8394-3244-0

Claus Dierksmeier
Qualitative Freiheit
Selbstbestimmung in weltbürgerlicher Verantwortung

2016, 456 S., kart.
19,99 € (DE), 978-3-8376-3477-8
E-Book
PDF: 17,99 € (DE), ISBN 978-3-8394-3477-2
EPUB: 17,99 € (DE), ISBN 978-3-7328-3477-8

Karl Hepfer
Verschwörungstheorien
Eine philosophische Kritik der Unvernunft

2015, 192 S., kart.
24,99 € (DE), 978-3-8376-3102-9
E-Book
PDF: 21,99 € (DE), ISBN 978-3-8394-3102-3

Leseproben, weitere Informationen und Bestellmöglichkeiten finden Sie unter www.transcript-verlag.de